DIE JAGD AUF DAS CHINESISCHE PHANTOM

CHRISTOPH GIESEN
PHILIPP GRÜLL
FREDERIK OBERMAIER
BASTIAN OBERMAYER

DIE JAGD AUF DAS CHINESISCHE PHANTOM

DER GEFÄHRLICHSTE
WAFFENHÄNDLER DER WELT
ODER:
DIE OHNMACHT DES WESTENS

KIEPENHEUER & WITSCH

Der Verlag Kiepenheuer & Witsch hat sich zu einer nachhaltigen Buchproduktion verpflichtet. Gemeinsam mit unseren Partnern und Lieferanten setzen wir uns für eine klimaneutrale Buchproduktion ein, die den Erwerb von Klimazertifikaten zur Kompensation des CO_2-Ausstoßes einschließt. Weitere Informationen finden Sie unter www.klimaneutralerverlag.de

FSC
www.fsc.org
MIX
Papier | Fördert gute Waldnutzung
FSC® C014496

1. Auflage 2023

Covergestaltung: Barbara Thoben, Köln
Gesetzt aus der Minion Pro und der PT Mono

Satz: Buch-Werkstatt GmbH, Bad Aibling
Druck und Bindung: GGP Media GmbH, Pößneck
ISBN 978-3-462-00139-6

INHALT

00. PROLOG 7
01. WANTED BY THE FBI 15
02. IM LAND DES SCHWARZEN DRACHEN 21
03. IN DER HAUPTSTADT DER SPIONAGE 25
04. KIND DER REVOLUTION 37
05. RAKETENWISSENSCHAFT AN DER THEMSE 43
06. DIE SPUR NACH EUROPA 53
07. »WERDET REICH!« 61
08. ANGEKLAGT IN ABWESENHEIT 67
09. RÄTSELHAFTE STUDENTEN 79
10. DIE SPUR IN DEN PANAMA PAPERS 87
11. IM ZEICHEN DES GLÜCKS 95
12. UNTER AGENTEN 107
13. MYSTERIÖSE TODESFÄLLE IM IRAN 121
14. EXPORTEURE DES TODES 131
15. OFFENSIVE GEGEN KARL LEE 141
16. CHINAS GROSSES SPIEL 149
17. ES REGNET RAKETEN 157
18. DER FEUERRING UM ISRAEL 165
19. AUGE IN AUGE MIT CHINAS AUSSENMINISTER 177
20. TRUMPS TRUMPF 183
21. JAGEN WIE DIE KROKODILE 193
22. AUF NACH HEILONGJIANG 201
23. DER FERNGESTEUERTE TOD 211
24. DIE OMERTÀ VON DALIAN 221
25. DUFTENDER FRÜHLING 229
26. WIE IM KINO 237
27. ANGRIFF AUF DIE UKRAINE 245
28. ENDE MIT SCHRECKEN 251

DANK 259
ANMERKUNGEN DER AUTOREN 263
LITERATURVERZEICHNIS 265

00. PROLOG

Es ist kurz nach Mitternacht, als das Flugzeug mit dem Schattenkrieger an Bord auf der Landebahn aufsetzt. Aus Sicherheitsgründen hat der General eine gewöhnliche Passagiermaschine genommen; wie immer stehen auf der Boardingliste weder sein echter Name noch die seiner Begleiter. Diesmal jedoch haben Spitzel beobachtet, wie er in Damaskus in eine Maschine der syrischen Airline Cham Wings gestiegen ist. Israelische und amerikanische Geheimdienste können ihn orten, denn sie haben die Daten seiner Handys. Als Flug 6Q501 nach rund einer Stunde auf dem Rollfeld des internationalen Flughafens Bagdad zum Stehen kommt, wissen sie in der CIA-Zentrale in Langley längst Bescheid.

Die Winternacht ist mild, und es weht ein leichter Wind, als Qasem Soleimani aus dem Airbus A320 steigt und die Gangway hinabschreitet: ein grauhaariger Soldat mit kurz geschorenem Bart und dunklen Augen, ein kleiner Mann mit großer Macht. Einer der Staatsfeinde der USA und Israels. Er wird nicht mehr lange leben.

Soleimani kam 1957 in Rabor zur Welt, einem verarmten Bergdorf im Osten des Iran. Nach dem Sturz des Schahs 1979 trat er den Revolutionsgarden bei, einer Art Parallelarmee zu den regulären Streitkräften. Er half mit, im Nordwesten des Landes einen Aufstand der Kurden niederzuschlagen, und als der irakische Diktator Saddam Hussein in den Iran einmarschierte, ging er an die Front. In den Jahren des Krieges mit dem Irak, der bis 1988 dauert und das Land traumatisiert, erlebte Soleimani einen rasanten Aufstieg. Durch Kommandooperationen hinter den feindlichen Linien wurde er zum Helden, und schon bald stand er – noch keine 30 Jahre alt – an der Spitze einer ganzen Division.

1998 übertrug ihm die Führung der Revolutionsgarden den

Befehl über die Quds-Brigaden: eine Mischung aus Geheimdienst, militärischen Spezialeinheiten und professionellen Waffenschiebern. Ihr Auftrag: den Einfluss des Iran ausweiten, Gegner ausforschen, sabotieren und ermorden.

Unter seiner Führung versuchen die Brigaden beispielsweise, einen Killer eines mexikanischen Drogenkartells anzuheuern, um den saudischen Botschafter in den USA in die Luft zu sprengen. In Deutschland lassen sie den früheren Präsidenten der Deutsch-Israelischen Gesellschaft, Reinhold Robbe, für einen Anschlag ausspähen.

Soleimani ist Teherans Strippenzieher in so ziemlich jedem Konflikt im Nahen Osten – so sehen es die westlichen Geheimdienste. Im Libanon unterstützen seine Quds-Brigaden die Hisbollah-Miliz, im Irak kontrollieren sie die mächtigsten schiitischen Milizen, im Jemen liefern sie Waffen an die Huthi-Rebellen – und in Syrien hält sich Diktator Baschar al-Assad auch dank Soleimanis Leuten an der Macht. Sie schicken Soldaten und Berater, und sie liefern Waffen, zum Beispiel Raketen, die es ihren Verbündeten erlauben, aus der Entfernung zu töten.

»Soleimani ist der mächtigste Einzelakteur im Nahen Osten«, sagte der ehemalige CIA-Agent John Maguire dem Magazin *New Yorker*. Die Vereinigten Staaten werfen ihm Terroranschläge und zahlreiche Angriffe auf US-Truppen vor – und zwar nicht nur in Nahost, sondern auch in Bangkok, Neu-Delhi, Lagos und Nairobi. Für Zehntausende Tote soll Qasem Soleimani verantwortlich sein.

In jener Januarnacht 2020 erwartet ihn unten an der Gangway sein Vertrauter Abu Mahdi al-Muhandis. Er ist Soleimanis Statthalter im Irak und befehligt die Schiiten-Miliz Kataib Hisbollah, eine Art iranische Stellvertreterarmee. Zwar bekleidet al-Muhandis kein offizielles Amt, dennoch geschieht gegen seinen Willen nicht viel im Irak.

Eine Toyota-Limousine und ein Hyundai-Minibus stehen am Rollfeld bereit. Sie sollen Soleimani und seine Begleiter in die Innenstadt bringen. Weit oben am Nachthimmel kreisen jedoch bereits zwei Drohnen des Typs MQ-9 Reaper. Sie haben einen langen Weg hinter sich: Stunden zuvor sind sie mehr als tausend Kilometer entfernt in Katar von der US-Militärbasis al-Udeid aufgestiegen, wie etliche Medien später berichten. Gesteuert werden sie von Piloten, die auf der anderen Seite der Welt, auf der Creech Air Force Base in Nevada, vor ihren Bildschirmen sitzen. Der Name der Drohnen, Reaper, bedeutet auf Deutsch: Sensenmann.

In Florida, über dem Ferienort Palm Beach, senkt sich in jenen Minuten die Spätnachmittagssonne. Zwei Tage zuvor feierte der damalige US-Präsident Donald Trump in seinem Luxushotel Mar-a-Lago eine große Silvesterparty, vor ein paar Stunden spielte er noch eine Runde Golf. Jetzt beobachtet er Qasem Soleimani live am Flughafen in Bagdad. Auf seinem Bildschirm sieht Trump das Signal der Drohnenkamera, und er hört, wie seine Militärs einen Countdown herunterzählen.

In den Monaten zuvor hatte die Welt voller Sorge auf den Iran und den Persischen Golf geblickt. Im Sommer war es immer wieder zu mysteriösen Attacken auf Öltanker in der Straße von Hormus gekommen – jener Meerenge, durch die ein Fünftel der weltweiten Öltransporte geht. Dann wurden im September in Saudi-Arabien ein riesiges Ölfeld und eine der wichtigsten Raffinerien der Welt mit Drohnen und Raketen angegriffen.

Bis zum Winter verschärften sich die Spannungen zwischen den Vereinigten Staaten und dem Iran dramatisch, bis es kurz nach Weihnachten zu einer gefährlichen Kettenreaktion kam: Nach einem Raketenangriff auf einen US-Militärstützpunkt im Nordirak, bei dem ein Amerikaner gestorben war, machten die USA die irakische Schiitenmiliz von Soleimanis Freund al-Muhandis verantwortlich und bombardierten Stellungen der Kämpfer. Mindestens 25 Menschen wurden nach irakischen Angaben getötet.

Kurze Zeit später, Ende Dezember 2019, stürmte in Bagdad

eine aufgebrachte Menge auf das schwer bewachte Gelände der amerikanischen Botschaft. »Nieder mit den USA«, riefen die Demonstranten, sie warfen Steine und Molotowcocktails, sie zerschmetterten Fensterscheiben und legten mehrere Feuer. Am Himmel kreisten Kampfhubschrauber, Marines gingen auf den Dächern der Botschaft in Stellung und schossen Tränengas in die Menge. Die Weltmacht USA – sie wurde bedrängt und gedemütigt von einem wütenden Straßenmob, so schien es. Doch für die US-Amerikaner stand fest, dass es sich nicht um eine spontane Protestaktion handelte, sondern dass der Iran den Angriff orchestriert hatte. Sie glaubten, dass er das Werk von Qasem Soleimani war.

Erst am 1. Januar 2020, nach zwei Tagen, endete die Belagerung – und US-Präsident Donald Trump schäumte vor Wut. Kurz darauf traf er eine Entscheidung, vor der seine beiden Vorgänger Barack Obama und George W. Bush zurückgeschreckt waren und mit der Trump selbst enge Berater überraschte: Er ließ die Reaper-Drohnen starten.

Als der US-Präsident in Mar-a-Lago die letzten Sekunden des Countdowns hört, ist es in Bagdad 00.47 Uhr. Der Konvoi Soleimanis biegt auf eine palmengesäumte Allee, die parallel zur Start-und-Lande-Bahn verläuft und vom Flughafengelände herunterführt. Nur 500 Meter sind es noch, dann macht die Straße eine scharfe Rechtskurve und führt anschließend ins Zentrum von Bagdad. Dort will Soleimani am nächsten Morgen den irakischen Premierminister treffen. So weit wird es aber nie kommen. Denn auf der Creech Air Force Base in Nevada hat jemand den Knopf gedrückt. Sekunden später erhellt auf dem Flughafen Bagdad ein gleißender Blitz die Nacht.

Mehrere Hellfire-Raketen zerstören die Fahrzeuge und töten die Insassen. Alles, was vom Konvoi des Generals bleibt, ist ein brennender Haufen Schrott. Es stinkt nach verbranntem Fleisch, wie Augenzeugen später berichten.

Schon nach kurzer Zeit geht ein Foto um die Welt, aufgenommen von jemandem, der offenbar in den Stunden nach dem Attentat vor Ort war. Das Bild zeigt eine dreckverschmierte Hand im Gras, an deren Mittelfinger ein Ring mit einem großen blutroten Stein steckt. Es ist Soleimanis Ring. Damit wird der Mann identifiziert, der schon als Nachfolger von Präsident Hassan Rohani gehandelt wurde und dessen Leben am 3. Januar 2020 an der Ausfahrt des internationalen Flughafens von Bagdad ein abruptes Ende nimmt.

Als das Pentagon bestätigt, dass das US-Militär den iranischen General getötet hat, sitzt Donald Trump gerade in seinem Luxushotel beim Abendessen. Der US-Präsident lässt sich Hackbraten und Eiscreme servieren.

Die iranische Regierung ordnet eine dreitägige Staatstrauer an. Das geistliche Oberhaupt, Ayatollah Ali Khamenei, und Präsident Rohani schwören den Amerikanern Rache. Die Massenproteste gegen das Mullah-Regime in den Monaten zuvor, die Gewaltexzesse der Sicherheitskräfte gegen das eigene Volk – all das scheint vergessen. Die Iraner sind im Zorn vereint. »Nieder mit Amerika« und »Nieder mit Israel« – so schallt es durch die Straßen und über die Plätze Teherans. Aus der Menge ragen Porträts des Getöteten und unzählige Flaggen in Rot, der Farbe der Märtyrer. Es sind Millionen, die dem General in endlosen Trauerzügen das letzte Geleit geben – und die Welt fragt sich: Was kommt nun?

Für die *Washington Post* und die israelische Zeitung *Haaretz* sind die Folgen des nächtlichen Drohnenangriffs »unvorhersehbar«. Auf Twitter trendet der Hashtag #WWIII – die Abkürzung für den Dritten Weltkrieg. Die britische *Times* spricht von einer »dramatischen Eskalation«, die *New York Times* sieht die USA und den Iran »am Rande eines Krieges«, und die *Neue Zürcher Zeitung* fürchtet, die ganze Region könne in Brand geraten.

Tatsächlich erklärt der Iran kurz darauf, sich nicht mehr an internationale Beschränkungen zur Urananreicherung halten zu wollen. Das Atomprogramm, das nach jahrelangen, mühsamen Verhandlungen gestoppt wurde, läuft wieder an. Schon bald könnte der Iran erneut nach der Bombe greifen.

Doch in jenen Tagen gibt es eine weitaus größere Gefahr: die Raketen der Iraner. Noch vor wenigen Jahren galten diese wegen ihrer geringen Reichweite und ihrer miserablen Treffgenauigkeit als militärisch weitgehend nutzlos. Die Wahrscheinlichkeit war lange Zeit hoch, dass sie ihr Ziel um Hunderte Meter oder sogar um mehrere Kilometer verfehlen. Doch das Raketenprogramm des Iran hat gewaltige Fortschritte gemacht. Der US-

Militärgeheimdienst DIA geht davon aus, dass Teheran über das größte und vielfältigste Arsenal des Nahen Ostens verfügt. Mehr als tausend ballistische Raketen sollen in den Bunkern und Silos des Landes lagern. Die größten sind wohl bis zu 18 Meter lang, mit Reichweiten von bis zu 2000 Kilometern. Sie können Ziele in Saudi-Arabien und Ägypten erreichen, aber auch in Israel und sogar in südosteuropäischen Ländern wie Griechenland. Und sie treffen mittlerweile bis auf wenige Meter genau.

Wenige Tage nach dem Attentat auf Qasem Soleimani beobachten die US-Geheimdienste, wie der Iran seine Raketentruppen in erhöhte Alarmbereitschaft versetzt. Für den Fall eines Angriffs droht Donald Trump dem Regime in Teheran auf Twitter mit brutaler Vergeltung: Die USA hätten bereits 52 »strategisch und kulturell« wichtige Ziele im Visier – eine Zahl mit historischer Bedeutung. Jedes dieser Ziele steht für eine der amerikanischen Geiseln, die iranische Studenten 1979 während der Islamischen Revolution in Teheran festgenommen haben. Und der US-Präsident setzt in Großbuchstaben hinzu: »Der Iran wird sehr schnell und sehr hart getroffen werden.«

Die Welt wartet – fünf Tage und Nächte lang. Dann, in den Morgenstunden des 8. Januar, steigt in der westiranischen Provinz Kermanschah ein Feuerball nach dem anderen auf. Es ist das erste Mal, dass der Iran seine gefürchteten ballistischen Raketen gegen seinen Erzfeind USA einsetzt. Die iranischen Revolutionsgarden starten die Operation »Märtyrer Soleimani«.

Schon am Tag zuvor hat das US-Militär seine Basen in der Region in höchste Alarmbereitschaft versetzt. Auf dem Stützpunkt Ayn al-Asad im Irak, mehrere Hundert Kilometer westlich von Kermanschah, räumen die Soldaten um elf Uhr abends ihre Schlafquartiere und ziehen sich in die jahrzehntealten Bunker zurück, die noch aus der Zeit Saddam Husseins stammen. Die Basis ist einer der größten amerikanischen Stützpunkte im Irak. Die US-Streitkräfte haben dort 1500 Männer und Frauen stationiert, dazu kommen mehrere Hundert Soldaten aus Ländern wie Dänemark, Norwegen oder Polen, die gemeinsam mit den Vereinigten Staaten die Terrorgruppe Islamischer Staat bekämpfen.

Jetzt, in dieser Nacht, sind nur noch die Wachposten auf Position. Die Drohnenpiloten versuchen unterdessen hektisch, ihre teuren Fluggeräte in die Luft und damit in Sicherheit zu bringen.

Um 1.34 Uhr schlägt die erste Rakete ein. Dann folgen drei weitere. Insgesamt detonieren auf dem Stützpunkt mindestens zehn Raketen.

Es ist eine Attacke, die der Welt ein für alle Mal vor Augen führt, wie präzise und hoch entwickelt das Raketenarsenal der Iraner ist – auch dank der Hilfe eines Phantoms. Eines mysteriösen Chinesen, der Eingeweihten als einer der gefährlichsten Männer der Welt gilt.

Wenn auf einer Militärbasis im Nahen Osten Soldaten der Vereinigten Staaten und ihrer Verbündeten in die Bunker hasten, wenn in der Ukraine Menschen im Raketenhagel sterben, wenn in Tel Aviv Sirenen heulen, im Jemen Kinder verhungern und ein steigender Ölpreis nach einem Angriff auf saudische Förderanlagen die Weltwirtschaft erschüttert, dann kann es sein, dass er damit zu tun hat. Wenn in Washington und Peking, Genf und New York Diplomaten über Abrüstung streiten, dann fällt sein Name. Der Mann ist eine Schlüsselfigur im Ringen der Supermächte USA und China um Macht und Einfluss.

Die westlichen Geheimdienste versuchen seit mehr als zwei

Jahrzehnten, ihn zu stoppen – mindestens ein US-Präsident hat sich persönlich eingeschaltet und in Peking interveniert.

Doch er scheint unantastbar, die Fahndung nach ihm läuft bis heute, und die wenigsten Menschen haben bislang seinen Namen gehört.

Er ist das chinesische Phantom.

01. WANTED BY THE FBI

Karl Lee blickt direkt in die Kamera. Den Kopf mit der ausgeprägt breiten Kinnlade hat er leicht in den Nacken gelegt, sein Gesichtsausdruck ist teilnahmslos. Oder ist da die leise Andeutung eines Lächelns? Schwer zu sagen, die Bildqualität ist nicht gut genug.

Seine dichten schwarzen Haare fallen ihm leicht gewellt in die Stirn, berühren die dunklen Augenbrauen. Die Lippen voll, das rechte Augenlid hängt ein wenig, und knapp unter seinem rechten Nasenloch ist ein Muttermal zu erahnen – das haben die Fahnder des FBI auch als »besonderes Kennzeichen« vermerkt. Die Beamten haben außerdem notiert, dass Karl Lee fünf Fuß und sieben Zoll groß sein soll – also umgerechnet 1,70 Meter – und etwa 150 Pfund oder 68 Kilogramm schwer, die Augen: braun, Geschlecht: männlich, Herkunft: asiatisch, Nationalität: chinesisch.

Das Auffallendste an dem Poster ist der gefettete rote Schriftzug direkt über dem Foto: »WANTED BY THE FBI« steht da in Großbuchstaben, »GESUCHT VOM FBI« – von der Ermittlungsbehörde, die gleichzeitig ein Geheimdienst ist. Die US-Ermittler haben Karl Lee auf ihrer legendären Most-wanted-Liste zur Fahndung ausgeschrieben, gemeinsam mit Serienmördern, Missbrauchstätern und Menschenhändlern, mit Millionenbetrügern, ausländischen Spionen und Terroristen. Doch gegen ihn erscheinen fast all die anderen wie kleine Fische, denn auf niemanden ist derzeit ein höheres Kopfgeld ausgesetzt: Wer entscheidend zu Karl Lees Verhaftung beiträgt, kann sich fünf Millionen Dollar verdienen.

Jemanden, den das FBI weltweit mit einem derart hohen Kopfgeld sucht, kann man wohl gemeinhin als einen Staatsfeind der USA bezeichnen. Fünf Millionen – das ist die internationale

Topliga des Verbrechens. Auf den Chef des mexikanischen Sinaloa-Kartells, Joaquín »El Chapo« Guzmán, hatten die US-Behörden einst dieselbe Summe ausgesetzt. Auch für Hinweise zur Festnahme von al-Qaida-Chef Osama bin Laden schrieben die USA fünf Millionen Dollar aus, nachdem er 1998 die Anschläge auf die US-Botschaften in Daressalam und Nairobi organisiert hatte.

Karl Lee ist jedoch kein Drogenboss, und er befehligt auch keine Terrorgruppe. Er ist ein unscheinbarer Kaufmann aus einer entlegenen Provinz Chinas.

Seinetwegen stehen wir an einem klaren Tag im Februar 2018 in Cambridge, Massachusetts, auf dem Gelände der ältesten Universität der Vereinigten Staaten – und auch der wohl berühmtesten. Sie hat 161 Nobelpreisträger hervorgebracht. John F. Kennedy hat hier ebenso studiert wie George W. Bush, Barack Obama und fünf weitere US-Präsidenten.

»Veritas« lautet das Motto der 1636 gegründeten Harvard University – Wahrheit. So steht es am gusseisernen Torbogen, durch den wir den Harvard Yard betreten haben: eine Rasenfläche, so groß wie vier Fußballfelder, auf der sich rund ein Dutzend Backsteingebäude befinden. Angela Merkel wird hier ein Jahr später die Abschlussrede für die Absolventen halten, nur ein paar Schritte weiter startete Mark Zuckerberg Facebook; im Currier House, einem Studentenwohnheim auf dem Gelände, lebte Bill Gates, bis er Harvard ohne Abschluss verließ, um eine Firma namens Microsoft zu gründen. Und nebenan, am Harvard Square, kopierte der Whistleblower Daniel Ellsberg 1969 in einem Copyshop die streng geheimen Pentagon Papers, die bewiesen, dass die Öffentlichkeit über den Vietnamkrieg getäuscht wurde.

Und dann ist da noch die Harvard Kennedy School: eine der elitärsten Fakultäten der ohnehin schon elitären Harvard-Universität. Die Schule unten am Charles River ist ein Tummelplatz von Diplomaten und solchen, die es werden wollen, von Geheimdienstangehörigen und Militärs. Hier wird man zur selben Zeit angehende, aktuelle und ehemalige Mitarbeiter des israelischen Geheimdienstes Mossad finden, des britischen MI6 und der US-amerikanischen Geheimdienste NSA und CIA. Aber auch privilegierte chinesische Kader und nahöstliche Autokraten schicken ihre Sprösslinge hierher, oft unter falschem Namen – sogar die Tochter von Chinas Staats- und Parteichef Xi Jinping hat hier studiert.

Wir sind mit einem Mann verabredet, dessen Spezialgebiet die Jagd ist: auf jene, die Diktatoren dieser Welt mit Raketen und Sprengköpfen versorgen. Er hat für das US-Justizministerium gearbeitet, für das Pentagon und das FBI.

Er war auch für Booz Allen Hamilton tätig, die Firma, die vieles erledigt, was das FBI nicht selbst erledigen möchte. Das Unternehmen geriet vor einigen Jahren in die Schlagzeilen, weil dort auch ein gewisser Edward Snowden gearbeitet hatte, bevor er flüchtete, sein Wissen an Journalisten weitergab und zum weltberühmten Whistleblower wurde.

Aaron Arnold hat uns über einen Mittelsmann kontaktiert. Er wolle reden, ließ er uns ausrichten. Worüber? Unklar. Auch wenn man uns schon früh gewarnt hat, dass sich an der Harvard University Mitarbeiter aller möglichen Geheimdienste und Diplomaten rumtreiben, die Journalisten für ihre Sache vereinnahmen wollen, sagen wir zu. Denn eines haben wir in den vergangenen Jahren gelernt: Wenn sich ein so hochkarätiger Experte wie Arnold meldet und sprechen will, sollten wir erst einmal zuhören – man weiß nie, ob daraus nicht eine Geschichte werden könnte.

Wir treffen ihn im »Charlie's Kitchen«, einer zweistöckigen Bar. Hierher kommen Dozenten, die auf Veröffentlichungen anstoßen wollen, oder Studenten, die ihren Tag bei Tintenfischringen und kräftigem India Pale Ale ausklingen lassen.

Als wir an diesem Dienstagnachmittag den Innenhof der Bar betreten, riecht es nach gebratenen Burgern, aus den Lautsprechern dröhnt Hardrockmusik, auf der Theke reihen sich die

Bierflaschen. Und da steht Arnold auch schon vor uns: verspiegelte Sonnenbrille, roter Vollbart, Glatze, schmal geschnittener Anzug. Der Jäger.

Er grüßt mit festem Händedruck und führt uns zu seinem Stehtisch. Er bestellt Bier für alle, lässt einen Korb mit frittierten Tintenfischen kommen, die hier zu so ziemlich allem serviert werden, und dann fängt er an, von einem geheimnisvollen Unbekannten zu erzählen, der angeblich die amerikanischen Behörden an der Nase herumführt. Der sich seit zwei Jahrzehnten verstecken soll und schneller Firmen gründen und abwickeln lässt, als seine Verfolger schauen können. Sein Name ist Karl Lee – ein Waffenhändler, der laut Aaron Arnold in einer kaum durchschaubaren Halbwelt operiert und seine todbringenden Waren um den halben Globus verschifft. »Obwohl ihn Ermittler auf der ganzen Welt seit Jahren suchen, bleibt er ein Phantom«, sagt der ehemalige FBI-Analyst. Und nichts könne seine tödlichen Geschäfte stoppen.

Arnold erzählt, dass er auf Karl Lee gestoßen sei, als er vor einigen Jahren beim FBI Counterproliferation Center – kurz: CPC – angefangen habe. Die Spezialeinheit wurde 2011 gegründet, ihr Logo zeigt einen grimmigen Adler, auf dessen Kopf die US-Flagge projiziert ist; darunter eine Weltkugel und mehrere Zeichen für gefährliche Substanzen, das grelle schwarz-gelbe Atomsymbol etwa und das Warnschild für chemische Giftstoffe. Die Einheit, so die Selbstbeschreibung, soll den Schmuggel sensibler Technologien unterbinden, die für Massenvernichtungswaffen, Raketen, Weltraumwaffen oder konventionelle Waffen verwendet werden können.

Karl Lee stehe schon seit Jahren ganz oben auf der Liste der Ermittler, erzählt Aaron Arnold, während er neues India Pale Ale an den Tisch winkt. Der Chinese stelle fast alle anderen Fälle des FBI in den Schatten.

Die Tintenfischringe lässt der Ex-FBI-Mitarbeiter stehen. Er redet sich in Fahrt.

»Karl Lee ist nicht nur für die Vereinigten Staaten eine Bedrohung«, sagt Arnold. »Er ist eine Gefahr für die ganze Welt.«

Das Geschäft von Männern wie Karl Lee lebt vom Streben nach Macht. Tödlicher Macht. Schon seit Jahrzehnten versuchen die Regierungen einiger Schwellenländer, an Waffen zu kommen, die sie unantastbar machen. Massenvernichtungswaffen, die auf einen Schlag Hunderttausende töten können und die jeden Angriff auf diese Länder zu einem unbeherrschbaren Risiko werden lassen – für Weltmächte wie die Vereinigten Staaten und Russland, aber auch für rivalisierende Staaten in der jeweiligen Weltregion.

Biologische Kampfstoffe, Giftgas oder eine Atombombe dienen allerdings nur dann als wirksame Abschreckung, wenn man sie über weite Strecken hinweg feuern kann. Und hier kommen Raketen ins Spiel – und Männer wie Karl Lee.

Für Länder wie den Iran oder Nordkorea sei es schwierig, an Material für den Bau von Raketen und Sprengköpfen zu gelangen, erklärt Aaron Arnold. Das liege an den Sanktionen, die wegen ebendieser Rüstungsprogramme verhängt wurden. Deshalb seien Geschäftsleute mit Erfahrung und den richtigen Kontakten nötig. Fachleute, die das Vertrauen von Wissenschaftlern und Militärs genießen, die wissen, welchen Beamten sie schmieren und welche Transportrouten sie wählen müssen, um nicht erwischt zu werden. Zuverlässige Spezialisten, die Bauteile und Materialien in höchster Qualität liefern – am besten in großen Mengen und über viele Jahre.

Karl Lee sei ein solcher Spezialist – ja sogar *der* Spezialist.

Der chinesische Geschäftsmann betreibe dieses Geschäft in einem Ausmaß, das man von anderen Fällen nicht kenne, sagt Arnold. Trotz all der Geheimdienste und Ermittlungsbehörden, die hinter ihm her seien, mache er einfach weiter. »Es ist wie ein Katz-und-Maus-Spiel«, sagt der Jäger, der von Karl Lee erkennbar fasziniert und frustriert zugleich ist. Denn es ist ein Spiel, bei dem bislang immer der Gejagte gewinnt.

»Karl Lee umgibt eine Aura des Geheimnisvollen«, fährt Aaron Arnold fort. Und tatsächlich kenne in der Öffentlichkeit kaum jemand den Namen des Chinesen oder gar sein Aussehen. Es gebe nur wenige Artikel über ihn. Dabei rangiere Karl Lee auf der Liste der CIA so weit oben, dass sich Spezialeinheiten wie jene, die Osama bin Laden getötet hat, schon in ihrer Ausbildung sein Gesicht einprägten. Bereits unter George W. Bush seien die USA auf Karl Lee gestoßen, sagt Arnold, unter Barack Obama hätten ihn das FBI und andere Behörden gejagt, und nun versuchten sie es weiter. Ohne Erfolg. Die Behörden wüssten, dass er den Iran beliefere, wo er sich in China aufhalte, mit welchen Flugzeugen er nach Teheran fliege, wen er dort treffe. Aber Karl Lee scheine unantastbar zu sein. Auch bei US-chinesischen Regierungsgesprächen ist er laut Arnold immer wieder Thema, doch es passiere einfach nichts. Die chinesischen Diplomaten hörten sich seit Jahren die Klagen ihrer amerikanischen Amtskollegen an und ließen sich allerlei Berichte und Depeschen schicken. Karl Lee aber mache einfach weiter.

Zu den Fragen, die weder Arnold noch seine ehemaligen Kollegen beantworten können, gehört, ob Karl Lee auf eigene Rechnung arbeitet oder ob er das Gesicht einer Gruppe von Kriminellen ist, eines chinesischen Geheimdienstes, der chinesischen Behörden – oder sogar mehrerer Regierungen. Und was würde das bedeuten?

Karl Lees Spitzname sei »The Tailor«, sagt Aaron Arnold: »der Schneider« – weil er maßgeschneiderte Lösungen für jedes Problem finde. In der Praxis heißt »Problem« meist: eine Hürde der internationalen Behörden, die diese Art des Schmuggels unterbinden wollen. Grenzkontrollen, Satellitenüberwachung, Zoll. Diese Hürden überspringt Karl Lee offenbar wie kein anderer.

Als hielte jemand seine schützende Hand über den mysteriösen Waffenhändler.

02. IM LAND DES SCHWARZEN DRACHEN

Gannan, ein Landstrich in Chinas hohem Norden: Zur russischen Grenze, dort, wo Sibirien beginnt, ist es nicht mehr weit, und die Provinz Innere Mongolei liegt auch nur ein paar Kilometer entfernt. Eine Einöde, und doch kennen viele Chinesen diese entlegene Gegend – und zwar wegen der Mäuse, die hier einst vom Himmel gefallen sein sollen.

Es sind die späten Abendstunden des 4. April 1952, seit fast zwei Jahren tobt der Koreakrieg, in dem China Hunderttausende Freiwillige aufseiten Nordkoreas kämpfen lässt, als kurz vor Mitternacht Rotorengeräusche eines Flugzeugs zu hören sind, das sich von Südosten nähert. Zuvor registrierte ein chinesischer Luftbeobachtungsposten, wie ein amerikanisches F-82-Nachtjagdflugzeug die Grenze zwischen China und Nordkorea überflog, mit Kurs auf Gannan – eine Maschine, die speziell für geheime Missionen im Schutz der Dunkelheit konstruiert worden war. Am nächsten Morgen finden die Bewohner angeblich Hunderte Wühlmäuse auf den Straßen, in Heuhaufen, in Brunnen, auf Dächern und sogar in den Betten ihrer schlafenden Kinder. Die Tiere sind im Todeskampf oder bereits tot. Es sind keine heimischen Mäuse, sie gehören zu einer Gattung, die in Gannan nicht vorkommt: mit kurzem Schwanz, grauschwarzem Rücken und hellgrauem Bauch.

Als chinesische Wissenschaftler später eine Autopsie mehrerer Tiere vornehmen, finden sie in den Kadavern angeblich Pesterreger. Alle Indizien passen zu einem Verdacht, der sich in China bis heute hält: Haben die Amerikaner infizierte Wühlmäuse vom Himmel geworfen, als biologische Waffe?

China, Nordkorea und die Sowjetunion behaupten damals, die Amerikaner würden im Koreakrieg Biowaffen einsetzen.

Eine internationale, von einem Briten geleitete Untersuchungskommission reist daraufhin nach Gannan, lässt sich die Mäuse zeigen, befragt vor Ort Zeugen und bestätigt schließlich die Vorwürfe.

Erst ein halbes Jahrhundert später können Wissenschaftler Akten aus sowjetischen Archiven auswerten, die nahelegen: Peking, Pjöngjang und Moskau haben die Vorwürfe erfunden, um die USA zu diffamieren. Die internationale Untersuchungskommission wurde offenbar in die Irre geführt, unter anderem durch

falsche Zeugen.

Gannan, das in China zeitweise zu einem Sinnbild für die Skrupellosigkeit der Vereinigten Staaten wird, gehört zu Heilongjiang. Die Provinz liegt im äußersten Nordosten des Landes und ist größer als Deutschland, ein flacher, endlos weiter Landstrich, in dem die Temperaturen im Winter unter 40 Grad minus fallen. Am ehesten dürften Wildtierexperten von diesem entlegenen Winkel der Welt gehört haben, denn dort befindet sich eines der letzten Reservate des Sibirischen Tigers. Die vom Aussterben bedrohten Tiere streifen durch Wälder und Sümpfe am Heilongjiang. Der Strom gab dieser Provinz ihren Namen, der auf Deutsch »Fluss des Schwarzen Drachen« bedeutet.

In den Dreißigerjahren besetzte Japan Teile Chinas, darunter auch Heilongjiang. Mitte der Vierzigerjahre gehörte die Provinz zu den ersten, die von der chinesischen Volksbefreiungsarmee zurückerobert wurden. Die Kommunistische Partei schickte bald die besten Handwerker und Ingenieure dorthin, sie sollten riesige Industriegebiete aufbauen. So wurde Heilongjiang zu einem Zentrum der Schwerindustrie, mit Bergwerken, Fabriken und anderen Produktionsstätten. Millionen Zwangsarbeiter, aber auch gebildete Jugendliche aus den Städten wurden nach Heilongjiang geschickt. Sie lebten in Arbeitslagern und machten das Land urbar, legten Sümpfe trocken und bauten Straßen. Riesige Gemeinschaftsbetriebe – sogenannte Volkskommunen – entstanden, mit Äckern für Soja, Mais, Weizen oder Sonnenblumen, die bis heute Nahrung für Millionen von Menschen liefern.

In Heilongjiang, wo Mythen und Wahrheit gelegentlich verschwimmen, wird 1972 ein Junge geboren, der bis heute Diplomaten, Ermittler und Geheimdienstmitarbeiter aus aller Welt beschäftigt. Er trägt den Familiennamen Li, und seine Eltern nennen ihn Fangwei, was so viel bedeutet wie »Integrität und Größe«. Bekannt wird er später unter einem westlicher klingenden Namen, den er sich offenbar selbst gibt. Er lautet: Karl Lee.

03. IN DER HAUPTSTADT DER SPIONAGE

Ein grauer Winternachmittag 2019, am Fenster ziehen die schneebedeckten Ausläufer der Alpen vorbei. Unser Zug rollt von München in Richtung Osten. Im Reisegepäck haben wir so ziemlich alles, was wir im Internet über Karl Lee finden konnten, dazu einen Stapel mit Aufsätzen über unterschiedliche Raketentypen und Lenksysteme.

Unser Treffen mit dem ehemaligen FBI-Analysten Aaron Arnold liegt schon einige Zeit zurück. Die Geschichte, die er uns erzählt hat, lässt uns nicht los: Karl Lee handelt mit dem Tod. Er liefert entscheidende Bauteile für Massenvernichtungswaffen. Seit er elektronische Mess- und Steuerungsgeräte an das Regime in Teheran verkauft, werden die iranischen Raketen Jahr für Jahr leistungsfähiger, präziser und tödlicher. Sie bedrohen Israel und kommen immer häufiger zum Einsatz: im Jemen, in Saudi-Arabien, im Irak oder auch gegen die Vereinigten Arabische Emirate. Karl Lee ist mitverantwortlich für den Tod vieler Menschen, und was noch viel wichtiger ist: Er könnte damit in naher Zukunft mitverantwortlich für den Tod Hunderter, Tausender, Hunderttausender weiterer Menschen sein. Dann nämlich, wenn der Iran durch Karl Lees Bauteile entscheidend vorankommen sollte beim Bau von Atomsprengköpfen und immer leistungsfähigeren Raketen und ein nukleares Duell von bis aufs Blut verfeindeten Ländern vielleicht eines Tages bis zur Vernichtung ausgetragen wird – oder gar ein dritter Weltkrieg.

Dass die Iraner an Atomwaffen arbeiten, zeichnet sich bereits nach der Jahrtausendwende ab. Um 2004 berichtet ein Informant des Bundesnachrichtendienstes (BND) von zwei Geheimvorhaben der iranischen Regierung: »Projekt 110« habe den Bau einer Atombombe zum Ziel, »Projekt 111« einen nuklearen Sprengkopf, der in eine iranische Rakete passt. Die Quelle, so schildert es später die *Zeit*, ist ein iranischer Raketentechniker. Sein Deckname: Delphin. Immer, wenn er den Iran verlässt – etwa für eine Konferenz –, übergibt er dem BND neue Informationen: Details zum iranischen Atomprogramm. Schon bald zieht der deutsche Geheimdienst den Mossad ins Vertrauen, auch die CIA. Doch dann fliegt der Informant auf. Er wird festgenommen und hingerichtet.

Die Vorstellung, dass der Iran in den Besitz eines Atomsprengkopfs gelangt, der mit einer Rakete auf Israel oder gar Europa abgefeuert werden könnte, treibt seither Diplomaten und Geheimdienstler auf der ganzen Welt um. Schon seit Jahren sollen CIA, NSA und FBI deswegen hinter Karl Lee her sein, ebenso der MI6, der Mossad und auch der BND.

Wenn stimmt, was Aaron Arnold sagt, dann hat er uns auf eine Schlüsselfigur in einem der gefährlichsten Konflikte unserer Zeit aufmerksam gemacht – und auf eine faszinierende Geschichte. Andererseits: Was, wenn es sich bei seiner Kontaktaufnahme um ein PR-Manöver handelt, mit dem die Geschichte eines bösen Chinesen in die Schlagzeilen gebracht werden soll, der den bösen Iranern verheerende Waffen liefert? Was, wenn der ehemalige FBI-Analyst auf uns angesetzt worden ist – von seinem früheren Arbeitgeber zum Beispiel oder von der CIA, mit der er längere Zeit zusammengearbeitet hat? Schließlich regiert damals in Washington seit zwei Jahren Donald Trump – ein Mann, der keine Gelegenheit auslässt, den Iran und China an den Pranger zu stellen. Die Karl-Lee-Geschichte würde perfekt zur Agenda der damaligen US-Regierung passen.

Bevor wir uns also ganz in diese Recherche stürzen, wollen wir eine weitere Meinung einholen – bei jemandem, der sich in der Welt der Atombomben und Raketen ebenso gut auskennt wie Aaron Arnold, der aber nicht aus den Vereinigten Staaten stammt.

Wir fahren also nach Wien. Österreichs Hauptstadt gilt seit

der Zeit der Kaiser und Könige als eines der globalen Zentren der Spionage. Vieles von dem, was dort verhandelt wird, soll – wenn es nach Diplomaten, Agenten und Spionen ginge – nie bekannt werden.

Aber von Zeit zu Zeit blitzt etwas aus dem Dunkel auf und wird sichtbar für die Weltöffentlichkeit. Im Juli 2010 zum Beispiel, als ein amerikanisches Charterflugzeug mit zehn enttarnten russischen Spionen auf dem Flughafen Wien-Schwechat landet und neben einer russischen Militärmaschine mit vier Agenten parkt, die für den Westen spioniert haben: der wohl größte Gefangenenaustausch zwischen den USA und Russland seit Ende des Kalten Krieges. An diesem Tag übergeben die Russen unter anderen einen gewissen Sergej Skripal, der später im britischen Salisbury vergiftet wird – und die Amerikaner einen russischen Spion, der wenige Wochen zuvor in Harvard aufgeflogen war.

Oder am 2. Juli 2013, als die Regierungsmaschine des bolivianischen Präsidenten in Wien notlanden muss. Das Flugzeug ist auf dem Weg von Moskau nach La Paz, als plötzlich mehrere europäische Staaten die Überflugrechte verweigern. Der Grund: Angeblich ist die CIA der Auffassung, der NSA-Whistleblower Edward Snowden sei an Bord. Ist er aber nicht.

Nach knapp zwei Stunden rollt unser Zug über eine Brücke; auf einem Hügel rechts von uns thront eine Festung, unter uns sehen wir einen graugrünen Fluss. Wir haben die Grenze passiert und fahren durch Salzburg: Nun sind wir in Österreich.

1955 hat sich das Land offiziell zur »immerwährenden Neutralität« verpflichtet. Das heißt: Österreich ist nicht im westlichen Verteidigungsbündnis NATO, und es werden keinerlei Militärstützpunkte anderer Staaten auf österreichischem Boden zugelassen. Als Hauptstadt eines neutralen Landes, das direkt an den Ostblock grenzt, bleibt Wien im Kalten Krieg eines der wichtigsten Spionagezentren.

Bis heute ist Österreich »internationale nachrichtendienstliche Drehscheibe« und »ein bevorzugtes Operationsgebiet« für die Geheimdienste ausländischer Staaten, wie der Inlandsnachrichtendienst des Landes einräumt. Das liegt auch an den laxen Gesetzen, die der ehemalige österreichische Geheimdienstchef Gert R. Polli als »Einladung zur Spionage« bezeichnet. Denn Spionage ist in Österreich de facto legal. Solange dort Agenten nur einander ausspionieren und nicht ihr Gastgeberland, haben sie nichts zu befürchten.

Dazu kommt, dass es in Wien etliche interessante Spionageziele gibt: Die Stadt ist neben New York, Genf und Nairobi der vierte Amtssitz der Vereinten Nationen, und die Organisation Erdöl exportierender Länder OPEC hat dort ihr Hauptquartier. Allein das sorgt schon für ein immerwährendes diplomatisches Surren, ein Kommen und Gehen und eine internationale Szene, die weltweit ihresgleichen sucht.

Und wenn es dann noch um Waffen geht, insbesondere um Atomraketen, ist Wien so etwas wie die heimliche Welthauptstadt. Dort sitzt das Abrüstungsbüro der Vereinten Nationen, von dort aus werden einige der wichtigsten Abkommen zur Rüstungskontrolle überwacht. Außerdem hat an der Donau, in einem Stadtteil, der Uno-City genannt wird, die Internationale Atomenergiebehörde IAEA ihren Sitz. Sie soll die friedliche Nutzung der Kernenergie fördern und verhindern, dass strahlendes Material für militärische Zwecke missbraucht wird.

Von der Wiener Zentrale schwärmen die IAEA-Kontrolleure zu ihren Inspektionen hinaus in die Welt. Ihre Proben werten sie in einem Labor 30 Kilometer südlich von Wien aus. Dabei interessiert die IAEA-Experten vor allem eine Frage: Stimmen die Angaben der jeweiligen Regierung zu ihrem Atomprogramm, oder droht aus einer zivilen Nutzung eine militärische zu werden? Diese Frage ist vor allem bei zwei Staaten brisant: Nordkorea und dem Iran.

Als unser Zug in den Wiener Hauptbahnhof rollt, ist es längst dunkel. Die Stadt präsentiert sich an diesem Abend, passend zum Spionageimage, wie in einem Film noir. Fast wie in »Der Dritte Mann«, dem Klassiker mit Orson Welles, der im Wien der Nachkriegszeit gedreht wurde, als der Schwarzmarkt blühte und es von Spionen wimmelte. Die Gassen sind zugig, düster und fast menschenleer. Die wenigen Passanten haben Kragen und Kopfbedeckungen ins Gesicht gezogen, um sich vor dem Schneeregen zu schützen. Straßenlaternen spiegeln sich auf dem nassen Kopfsteinpflaster.

Wir sind mit einem Mann verabredet, der für einen westlichen Staat Geheimdienstberichte ausgewertet hat. Heute arbeitet er in einer sensiblen Position bei einer internationalen Organisation. Er ist einer *der* Experten seines Metiers, insbesondere für die illegale Verbreitung von Raketentechnologie. Seine Bedingung für dieses Gespräch ist, dass seine Identität geheim bleibt.

Unseren Treffpunkt im Zentrum der Altstadt hat er vorgeschlagen – einen Pub, in dem Biere mit vielsagenden Namen wie »Wiener Bubi« oder »Delirium Argentum« serviert werden.

Wir öffnen die Tür des Lokals, das wie ein langer, direkt auf die Bar zulaufender Schlauch aufgebaut ist. Auf einer der mit rotem Leder bezogenen Bänke am linken Rand sitzt ein jugendlich wirkender Mann mit wachen Augen, der die Eingangstür fest im Blick hat. Er mustert uns, wir mustern ihn. Das könnte unser Gesprächspartner sein – zumindest, wenn man nach dem einen verwaschenen Foto geht, das wir von ihm im Internet gefunden haben. Sein Blick hellt sich auf. »Seid ihr …?« – »Ja.« Er ist es.

Der Platz, den er ausgesucht hat, ist maximal weit entfernt von der Bar und von allen anderen Tischen. Gute Voraussetzungen, um diskret über Atomraketen zu sprechen – und um abzuklopfen, ob Aaron Arnold womöglich maßlos übertreibt. Wir wollen herausfinden, ob an der Karl-Lee-Geschichte wirklich etwas dran ist.

Unser Gesprächspartner an diesem Abend nennt den chinesischen Geschäftsmann den »Fantomas« unter den Händlern des

Todes. So wie der mysteriöse Superschurke aus der französischen Romanreihe, der es mit den mächtigsten Gegnern aufnimmt und immer wieder entkommt – geheimnisvoll, skrupellos und genial. Seit sich Massenvernichtungswaffen über den Globus verbreiten, habe es nur wenige Akteure gegeben, die wie Karl Lee über Jahrzehnte in diesem Geschäft aktiv sind, erklärt unser Informant bei einem Burger mit Speck und Spiegelei.

Nach dem Ende des Zweiten Weltkriegs, in dem die Vereinigten Staaten zum ersten Mal in der Menschheitsgeschichte Atombomben eingesetzt haben, konfiszieren die US-Streitkräfte die letzten intakten deutschen V2-Raketen mitsamt Tausender Seiten Konstruktionsplänen. Und sie bringen Hunderte deutsche Fachleute in die USA. Aus dieser Keimzelle erwächst das amerikanische Raketenprogramm.

Die Sowjetunion zündet 1949 ihre erste Atombombe. Etwa zur selben Zeit beauftragt Machthaber Josef Stalin seine besten Wissenschaftler damit, Raketen zu entwickeln. Raketen, die nicht nur mehrere Hundert, sondern Tausende Kilometer fliegen können – bis aufs amerikanische Festland. Damals gibt es eine klare Aufteilung der Welt – und der Atomraketen: die Amerikaner hier, die Sowjets dort. Die beiden Lager haben die größten Armeen, die meisten Experten, die umfangreichsten Militärbudgets. Doch bald beginnen auch Großbritannien und Frankreich damit, Raketen und Atombomben zu testen. Die Sowjets wiederum kooperieren mit den Chinesen, die 1964 ihre erste Atombombe zünden und kurze Zeit später erstmals erfolgreich eine Rakete erproben.

Anfangs bleibt das Wissen um die Atom- und Raketentechnologie in diesem kleinen Kreis, doch dann sickert es durch. Plötzlich tauchen in Nahost und Nordkorea Raketen auf, die den chinesischen und russischen Modellen verblüffend ähnlich sehen. Immer mehr Staatenlenker und Militärs haben nun den Wunsch, selbst Atomraketen zur Abschreckung bereitzuhalten. Die US-Geheimdienste gehen 1963 in einem Bericht davon aus, dass schon bald Länder wie Kanada, Israel, Westdeutschland, Italien oder Schweden eigene Kernwaffen entwickeln könnten. Der damalige US-Präsident John F. Kennedy vermutet, in den Siebzigerjahren werde es bis zu 25 Staaten mit Atomwaffen geben. Doch seine Befürchtung bewahrheitet sich nicht.

In einem kollektiven Akt der Vernunft einigt sich die Welt auf den Atomwaffensperrvertrag, der 1970 in Kraft tritt. Bis heute haben den Vertrag 191 Staaten unterzeichnet. Die fünf Länder, die damals bereits im Besitz von Atomwaffen sind, verpflichten sich darin zur Abrüstung und vor allem aber dazu, ihre Technologie nicht weiterzugeben. Die anderen Staaten versprechen, keine Atomwaffen zu bauen und sich den Kontrollen der IAEA zu unterwerfen. Ausländische Fachleute sollen also jederzeit Atomkraftwerke und Labore besuchen dürfen, um zu überprüfen, ob dort wirklich nicht die Grundstoffe für eine Atombombe hergestellt werden.

Der Vertrag dämmt seitdem die weitere Verbreitung von Kernwaffen ein. Ganz aufhalten kann er sie nicht. Denn Indien, Pakistan und Israel treten dem Vertrag nie bei und entwickeln schon vor Jahrzehnten ihre eigenen Atomsprengköpfe. Und dann sind da noch Nordkorea und der Iran – zwei Staaten, die seit Langem zu den Outlaws der internationalen Gemeinschaft zählen. Dem Regime in Pjöngjang gelingt es, eigene Raketen zu entwickeln und 2006 erstmals einen nuklearen Sprengsatz zu zünden. Die Führung in Teheran kommt der Produktion eines Atomsprengkopfs gefährlich nahe und baut das größte Raketenarsenal des Nahen Ostens auf. Das Mullah-Regime sieht Raketen als seine Lebensversicherung an, denn der Iran verfügt – anders als seine Nachbarländer – über keine nennenswerte Luftwaffe. Die wenigen einsatzbereiten Flugzeuge sind alt und können mit amerikanischen und israelischen Jets nicht mithalten.

Wegen der harten Sanktionen, sagt unser Gesprächspartner, seien Staaten wie Nordkorea und der Iran bei der Beschaffung von Know-how und Technologie für den Raketenbau auf

Geschäftsleute wie Karl Lee angewiesen. Auf Waffenhändler, die sich offenbar wenig um die Regeln der Weltgemeinschaft scheren und weder FBI noch CIA fürchten. Experten wie unser Gesprächspartner benutzen einen sperrigen Fachbegriff, wenn sie über das Geschäft dieser Männer sprechen: Proliferation. Das Wort steht für die Weitergabe von Massenvernichtungswaffen und Raketen, die diese Waffen ins Ziel bringen können.

Früher, so sagt unser Gesprächspartner, seien es Figuren wie der pakistanische Ingenieur Abdul Qadir Khan gewesen, die den Strategen in den Hauptstädten der westlichen Welt größte Sorgen bereiten. Khan hat unter anderem in Deutschland studiert und in den Siebzigerjahren in den Niederlanden für Europas größten Produzenten von angereichertem Uran – die Urenco-Gruppe – gearbeitet. Dort soll er Pläne für Zentrifugen gestohlen haben. 1975 kehrt er nach Pakistan zurück. In seiner Heimat wird er zum »Vater der Atombombe« und zum Volkshelden. Doch »Vater« Khan hat möglicherweise nicht nur ein offizielles Kind – er steht im Verdacht, geheime Pläne an Nordkorea, Libyen und den Iran verkauft zu haben. Auch in Saudi-Arabien wird er auffallend oft gesehen.

Seit Khans Zeiten habe sich der illegale Markt für Massenvernichtungswaffen radikal gewandelt, erklärt unser Gesprächspartner in Wien. Heute könne jeder in diesem todbringenden Geschäft von seiner Couch aus mitmischen. »Alles, was man dazu braucht, ist ein Laptop und Internet«, sagt er. Damit könnten angehende Waffenhändler Produkte, die ein Regime wie das in Teheran für sein Raketenprogramm benötigt, völlig legal einkaufen – und illegal an iranische Rüstungsfirmen verkaufen.

Denn oft seien die Waren, um die es geht, auf den ersten Blick vollkommen unverdächtig: Grafit etwa, das Bleistifthersteller genauso benötigen wie Raketenbauer. Letztere fertigen aus dem extrem hitzebeständigen Material zum Beispiel sogenannte Strahlruder, die am Ausgang des Raketentriebwerks angebracht sind – genau dort, wo beim Start das Feuer austritt. Mit diesen

Rudern kann die Rakete die Richtung des mehrere Tausend Grad heißen Strahls und damit ihre Flugbahn verändern.

Oder Kohlefasern, die Hersteller von Mountainbikes für ultraleichte Fahrradrahmen verwenden – und Rüstungskonzerne für die Außenhaut besonders leichter und damit reichweitenstarker Raketen.

Oder sogenannte Gyroskope – Sensoren, die in jedem Smartphone verbaut sind. Sie können einem Telefon signalisieren, ob es gerade gehalten wird oder schräg – oder einer Rakete, auf welcher Position ihrer Flugbahn sie sich befindet.

Für das Regime in Teheran ist der Einkauf dieser Produkte streng beschränkt. Iranische Firmen können sie derzeit nur dann beschaffen, wenn sie einen Antrag beim Sicherheitsrat der Vereinten Nationen stellen.

Doch der Schwarzmarkt für die Komponenten von Massenvernichtungswaffen und Raketen ist längst ins Internet gewandert. Oft sind es junge Männer, die schnelles Geld machen wollen und ins Visier der westlichen Geheimdienste geraten. Unser Gesprächspartner erzählt von einem Österreicher, der von Graz aus den Iran mit Raketenbauteilen belieferte. 2014 bekennt er sich vor einem Gericht in Österreich schuldig. Zuvor hat ihn die CIA um die halbe Welt gejagt, bis er am Ende auf den Philippinen festgenommen wird.

Es gebe in dieser Szene viele solcher kleinen Fische, resümiert unser Informant. Sobald sie auf das Radar der westlichen Geheimdienste gerieten, sei das Spiel meist vorbei, und zwar sehr schnell.

Nur einer sei anders: der Chinese Karl Lee. »Er ist mit Abstand die faszinierendste Figur in der Szene«, sagt unser Gesprächspartner. Seine Bedeutung könne man gar nicht hoch genug einschätzen: »Wenn man eine iranische Rakete auseinandernimmt, findet man darin mit hoher Wahrscheinlichkeit irgendein Teil, das von Karl Lee stammt.« Der Chinese sei aber nicht nur wegen seines Erfolgs und seines Einflusses faszinierend: »Karl Lees

Geschichte ist voller Rätsel.« Das größte von allen sei: Warum gelingt es seit zwei Jahrzehnten niemandem, ihn zu stoppen?

Bier Nummer drei neigt sich dem Ende zu. Draußen – alles weiß. Während unseres Gesprächs über Raketen, Schurken und komplizierte Regelwerke hat sich eine dünne Schneedecke über die Stadt gelegt. Es ist spät geworden – fast zu spät. Um 23.25 Uhr geht der letzte Zug nach München. Als wir am Gleis ankommen, rollt er gerade in den Bahnhof ein.

Es ist ein alter Nachtzug der ungarischen Bahn, der an diesem Abend aus Budapest kommt. Ein gewagt schmales Bett, dezente Beigebrauntöne und der typische leicht muffige Schlafwagengeruch – wir beziehen unser Abteil und verlassen Wien mit einer wichtigen Erkenntnis: Nicht nur Aaron Arnold und die US-Behörden halten Karl Lee für extrem gefährlich. Dass diese Geschichte in das Narrativ der Trump-Regierung passt, heißt keineswegs, dass an ihr nichts dran ist. Aber wie kann es sein, dass die Öffentlichkeit diesen Mann nicht kennt, der über Jahrzehnte illegal Bauteile für Raketen, womöglich gar Teile für Nuklearwaffen, liefert und damit die Welt einem Atomkrieg näherbringt?

Und wie kann es sein, dass die Supermacht USA, die mit ihren Satelliten jeden Zentimeter dieser Erde fotografieren und mit ihren Überwachungsprogrammen so ziemlich jede unverschlüsselte E-Mail mitlesen kann, offenbar nur eine verpixelte Schwarz-Weiß-Aufnahme von einem der meistgesuchten Männer der Welt auftreiben kann?

Der Zug ruckelt sanft durch die Berge. An der Grenze klopft es. Ein Beamter leuchtet mit der Taschenlampe durch den Türspalt, mitten ins Gesicht. »Passt«, sagt er, dann ist die Tür auch schon wieder zu – und wir sind in Gedanken wieder bei Karl Lee. Eine Stunde Schlaf, dann klopft es erneut. Der Schaffner reicht viel zu heißen Kaffee, ein Päckchen Orangensaft mit Strohhalm und ein eingeschweißtes Croissant. Kurze Zeit später sind wir schon wieder zurück in München.

Wenige Tage nach unserer Rückkehr veröffentlicht die iranische Nachrichtenagentur Fars ein 58 Sekunden langes Video. Es wurde in einer unterirdischen Fabrik irgendwo im Iran aufgenommen. Wo genau, erfährt man nicht. Zu sehen sind Raketen – blaue Raketen, Raketen mit roten Strahlrudern, Gefechtsköpfe von Raketen. Zwischendrin schreitet der Kommandeur der iranischen Luftwaffe, Amir Ali Hajizadeh, eines der Geschosse ab. Es handelt sich, so ist zu erfahren, um eine neue Boden-Boden-Rakete, die nach der 5000 Jahre alten iranischen Stadt Dezful benannt ist. Sie hat, so jedenfalls heißt es in dem Beitrag, eine Reichweite von tausend Kilometern. Das Raketenarsenal des Iran, so wird General Hajizadeh zitiert, sei »nicht verhandelbar«.

04. KIND DER REVOLUTION

Anfangs sind es harmlose Provokationen – etwa als Chinesen am Heilongjiang, dem Grenzfluss, die Hosen herunterlassen und den sowjetischen Soldaten auf der anderen Seite ihre nackten Hintern zeigen. Bald jedoch fallen die ersten Schüsse. Ende der Sechzigerjahre, knapp zwei Jahrzehnte nach dem angeblichen Wühlmaus-Angriff von Gannan, ist Chinas nordöstlichste Provinz erneut von Massenvernichtungswaffen bedroht – und diesmal handelt es sich nicht um ein Propagandamärchen. Kurz vor Li Fangweis Geburt spitzt sich ein heute fast vergessener Konflikt bedrohlich zu: der Grenzstreit zwischen China und der Sowjetunion.

Im März 1969 kommt es zu einem Schusswechsel, der als »Zwischenfall am Ussuri« in die Geschichte eingeht. An einem Nebenfluss des Amur, wie der Heilongjiang von den Russen genannt wird, liefern sich Soldaten der sowjetischen Grenztruppen und der chinesischen Volksbefreiungsarmee ein blutiges Scharmützel. Knapp zwei Wochen später bekämpfen sich Sowjets und Chinesen bereits mit Artillerie, Panzern und Hubschraubern. Moskau und Peking behaupten jeweils, man habe nur eigenes Territorium verteidigt und die andere Seite habe zuerst geschossen.

In den folgenden Tagen und Wochen wird das Propagandagetöse immer lauter. Moskaus Nachrichtenagentur *TASS* meldet entsetzliche Gräuel vom Ussuri: Die Chinesen hätten verwundete sowjetische Soldaten mit Bajonetten und Messern traktiert, ihnen die Arme ausgekugelt, Ohren abgeschnitten und Augen ausgestochen. Die chinesischen Soldaten wiederum seien unter sowjetischem Feuer »wie Fackeln« explodiert. Pekings amtliche Nachrichtenagentur *Xinhua* droht: »Wenn ihr es wagt, weiter einzudringen, werden wir euch entschlossen, ganz und total auslöschen.« Bei staatlich organisierten Großdemonstrationen skandieren angeblich 400 Millionen erboste Chinesen: »Nieder mit den neuen Zaren.«

Wenn man heute fragt, wann die Welt vor dem Ukraine-Krieg oder dem Kräftemessen um Taiwan einem Atomschlag bislang am nächsten war, dann denkt man in Europa oder in den USA meist an die Kubakrise 1962. Doch während sich der Ostblock und der Westen waffenstarrend gegenüberstehen, gibt es Ende der Sechzigerjahre »eine brennende, übermächtige Frage«, die

zu der Zeit »das ganze asiatische Herzland« beherrscht, wie es der amerikanische Journalist Harrison E. Salisbury formuliert: »Gibt es Krieg?« – und zwar einen »Krieg, verheerender als ein Hurrikan, Krieg, der ganz Asien in ein Flammenmeer verwandeln würde, Krieg, dessen atomverseuchte Winde die Wüste Gobi und die mandschurische Ebene genauso wie die sibirische Taiga vergiften würden«.

Die Rede ist von einem Atomkrieg zwischen der Sowjetunion und China – mit Li Fangweis Heimatprovinz Heilongjiang als Ausgangspunkt und Front. Im Norden und Osten der Provinz verläuft etwa die Hälfte der 7000 Kilometer langen Grenze zwischen den damals verfeindeten Ländern, die sich zuvor im Streit über den richtigen Weg zum Kommunismus entzweit haben.

Es ist schwer zu rekonstruieren, unter welchen Bedingungen die Bevölkerung in Chinas Nordosten damals lebt, wie die Menschen denken und fühlen. Diplomaten dürfen Peking nicht verlassen, Besucher gibt es kaum, und auch sie können nicht weit reisen, ja selbst ausländische Geheimdienste haben in jenen Jahren keinen tiefen Einblick in das Riesenreich. Aus den wenigen zugänglichen Quellen aber wird eines deutlich: In China und ganz besonders in den grenznahen Regionen herrscht damals eine gespenstische Vorkriegsstimmung. Hunderttausende Soldaten rücken auf beiden Seiten in die Grenzgebiete ein. Die Chinesen heben in den Großstädten Gräben und Unterstände aus, auf dem Land treiben sie Stollen in die Berge – Zufluchtsorte für den Fall eines sowjetischen Angriffs. Die Führung in Peking schwört das Volk auf einen »großen nuklearen Krieg« ein, mit Atomschlägen auf Städte in Nordostchina und Sibirien. Die Angst vor einem sowjetischen Erstschlag ist zeitweise so groß, dass Staatsgründer Mao Zedong die Hauptstadt verlässt und sich fast tausend Kilometer südlich in Wuhan versteckt, jener zentralchinesischen Millionenstadt am Jangtse, die gut fünfzig Jahre später traurige Berühmtheit erlangen wird, weil auf einem Fischmarkt im Zentrum der Metropole ein Virus grassiert, bald auch den gesamten Planeten heimsucht: Covid-19, auch bekannt als Corona.

An der chinesischen Nordgrenze bereiten sich Ende der Sechzigerjahre Männer, Frauen, ja sogar Kinder darauf vor, nach einem sowjetischen Atomangriff einen Guerillakrieg gegen die Angreifer zu führen – ganz im Sinne von Maos Forderung: »Jeder ein Soldat«.

Dokumentiert hat die militärischen Vorbereitungen der Fotograf Li Zhensheng. Er arbeitet damals für die Tageszeitung *Heilongjiang Ribao*, das Parteiblatt der Provinz. Li Zhenshengs Schwarz-Weiß-Aufnahmen zeigen Mädchen, die mit Holzgewehren strammstehen und ein Mörsergeschütz mit einer Granate laden. Fabrikarbeiter sind zu sehen, die mit nacktem Oberkörper durch einen Fluss waten, im Anschlag Sturmgewehre des Typs 56 – die chinesische Kopie einer Kalaschnikow.

Drei Jahre nach dem »Zwischenfall am Ussuri«, am 18. September 1972, wird Li Fangwei in jener Gegend geboren, in der das Kriegsfieber damals offenbar alles und jeden erfasst. Eine genauere Eingrenzung seines Geburtsorts ist schwierig. Doch es gibt Spuren, die zu einem riesigen landwirtschaftlichen Betrieb namens Chahayang führen, der im Kreis Gannan liegt.

In den Jahren vor Li Fangweis Geburt ist Chahayang Teil eines gewaltigen sozialen Experiments: 1966 tritt Mao die Kulturrevolution los. Unter dem Vorwand, die Nation von kapitalistischen und bürgerlichen Elementen zu säubern, macht er China zu einem Land, in dem die Menschen zu Denunzianten oder gar Mördern werden. Kinder schwärzen ihre Eltern als »Konterrevolutionäre« an, Ehemänner schicken ihre Frauen in die Verbannung, und Studenten ertränken ihre Professoren. Tausende müssen sich in Umerziehungslagern einer »Gedankenreform« unterziehen, wie es Mao zynisch ausdrückt. Schon der Besitz einer Armbanduhr kann ausreichen, um als vermeintlicher Kapitalist um sein Leben fürchten zu müssen. Nach Schätzungen von Historikern fallen dem Furor der als »Rote Garden« bekannt gewordenen Mao-Anhänger bis 1976 mehrere Millionen Menschen zum Opfer.

Mit Sonderzügen verlassen damals überall in der Volksrepublik Jugendliche Chinas Städte. Hunderttausende von ihnen machen sich auf den Weg in »die große Wildnis des Nordens«, wie die Gegend an Chinas Grenze zur Sowjetunion genannt wird, die Jüngsten sind gerade einmal 15 Jahre alt, die Älteren um die 20. Sie treten in das Produktions-und-Aufbau-Korps Heilongjiangs ein, eine paramilitärische Truppe, die einem Generalmajor der Volksbefreiungsarmee unterstellt ist. Noch heute verwaltet das Korps den landwirtschaftlichen Riesenbetrieb Chahayang. Im Falle eines Krieges sollen die Jugendlichen damals die Nordgrenze verteidigen. Statt die Schule zu beenden oder zu studieren, bestellen die Korpsmitglieder unter oft widrigsten Bedingungen die Äcker, teils mit bloßen Händen und Zugtieren.

Li Fangweis Mutter stammt aus dem Kreis Gannan, die Herkunft seines Vaters ist nicht bekannt. Es ist gut möglich, dass er damals zu jenen Jugendlichen gehört, die während der Kulturrevolution in die Wildnis geschickt werden. Ist er vielleicht Teil des Korps, und lernt er beim Dienst in Gannan seine Frau kennen? Es lässt sich heute zwar rekonstruieren, dass in Chahayang das 55. Regiment der 5. Division des Korps im Einsatz war, Namenslisten kann man aber nicht einsehen. Die Zeit der »Roten Garden« ist bis heute ein Tabuthema in China.

Heilongjiang nimmt in Maos »Großer Proletarischer Kulturrevolution« eine Vorreiterrolle ein. Die *Volkszeitung*, das offizielle Sprachrohr der Partei, rühmt die Provinz als »ersten Strahl des neuen Morgenlichts im Nordosten Chinas«, weil dort die revolutionäre Raserei früher als in anderen Teilen des Landes losbricht. Li Zhensheng, der Fotograf der *Heilongjiang Ribao*, hält als »Roter Nachrichtensoldat«, wie auf seiner Armbinde steht, alles mit seiner Kamera fest – darunter auch etliche Motive, die ihn in Lebensgefahr bringen können. Er sägt deshalb ein Loch in den Fußboden seiner Wohnung und legt dort sein geheimes Archiv an, mit Zehntausenden Bildern. Zwei Jahrzehnte später beginnt er damit, die Fotos aus dem Land zu schmuggeln. In kleinen Päckchen schickt er über mehrere Jahre insgesamt 30.000 Fotos an eine Bildagentur in New York, die 2003 einen Fotoband veröffentlicht. Die Bilder zählen zu den eindrücklichsten Dokumenten der Kulturrevolution. Gleichzeitig vermitteln sie einen Eindruck von den Lebensumständen in Heilongjiang zu der Zeit, als Li Fangwei zur Welt kommt.

Die Fotos zeigen Terror und Angst: geknebelte Münder, zerschlagene Gesichter, Hinrichtungen. Bei Volkstribunalen wird ehemaligen Grundbesitzern und vermeintlichen Konterrevolutionären der Prozess gemacht. Stundenlang müssen die Beschuldigten mit gesenktem Kopf verharren. Sie bekommen Tafeln um den Hals gehängt, auf die ihre angeblichen Vergehen geschrieben sind, und Schandhüte aufgesetzt – lange Mützen aus Papier, die ihre Träger für jeden sichtbar als Aussätzige markieren. Manche Delinquenten starren ausdruckslos vor sich hin, andere haben angstgeweitete Augen und schmerzverzerrte Gesichter.

Gleichzeitig ist das einfache Volk dem Hungertod nahe. Die Industrie liegt am Boden. Für Bildung oder Gesundheit fehlt das Geld. In manchen Gegenden haben Frauen nicht einmal genug Kleidung, um ihre Scham zu bedecken. Sie laufen splitterfasernackt durch die Straßen. Dafür liegt das Land bei den Rüstungsausgaben 1973 weltweit auf Platz drei – und ist dennoch militärisch ein Scheinriese: Zwar hat Mao China zur Atommacht hochrüsten lassen, doch fehlt es an Raketen, um die Sprengköpfe abzufeuern. Die Volksbefreiungsarmee hat Flugzeuge, die nicht fliegen, und Schiffe, die sich kaum über Wasser halten können.

In der Kommunistischen Partei gibt es damals zaghafte Stimmen, die eine wirtschaftliche Öffnung fordern. Mao aber kanzelt sie ab: »Das Unkraut des Sozialismus ist besser als die Früchte des Kapitalismus«, pflegt er zu sagen.

Nach Maos 80. Geburtstag Ende 1973 verschlechtert sich seine Gesundheit drastisch. Er erblindet beinahe, sabbert, seine Haut sieht wächsern aus. Staatsgäste empfängt er schon mal schnarchend. Seine Leibärzte diagnostizieren eine seltene und unheilbare Nervenkrankheit, die zu einer schleichenden Lähmung führt. Erst sind die Arme und Beine betroffen, später auch sein Hals und die Zunge. Er kann nicht mehr rauchen, das Gehen fällt ihm immer schwerer, und ans Schwimmen, seine große Leidenschaft, ist nicht mehr zu denken. Am Ende muss er regelrecht gefüttert werden. Am 9. September 1976, um 00.10 Uhr, stirbt der »verehrte und geliebte Große Führer« in Peking.

Mit Maos Tod endet der Terror der Kulturrevolution. Wenige Tage vor Li Fangweis viertem Geburtstag erlebt das Land eine tiefe Zäsur. China beginnt sich zu öffnen, das Wirtschaftssystem wandelt sich von Grund auf und bietet den Chinesen enorme Chancen. Chancen, die Li Fangwei nutzen wird.

05. RAKETENWISSENSCHAFT AN DER THEMSE

In London, in einem kleinen Park etwa zehn Laufminuten vom Südufer der Themse, steht ein imposanter Bau mit einer grünen Kuppel, dessen Eingangstor direkt in die Abgründe der Menschheit führt. Früher beherbergte das Gebäude eine psychiatrische Klinik, die landesweit bekannt war für menschenunwürdige Zustände. Heute schauen die Besucher in zwei Kanonenläufe. Sie stammen von einem der Kriegsschiffe, denen Großbritannien in der ersten Hälfte des 20. Jahrhunderts seine Seeüberlegenheit verdankte.

Inzwischen ist in dem Gebäude an der Lambeth Road im Stadtbezirk Southwark eines der bedeutendsten Militärmuseen der Welt untergebracht. Im Imperial War Museum sind Exponate aus den Kriegen zu sehen, in die das Vereinigte Königreich im 20. Jahrhundert verwickelt war. Im Atrium des Museums stehen die spektakulärsten Exponate: Panzer, Haubitzen, ein Spitfire-Flugzeug und ein Harrier-Kampfjet. Das mit Abstand größte Objekt im Raum aber ist eine Rakete: eine deutsche V2 aus dem Zweiten Weltkrieg.

Das Monstrum ist olivgrün, 14 Meter hoch, und seine Spitze ragt hinauf bis in das dritte Stockwerk des Museums, allein die Leitwerke sind mehr als zweimal so groß wie ein Mensch. Die V2 ist die Vorläuferin all jener Raketen, die heute die Menschheit bedrohen. Sie ist die Mutter aller Raketen. So wie sie da steht, im Atrium des Imperial War Museum, wirkt sie wie eine Trophäe und eine Mahnung zugleich.

1939 beginnen die Ingenieure der Nationalsozialisten mit der Entwicklung. Die Propagandisten des Regimes geben dem Geschoss damals den Namen »Vergeltungswaffe 2«. Die V2, so die Kurzform, wird zum schrecklichen Beleg für deutsche

Ingenieurskunst: Am 8. September 1944 schlägt die erste V2 in London ein – etwa 3000 weitere feuert das deutsche Militär bis Kriegsende auf Ziele in Großbritannien, Belgien und Frankreich ab. Die Raketen transportieren 750 Kilogramm Sprengladung über Hunderte von Kilometern und können ganze Häuserzeilen zerstören. Insgesamt sterben bei den Angriffen nach Schätzungen 8000 bis 12.000 Menschen, hauptsächlich in London und Antwerpen.

Von der zerstörerischen Kraft dieser Raketen bleibt im Zweiten Weltkrieg auch das Museum nicht verschont. Ganz in der

Nähe, nur 150 Meter entfernt, schlägt am 4. Januar 1945 um 20.29 Uhr eine V2 ein. 43 Menschen kommen bei dem Angriff ums Leben. Die Rakete zerstört ein Wohngebäude und beschädigt mehrere umliegende Häuser, darunter das Museum. »Es gab keine Warnung, keine Luftschutzsirenen, keine Geräusche eines heranfliegenden Flugzeugs – nur die Explosion« heißt es auf der Website des Museums.

Den Krieg verlieren die Nationalsozialisten – trotz V2. Doch Hitler-Deutschland zeigt der Menschheit erstmals, welchen Schrecken Geschosse verbreiten können, die in der Fachwelt »ballistische Raketen« genannt werden. Anders als sogenannte Cruise-Missiles werden sie nur in der Startphase angetrieben. Ihre Flugbahnen sehen deswegen aus wie Parabeln: Erst steigen sie fast senkrecht nach oben bis zum Rand der Erdatmosphäre. Auf dem Scheitelpunkt, der bei der V2 in etwa 90 Kilometern Höhe liegt, neigt sich die Spitze in Richtung Erde. Dann rast die Rakete ihrem Ziel entgegen.

Die V2 benötigt nur wenige Minuten für die Strecke vom europäischen Festland bis London. Die Raketen stürzen viermal schneller als der Schall auf die britische Hauptstadt herab. Ein Terrorinstrument, wenig treffgenau, aber in einem Ballungsraum wie London dennoch tödlich für Tausende. Die Angriffe kommen aus dem Nichts und zermürben die Bevölkerung. Noch heute steht die Abkürzung V2 für viele Briten stellvertretend für den Schrecken des Zweiten Weltkriegs.

Allein auf London gehen insgesamt mehr als 500 dieser Raketen nieder. Wo genau sie eingeschlagen sind, kann man heute im Internet nachschauen, der Einschlagsort wird mit einem roten Symbol auf einer Google-Karte angezeigt, genau wie die Umstände und der Schaden, den sie angerichtet haben. Wenn man aus der interaktiven Karte herauszoomt, ist die gesamte Londoner Umgebung rot eingefärbt, es wimmelt nur so von Einschlägen.

Einen Monat vor der Explosion am Imperial War Museum stürzt nur eineinhalb Kilometer entfernt eine V2 in die Themse.
Sie verfehlt das King's College, das zu beiden Seiten des Flusses angesiedelt ist, nur knapp. Diesem Zufall ist es zu verdanken, dass dort noch immer ein klassizistischer Palast steht, in dem heute eine der wichtigsten internationalen Forschungsgruppen zum Thema Schmuggel von Atombomben- und Raketenbauteilen arbeiten kann: das Project Alpha.

Das Forschungszentrum wird 2011 von der britischen Regierung gegründet, um – wie es etwas sperrig heißt – mit einem »akademisch strengen, aber politikorientierten Ansatz« dieses Problems Herr zu werden. Vereinfacht gesagt sollen Ex-Militärs, ehemalige Beamte und ein halbes Dutzend junger Analysten erforschen, wie der Iran, Nordkorea, Syrien und andere Staaten mit zweifelhaftem Ruf versuchen, an Massenvernichtungswaffen zu kommen – und wie man sie am besten stoppen könnte. Die Forscher machen das, was auch Geheimdienste tun, nur eben mit wissenschaftlichen Methoden, ohne Spione und Überwachungstechnologie. Soweit man weiß, werden ihre Berichte vom britischen Auslandsgeheimdienst MI6, der nur ein paar Minuten die Themse aufwärts sitzt, ebenso gelesen wie von Analysten des Bundesnachrichtendienstes, der Internationalen Atomenergieorganisation IAEA und des UN-Sicherheitsrats.

»Fallout Shelter«, Atomschutzraum, ist auf die Tür des unscheinbaren Project-Alpha-Büros geschrieben. Auf einem Schreibtisch an der Wand stehen einige Computer mit großen Bildschirmen, mitten im Raum ein Konferenztisch, auf ein Whiteboard hat jemand die Namen einiger iranischer Firmen gekritzelt. Hier empfängt uns Ian Stewart, ein untersetzter Enddreißiger mit Dreitagebart. Er ist Ingenieur für Kerntechnologie und hat in War Studies – also »Kriegswissenschaft« – promoviert. Bevor er Direktor des Project Alpha wurde, hat er für das britische Verteidigungsministerium gearbeitet.

Stewart begrüßt uns herzlich und bittet an den langen Konferenztisch. »Dann lasst uns mal über das chinesische Phantom sprechen.« Es warten bereits ein französischer Finanzexperte, ein deutscher Politologe, ein britischer Chinaspezialist und ein türkischstämmiger Waffenfachmann, der früher für das NATO Intelligence Fusion Centre gearbeitet hat, ein Büro, in dem das Militärbündnis Geheimdienstinformationen aus seinen Mitgliedsstaaten analysiert. Für uns sind diese Experten eine einzigartige Ressource. Was Geheimdienste über Karl Lee wissen, werden sie uns nicht so ohne Weiteres verraten. Das liegt in der Natur der Sache. Die Fachleute vom Project Alpha hingegen veröffentlichen ihre Funde.

Weltweit, so schätzen Experten, gibt es mehrere Dutzend Männer (Frauen sind in diesem Geschäft selten anzutreffen), die gegen Geld so ziemlich alles besorgen – oder es zumindest versuchen: leichtes Aluminium zum Beispiel, aus dem Raketen mit hoher Reichweite gebaut werden können, Grafit oder elektronische Bauteile, die zur Herstellung einer Atombombe und Raketensteuerung nötig sind.

Wir wissen inzwischen auch aus unserem Gespräch in Wien, dass man sich solche »Händler des Todes« nicht unbedingt vorstellen muss wie den russischen Waffenhändler Wiktor But, der auch als Vorlage für den gleichnamigen Actionthriller mit Nicolas Cage gilt. But kaufte nach dem Zerfall der Sowjetunion riesige Mengen an Waffen aus den Beständen des Warschauer Pakts und lieferte Maschinengewehre, Mörser und Minen in die Demokratische Republik Kongo, nach Liberia, Sierra Leone, Angola, Ruanda und in den Sudan. Überall dort, wo damals auf dem afrikanischen Kontinent Krieg herrschte, landeten seine bis zu 60 Flugzeuge mit ihrer tödlichen Fracht, selbst auf kaum geteerten Buschpisten. Tausende Afrikaner sind durch seine Waffen gestorben.

Die Händler des Todes, denen das Project-Alpha-Team auf den Fersen ist, sind die Unauffälligen, die kaum jemand kennt, aber die dafür umso gefährlicher sind.

Ian Stewart zeigt uns das Foto eines jungen, schüchtern dreinblickenden Mannes, »ein faszinierender Kerl«. Es ist der Österreicher, von dem uns bereits unser Gesprächspartner in Wien erzählt hat: Daniel F. ist noch keine 20 Jahre alt, als er 2002 eine Import-Export-Firma gründet. In einem Werbeprospekt aus der Anfangszeit heißt es, sein Unternehmen könne Kunden aus der Industrie alle Arten von Ersatzteilen und Komponenten besorgen. Sein Werbespruch lautet schlicht: »Eine Lösung für alles« – mit drei Ausrufezeichen. Seine Dienste bietet der Österreicher damals von einem Haus in Graz aus an, in dem auch ein Nachtklub mit samstäglichem Drag-Act beheimatet ist.

Die Forscher erzählen uns, wie sie Daniel F.s Firmennetzwerk durchleuchtet und seinen Weg zum international gejagten Waffenhändler rekonstruiert haben. Der Jungunternehmer gerät schon nach kurzer Zeit in das Visier der Geheimdienste, wie Ian Stewart und seine Kollegen in den geheimen Depeschen des US-Außenministeriums nachvollziehen, die Wikileaks 2010 veröffentlicht hat. Die Amerikaner glauben, dass der Österreicher gemeinsam mit seinem Vater den Iran mit Teilen für das Raketenprogramm beliefert. Am Wiener Flughafen beschlagnahmen österreichische Beamte ein Messgerät, das an ein Tarnunternehmen des iranischen Raketenprogramms gehen soll. Wenig später wird eine Lieferung von Grafitzylindern gestoppt. 2006 erlassen Österreichs Behörden schließlich Haftbefehle gegen Daniel F. und seinen Vater.

Der Senior muss in Untersuchungshaft. Der Junior setzt sich nach Dubai ab. Obwohl ihm klar sein muss, dass ihm die CIA auf den Fersen ist, macht er weiter. Als das US-Finanzministerium 2012 Sanktionen gegen seine Firma in den Vereinigten Arabischen Emiraten verhängt, zieht sich die Schlinge zu. Daniel F. flieht auf die Philippinen, doch Ende 2012 liefern ihn die dortigen Behörden nach Österreich aus.

2014 gesteht F. vor dem Straflandesgericht in Graz, dass er Exportgesetze verletzt habe. Er kam mit einer Geldstrafe davon. Soweit man weiß, ist er heute nicht mehr im Geschäft. Fragen zu seiner Vergangenheit möchte Daniel F. heute nicht mehr beantworten. Er schreibt auf unsere E-Mail hin aber sehr freundlich zurück und wünscht: »Viel Erfolg mit Ihrem Buch.«

Wegen Daniel F. sind wir nicht in London. Wir wollen über Karl Lee sprechen.

Und tatsächlich sprudelt es aus Ian Stewart und seinen Kollegen nur so heraus, als der Name des Chinesen fällt. Sie nennen ihn eine »Schlüsselfigur des iranischen Raketenprogramms« und erzählen von Briefkastenfirmen, mit deren Hilfe Li Fangwei seine Geldströme verschleiert. »Er mag es noch nicht ins öffentliche Bewusstsein geschafft haben, es gibt auch keinen Hollywoodfilm über ihn, aber das macht ihn nicht minder gefährlich«, sagt Stewart. Karl Lee verkaufe keine Maschinengewehre, Panzerfäuste oder Handgranaten, seine Produkte sähen nicht einmal nach Waffen aus und mögen deswegen »weniger sexy« wirken, wie Stewart es ausdrückt. Deshalb habe es Karl Lee leichter als konventionelle Waffenhändler, denn oft sind für den Transport seiner Güter nicht einmal Lastwagen oder gar Frachtflugzeuge nötig. Ein Gyroskop etwa, das dafür sorgt, dass eine Rakete statt auf 100 auf zehn oder gar einen Meter genau trifft, ist manchmal nur so groß wie ein Handy. Versteckt in einer Aktentasche, fällt es nicht auf. Bisweilen werden Raketenmotoren sogar als Blumenvasen deklariert. Nach Erkenntnissen von US-Behörden schmuggeln 2008 iranische Diplomaten Gyroskope und Beschleunigungsmesser aus dem Angebot von Karl Lee im Handgepäck von China nach Teheran.

Am Ende der Kette aber bauen Karl Lees Kunden aus seinen Teilen Raketen, die nicht nur Tod und Zerstörung bringen können, sondern ganze Regionen wie den Nahen Osten destabilisieren und sogar einen Weltkrieg auslösen könnten, wenn sie in die falschen Hände geraten.

2014 hat Stewart zusammen mit seinem Kollegen Daniel Salisbury einen 26-seitigen Bericht über Karl Lee geschrieben. Die Gefahr, die von dem Chinesen ausgehe, sei so hoch, dass die Lösung seines Falles international als »eines der vordringlichsten Ziele« angegangen werden müsse. Die beiden Forscher haben für ihre Studie Quellen genutzt, die im Grunde für jeden Internetnutzer zugänglich sind – was aber nicht unbedingt heißt, dass sie einfach zu finden und auszuwerten sind. Sie haben chinesische Firmenregister geflöht, Informationen aus China mit amerikanischen Sanktionslisten verglichen und sind am Ende zum Schluss gekommen, dass Karl Lee über ein Netz aus mindestens zwölf Firmen verfügt, die ihren Sitz in der chinesischen Hafenstadt Dalian und Umgebung haben oder hatten, ganz in der Nähe der Grenze zu Nordkorea. Sobald eines der Unternehmen von den US-Behörden sanktioniert wird, gründet Karl Lee ein neues – oder benennt es schlicht um.

Li Fangwei, so schreiben Stewart und sein Co-Autor, habe offenbar von einer Firma aus der westchinesischen Metropole Chongqing Gyroskope und Beschleunigungsmessgeräte geordert. Eines seiner Unternehmen sei auch Kunde einer Firma aus Schanghai gewesen, die eine besonders widerstandsfähige und präzise Art von Gyroskopen herstellt, sogenannte Faserkreisel. Auch in Europa soll sich Karl Lee nach speziellen Maschinen umgesehen haben.

Doch Li Fangwei ist nicht bloß Händler geblieben wie der Österreicher Daniel F., er hat sich offenbar vor Jahren entschieden, selbst zum Produzenten zu werden.

Die Wissenschaftler aus London sind im chinesischsprachigen Internet auf Jobanzeigen gestoßen: Karl Lees Firmen suchen darin nach Experten für die Herstellung von Faserkreiseln. Karl Lee sei daher »eine ernste Bedrohung für den internationalen Frieden und die Sicherheit«, schreiben Ian Stewart und Daniel Salisbury in ihrem Aufsatz.

Und das ist noch nicht alles: Als für die Forscher von Project Alpha klar ist, hinter welchen Unternehmen Karl Lee steckt, stellen sie fest, dass eine dieser Firmen eine Internetseite hat – und zwar die Sinotech (Dalian) Carbon & Graphite Manufacturing Corporation. Auf der Website sind Produkte aufgelistet – Zündelektroden etwa –, wie sie Li Fangwei den Ermittlungen der US-Behörden zufolge tonnenweise in den Iran geschmuggelt hat.

Auf Satellitenbildern gelingt es den Forschern aus London, das etwa ein Dutzend Fußballfelder große Fabrikgelände rund 140 Kilometer nördlich von Dalian ausfindig zu machen.

Ein Waffenhändler, der ausgerechnet dieses Material im großen Stil produziert, das ist auch für die Project-Alpha-Experten etwas ganz Neues. Bislang sind sie Männern auf der Spur, die Spezialteile an- und dann weiterverkaufen. Dass ein Waffenhändler selbst zum Produzenten wird, das ist neu. Zumal klar ist, dass das Grafit für den Export bestimmt ist. Die Firma hat nämlich einen »internationalen Vertrieb«, wie es auf der Internetseite heißt.

Die Fachleute des Project Alpha gehen so weit, dass sie Karl Lee in einem Atemzug mit dem berüchtigten pakistanischen Ingenieur Abdul Qadir Khan erwähnen, auf den uns bereits unser Gesprächspartner in Wien hingewiesen hat und der gleich mehreren Staaten zur Atombombe verholfen haben soll. »Seit AQ Khan hat kein Hersteller von proliferationsrelevanten Technologien so dreist und wiederholt seine Waren für den Einsatz in verbotenen Programmen trotz der ständigen Aufmerksamkeit der nationalen und internationalen Behörden verkauft«, sagen die Londoner Experten. Gleichzeitig, und da sind sie ganz offen, bleiben viele Fragen: »Wer steckt hinter dem Namen Karl Lee? Woher kommt der Geschäftsmann? Wie konnte er seine Aktivitäten so lange fortführen, während er gleichzeitig so viele Spuren in öffentlich zugänglichen Quellen hinterließ? Und die momentan vielleicht noch bedeutendere Frage: Wie weit reicht sein Netzwerk? Gibt es weitere Firmen, an denen er beteiligt ist, und welche Technologien produzieren sie?«

Auch an diesem Tag, an dem wir mit Ian Stewart und seinen Kollegen am Konferenztisch hinter den altehrwürdigen Mauern des King's College zusammensitzen, haben die Experten kaum weitere Antworten.

Nur so viel: Karl Lee befinde sich wohl noch immer in China. »Die chinesischen Behörden hätten ihn längst aufhalten können«, erklärt Stewart, »das müssten sie aber erst einmal wollen.« Und den Eindruck habe er definitiv nicht. Die Firma Sinotech Carbon sei mittlerweile so bekannt, dass Karl Lee ihr für den internationalen Auftritt einen unverdächtigen neuen Namen gegeben habe: TST Carbon. Im Chinesischen ist der Name hingegen unverändert geblieben. Und dann sei da noch die Sache mit seiner Familie. Es sei auffällig, wie viele Angehörige in seinem Firmennetzwerk auftauchen. Etwa sein Vater, ein Mann namens Li Guijian, seine Mutter Song Bingxing und sein drei Jahre jüngerer Bruder Li Fangdong.

Es ist ein gängiger Trick, der auch unter Geldwäschern, Oligarchen und Autokraten bekannt ist, die ihr Vermögen verstecken wollen: Statt des Diktators selbst unterhält seine Frau ein Schweizer Konto, statt des Ministerpräsidenten, der Geld offenlegen müsste, eröffnet sein Bruder eine Briefkastenfirma in der Karibik.

Wir kennen das aus den Panama Papers. So hat es etwa der frühere pakistanische Premier Nawaz Sharif gemacht. 2015 spielt uns ein anonymer Whistleblower vertrauliche Unterlagen des panamaischen Finanzdienstleisters Mossack Fonseca zu. Sie zeigen, wie Drogenkartelle, Menschenhändler, Spitzensportler und Autokraten ihr Geld versteckt haben. Insgesamt finden sich in den Unterlagen Spuren zu Dutzenden Staats- und Regierungschefs – beziehungsweise ihren Angehörigen.

Auf die Panama Papers spricht uns Ian Stewart zum Abschluss unseres Treffens an. Darin, so erzählt er, gebe es schließlich auch Spuren von Karl Lee und seinen Strohmännern. Diese Information ist nicht neu für uns, auch Aaron Arnold, der Ex-FBI-Analyst, hat das erwähnt. Wir sind schon dabei, Hunderte Seiten dazu auszuwerten. Und einige Spuren sind tatsächlich sehr vielversprechend.

06. DIE SPUR NACH EUROPA

Es ist schon weit nach Mitternacht, als wir von unseren Barhockern aufstehen. Wir quetschen uns durch die beiden Türen, lassen die stickige Luft und den Lärm hinter uns und treten hinaus in die Stille der Winternacht.

Es war ein langer Abend in unserer Lieblingsbar. Ein Ort wie eine Filmkulisse, der für einige Stunden vergessen lässt, dass man in München ist. Von den Wänden blicken dort Muddy Waters, Robert Johnson und andere Gitarrenlegenden, aus den Lautsprechern scheppert ihr Bottlenecksound. Unzählige Bourbons und Rye-Whiskeys sind hinter der Bar aufgereiht, und chinesische Lampions tauchen alles in ein rotes schummriges Licht. Das Beste aber ist das Gefühl, das einen an diesem Ort beschleicht: dass die Welt groß ist und voller Abenteuer.

Den Großteil des Abends haben wir über das Thema gesprochen, das uns nicht loslässt: den »Raketenmann«, wie wir ihn mittlerweile nennen.

Auf dem Rückweg nach Hause: kurz noch mal googeln – fast automatisch, im Gehen, mit einem Auge auf dem Smartphone und dem anderen auf Straßenlaternen und parkenden Autos. Es ist eine schlechte, manchmal nicht ganz ungefährliche Angewohnheit, die sich einschleicht, wenn ein neues Thema nach und nach in die Gedankenwelt einsickert: die Suche nach den immer selben Begriffen zu unmöglichen Zeiten an völlig unpassenden Orten, als routinemäßige Überprüfung, ob sich etwas getan hat, ob irgendein Medium aktuell etwas veröffentlicht hat, ob eine neue Studie herausgekommen ist oder ein unbekanntes Informationsschnipsel in einem sozialen Netzwerk aufgetaucht ist. Im Eingabefeld also: Karl Lee oder Li Fangwei, die beiden gängigsten Namen des Raketenmannes. Die Trefferliste kennen wir längst auswendig und scrollen sie trotzdem zum x-ten Mal durch, das ist die Gewohnheit.

Doch plötzlich ist da ein neuer Eintrag, und was für einer. Die Adresse der Seite liest sich wie die Überschrift zu unserer Recherche: whoislifangwei.com. »Wer ist Li Fangwei?«

Ein Klick und schon springt uns diese englische Frage, in Großbuchstaben geschrieben, oben auf der Seite regelrecht an. Darunter: »Der Chinese hinter dem Raketenprogramm des Iran« – und das Foto einer Frau, die mit gesenktem Kopf in den Trümmern eines völlig zerstörten Gebäudes steht. Die Szenerie lässt uns sofort an den Nahen Osten denken.

Auf der Startseite prangt ein Screenshot des FBI-Most-wanted-Posters mit einem Text darunter, einer »Einführung«: »Irgendwann zwischen Mitte und Ende der Neunzigerjahre begann ein Geschäftsmann von Nordchina aus damit, große Mengen von sehr speziellen Komponenten und anderen Materialien in den Iran zu exportieren« steht dort. »Als Experten entdeckten, dass er die Exportsanktionen der Vereinten Nationen verletzte, um den Iran mit Raketentechnologie zu versorgen, begann er damit, auf aggressive Weise die Behörden zu umgehen.« Die Einführung liest sich, als hätte jemand unseren Recherchestand in ein paar Sätzen grob zusammengefasst.

Als Journalist macht einen so etwas nervös. Wir finden diese Recherche spannend – und sehr speziell. Unsere Vermutung – und unsere Hoffnung – ist, dass wir die Einzigen sind, die diese Spuren verfolgen. Wenn jetzt im Netz solche Seiten auftauchen, heißt das, dass noch andere dazu recherchieren? Wer könnte das sein? Und wie weit mögen sie sein? Während wir auf dem Gehsteig abgestellten Fahrrädern und Blumenkübeln ausweichen, lesen wir weiter.

»Er hat seinen Namen mehr als ein Dutzend Mal gewechselt und etliche Tarnfirmen aufgesetzt, um Geld zu waschen und illegalen Handel zu treiben. Trotz eines FBI-Haftbefehls aus dem Jahr 2014 mit fünf Millionen Dollar Kopfgeld, etlichen Anklagepunkten und Sanktionen gegen seine Tarnfirmen und ihn persönlich wird er weiterhin von Regierungsbehörden geschützt und macht weiter profitable Geschäfte« heißt es auf der Seite. Der Iran nutze Li Fangweis Technologie für die Entwicklung seines Raketenprogramms, das Chaos und Tod in der Region verbreite.

Das klingt wie eine Analyse, die der Ex-FBI-Mitarbeiter Aaron Arnold aus Harvard geschrieben haben könnte. Oder ein anderer Experte – zum Beispiel der Mann, den wir in Wien getroffen haben.

Weiter.

»Wer ist Li Fangwei? Wer arbeitet mit ihm zusammen, und wer schützt ihn?« heißt es am Ende des einleitenden Textes.

Genau das fragen wir uns auch und gerade im Moment außerdem: Wer steckt hinter dieser Seite?

Wer auch immer sie ins Netz gestellt hat, verhehlt nicht sein Ziel. »Unsere Mission ist«, steht dort dezidiert, »Wissen über Li Fangweis Bedeutung für die Unsicherheit im Nahen Osten zu verbreiten.«

Wir bleiben stehen, ungläubig. Klicken uns durch die verschiedenen Unterseiten, und auf einer davon offenbaren sich die Autoren als eine Gruppe von Studenten. »Die Welt ist ein großer und schöner Ort, und die ganze Menschheit hat das Recht, in Frieden zu leben«, schreiben sie. Sie seien Kommilitonen aus aller Welt, die im ersten Studienjahr Freunde wurden und den Blick auf die Welt teilen.

Den Anstoß für das Karl-Lee-Projekt habe ein Dozent gegeben. Der habe jeden von ihnen ermutigt, ein Beispiel für die Ungerechtigkeit der Welt zu suchen und sich dann darum zu kümmern, diese zu bekämpfen. Auf Karl Lee seien sie gekommen, weil sie in ihrem Kurs eine Untersuchung zu ihm und seiner Bedeutung für die Verbreitung von Massenvernichtungswaffen gelesen hätten. Vermutlich meinen sie die Studie aus London, das Papier der Project-Alpha-Experten vom King's College, die wir vor Kurzem erst besucht haben.

Wir scrollen weiter durch die Seiten, immer noch auf dem Gehsteig, nachts, draußen. Irgendwie klingt das alles sehr eigenartig, was die angeblichen Studenten da schreiben: »Die Welt ist in einem ziemlich schlechten Zustand, und wenn sich nicht die ganz normalen Leute erheben, um die Dinge zu verbessern, dann wird alles noch schlechter.« Sie schließen mit einem Aufruf: »In diesem Augenblick sterben Menschen. Lasst uns das stoppen!«

Wir wollen die Studenten und ihren Dozenten kennenlernen. Doch wir finden weder Kontaktadresse, E-Mail oder Telefonnummer noch einen Hinweis darauf, wie die Studenten heißen, was sie studieren und an welcher Universität sie eingeschrieben sind. Nicht einmal das Land, aus dem sie stammen, wird erwähnt.

Das macht uns noch stutziger. Wer die Welt verändern will, sucht doch nach Gleichgesinnten, und wer möglichst viele Menschen erreichen will, würde doch andere einladen, sich zu melden – damit man sich zusammentun kann.

Wer also steckt hinter dieser Seite?

Für solche Fälle gibt es einen Rechercheweg, den wir und andere Journalisten oft nutzen: eine Datenbank namens Whois, über die man Eigentümer von Websites abfragen kann. Die Suche spuckt eine ganze Reihe von Daten aus:

```
Domain Name: WHOISLIFANGWEI.COM
Registry Domain ID: 2313623286_DOMAIN_COM-VRSN
Registrar WHOIS Server: whois.sawbuck.com
Registrar URL: http://www.automattic.com/
Updated Date: 2018-09-24T12:12:32
Creation Date: 2018-09-24T11:26:04
Registrar Registration Expiration Date:
  2019-09-24T11:26:04
Registrar: Automattic Inc.
Registrar IANA ID: 1531
Reseller: WordPress.com
Domain Status: clientTransferProhibited https://
  icann.org/epp#clientTransferProhibited
```

```
Domain Status: clientUpdateProhibited https://icann.
  org/epp#clientUpdateProhibited
Registry Registrant ID:
Registrant Name: Private Whois
Registrant Organization: Knock Knock WHOIS Not There,
  LLC
Registrant Street: 9450 SW Gemini Dr, No. 63259
Registrant City: Beaverton
Registrant State/Province: OR
Registrant Postal Code: 97008-7105
Registrant Country: US
Registrant Phone: +1.8772738550
Registrant Phone Ext:
Registrant Fax:
Registrant Fax Ext:
Registrant Email: whoislifangwei.com@privatewho.is
Registry Admin ID:
Admin Name: Private Whois
Admin Organization: Knock Knock WHOIS Not There, LLC
Admin Street: 9450 SW Gemini Dr, No. 63259
Admin City: Beaverton
Admin State/Province: OR
Admin Postal Code: 97008-7105
Admin Country: US
Admin Phone: +1.8772738550
Admin Phone Ext:
Admin Fax:
Admin Fax Ext:
Admin Email: whoislifangwei.com@privatewho.is
```


Die Domain whoislifangwei.com wurde demnach im September 2018 registriert, also wenige Wochen bevor wir auf sie gestoßen sind. Es wird auch die Organisation genannt, die diese Seite registrieren ließ. Sie hat einen seltsamen Namen: »Knock Knock

WHOIS Not There, LLC«. Also die »Klopf, klopf – keiner da«-Firma. Die Schöpfer der Karl-Lee-Seite haben einen speziellen Dienst verwendet, um anonym zu bleiben, einen professionellen Anbieter mit einer amerikanischen Telefonnummer und einer Adresse in Beaverton, einer Stadt im US-Bundesstaat Oregon. Den wahren Inhaber der Domain kennt also nur diese Firma, und die wird uns ihren Kunden nicht verraten – genau das ist ja ihr Geschäftsmodell: die Geheimhaltung.

Wer auch immer diese Seite aufgesetzt hat: Sie oder er hat streng darauf geachtet, dass keine Rückschlüsse auf die Urheber möglich sind.

Vielleicht ist der Grund für die Anonymität ja ganz einfach: Welcher Student will sich schon offen mit einem international gesuchten Kriminellen anlegen? Aber würde man diese Anonymität nicht wenigstens thematisieren, würde man nicht ein paar Sätze hinterlassen, dass leider keine direkte Kontaktaufnahme möglich ist – aus Sicherheitsgründen? Vielleicht sehen wir Gespenster, aber langsam vermuten wir: Da sind Profis am Werk. Profis, die sich als Studentinnen und Studenten ausgeben.

Der Zweck dieser Seite jedenfalls dürfte Karl Lee nicht gefallen. Ihre Schöpfer rufen alle dazu auf, die irgendetwas über den Chinesen, seine Verbindungen zum Iran und seine Raketen wissen, öffentliche Kommentare auf der Seite zu posten. Die Urheber schreiben, sie wollten die Welt ein bisschen weniger »gruselig« machen, indem sie Informationen über Karl Lee verbreiten. Dafür gibt es auf der Seite zwei Bereiche, einen auf Chinesisch und einen auf Arabisch. Für die Menschen, die am stärksten von Karl Lees Aktivitäten betroffen seien, heißt es.

Die Studenten sprechen also auch Chinesisch und Arabisch?

Und ganz am Rande: Will der Iran nicht vor allem Israel mit seinen Raketen auslöschen? Insofern sind doch die Menschen dort auch stark betroffen von Karl Lee – einen Bereich auf Hebräisch aber gibt es auf der Seite nicht.

Je genauer wir uns diese Seite anschauen, desto mehr Merkwürdigkeiten fallen uns auf. »Hello World!« heißt es im ersten Eintrag des arabischsprachigen Blogs. Am 24. September 2018 hat ihn ein anonymer Nutzer erstellt und mit einem recht unakademischen Zitat versehen: »Solange Karma existiert, verändert sich die Welt. Es wird immer Karma geben, um das man sich kümmern muss.« Als Quelle ist Nina Hagen angegeben, die Berliner Punkikone, die in den vergangenen Jahren vor allem mit spiritueller Sinnsuche und Ufotheorien Schlagzeilen machte.

Der erste Nutzer des Blogs zitiert eine deutsche Sängerin. Was ist hier los?

Es ist weit nach Mitternacht. Mittlerweile sind die Finger steif von der Kälte, und der Akku des Handys ist fast leer.

Wir sind elektrisiert. Die Seite bringt uns zwar keinen Deut näher an Karl Lee heran, aber die Tatsache, dass hier jemand sehr viel Aufwand betreibt, um den Chinesen öffentlich zu brandmarken – das kann uns durchaus Erkenntnisse verschaffen. Wenn wir erfahren würden, wer hinter whoislifangwei.com steckt, wären wir jedenfalls einen kleinen Schritt weiter.

Am nächsten Morgen fällt uns eine Sache auf, die wir am Abend zuvor übersehen haben: »Don't forget to join our community« heißt es auf der Seite, eine Einladung, sich den Machern anzuschließen, und es sind dort tatsächlich ein Twitter-Account @whoislifangwei, eine chinesische und eine arabische Facebook-Gruppe verlinkt. Die arabische hat 110 Mitglieder, auf ihrer Startseite ist das Karl-Lee-Fahndungsfoto neben einer monströsen iranischen Rakete zu sehen – und ein interessantes Detail. Der Administrator hat für die Gruppe nämlich einen Ort angegeben. Einen, der ganz in unserer Nähe liegt, eine Universitätsstadt in Süddeutschland: Heidelberg.

07. »WERDET REICH!«

Eigentlich wollte er eingeäschert werden, doch nun liegt sein Leichnam in einem eigens für ihn gebauten Mausoleum auf dem Platz des Himmlischen Friedens: Mao Zedong, Chinas großer Steuermann, hat seine letzte Ruhe in einem Sarkophag aus Glas gefunden, bedeckt mit einer chinesischen Flagge und vollgepumpt mit 22 Litern Formaldehyd.

Das Politbüro und seine Witwe wollen es so: Der gottgleiche Führer von Volk und Partei soll aufgebahrt werden wie der sowjetische Gründervater Lenin in Moskau.

Am Tag der offiziellen Trauerfeier, dem 18. September 1976, versammeln sich angeblich eine Million Menschen auf dem Tian'anmen-Platz. Die Volksrepublik steht für drei Schweigeminuten still, Hunderte Millionen Chinesen verharrten mit gesenkten Köpfen, während im ganzen Land um 15 Uhr die Sirenen von Zügen, Kriegsschiffen und Fabriken ertönen und eine Epoche endet.

1978 tagt dann in Peking das dritte Plenum des 11. Zentralkomitees der Kommunistischen Partei. Was nach einem bürokratischen Pflichttermin für Apparatschiks klingt, wird zu einem der wichtigsten weltgeschichtlichen Ereignisse des 20. Jahrhunderts. Für die *Washington Post* ist diese Versammlung von chinesischen Funktionären mindestens genauso bedeutend wie der Fall der Berliner Mauer. Fotos gibt es kaum, nur einige recht unspektakuläre Bilder mit älteren Herren, die dicht an dicht in einem kargen Saal des Pekinger Jingxi-Hotels sitzen. Am 18. Dezember eröffnet der damals 74-jährige Deng Xiaoping die Tagung. Der 1,52 Meter große Bauernsohn und seine Mitstreiter haben sich in den vergangenen Monaten in einem erbitterten Machtkampf um Maos Nachfolge durchgesetzt. Wenige Tage vor Beginn des Plenums haben sie verkündet, künftig diplomatische Beziehungen mit den Vereinigten Staaten aufzunehmen. Nun befasst sich die Parteiführung vier Tage lang mit der darniederliegenden Wirtschaft der Volksrepublik und den schlechten Lebensbedingungen im Land.

Der alte Deng ist ein Veteran des Klassenkampfs. Geboren 1904 in der Provinz Sichuan im Südwesten Chinas, verlässt er die Heimat im Alter von 16 Jahren. In Frankreich lernt er als Hilfsarbeiter in einem Renault-Werk die Härten des Kapitalismus kennen und wird zum Kommunisten. Nach fünf Jahren zieht es

ihn wieder nach China. Bei einem Zwischenstopp in Moskau besucht er einen Schnellkurs in militärischer Praxis und marxistischer Theorie, bevor er 1927 nach Hause zurückkehrt.

Dort kämpft er an der Seite Maos gegen die Nationalisten. Schnell steigt er zum Kommandeur auf und wird nach dem Krieg in die Parteiführung berufen. Doch während der Kulturrevolution, die Mao 1966 anzettelt, fällt er in Ungnade. Er wird zur Hassfigur der Rotgardisten, die ihn verbannen und erniedrigen. Sie foltern seinen Sohn und zwingen diesen später, aus einem dreistöckigen Gebäude auf den Campus der Peking Universität zu springen. Er ist seitdem querschnittgelähmt. Deng selbst wird in die zentralchinesische Provinz Jiangxi verbannt und muss dort Traktoren reparieren. »Die Fabrik lag etwa 20 Minuten Fußweg von ihrem Haus entfernt«, erinnert die amtliche *Volkszeitung* an seinem 80. Geburtstag an düstere Zeiten. Deng habe als Monteur an einer Drehbank gearbeitet. »Er war in seiner Jugend in Frankreich Schlosser gewesen, und nach so vielen Jahren konnte er immer noch so gewissenhaft und tüchtig arbeiten wie früher.«

Deng will sein Land aufrichten und aus der Armut führen. China soll die ideologischen Wirren der Mao-Jahre und der Kulturrevolution hinter sich lassen. Er hat verstanden, dass China internationale Beziehungen, Handel und Investitionen braucht.

Im Dezember 1978, beim Plenum des Zentralkomitees im Pekinger Jingxi-Hotel, ebnet Deng dafür den Weg und ruft seinen Landsleuten seither im kommunistischen China die unerhörte Parole zu: »Werdet reich!«

Dengs Weg ist Pragmatismus pur: Er versuche, den Fluss zu überqueren, indem er vorsichtig nach Steinen im rauschenden Wasser taste, so beschreibt Deng seine Politik. Kein »Big Bang«, sondern Pilotprojekte; zunächst in einer Stadt, dann in einer Region und schließlich im ganzen Land.

Ein Beispiel dafür ist Shenzhen – 1978 nicht mehr als eine Ansammlung von Dörfern an der Grenze zu Hongkong, Reisfelder, saftige Wiesen; genau zwei Ingenieure leben dort, ansonsten Bauern und Fischer. Es ist die erste Sonderwirtschaftszone Chinas. Heute hat die Stadt mehr als 15 Millionen Einwohner. Das Modell erweist sich als erfolgreich und wird 1984 auf 14 Küstenstädte übertragen. Eine davon heißt Dalian.

Die Stadt liegt im Nordosten Chinas, in der Provinz Liaoning, nicht weit von der Grenze zu Nordkorea. Mitte des 19. Jahrhunderts unterhielten die Briten hier eine Marinebasis: Port Arthur. Später erobern die Japaner die Stadt, im Zweiten Weltkrieg dann die Russen. Erst 1950 geben sie Dalian an China zurück. Jahrzehnte später, als die Stadt Teil einer Sonderwirtschaftszone wird, entwickelt sie sich zu einem blühenden Handels- und Finanzzentrum – und zur Operationsbasis für Li Fangwei und dessen weitverzweigtes Firmennetzwerk.

Wann genau und wie es die Familie Li aus dem gut tausend Kilometer nördlich gelegenen Gannan in die Millionenmetropole verschlägt, lässt sich nicht rekonstruieren. Wir finden aber das Facebook-Profil eines Karl Lee aus Dalian, der angibt, am 18. September 1972 geboren worden zu sein. Demnach mag er die Band AC/DC und seine Timeline enthält Posts wie »Die Top-10-Filmszenen, in denen Städte zerstört werden«. Laut dem Profil hat Li Fangwei in Dalian eine weiterführende Schule besucht. Ihr schlichter Name: »Nummer 24«, eine Eliteschule. Untergebracht ist sie in einem roten Ziegelbau in Laufweite des Industriehafens von Dalian. Die heutige Leitung ist stolz auf die traditionsreiche Geschichte der Schule und ihre enge Verbindung mit der Kommunistischen Partei. Seit 1949 besuchen Kinder einflussreicher Kader und Märtyrer der Revolution die weiterführende Bildungseinrichtung Nummer 24, wie es auf der Website der Schule heißt. Li Fangwei würde durchaus zu dieser Klientel passen, wenn stimmt, was US-Ermittler über seinen Großvater in Erfahrung gebracht haben wollen: Dieser soll Oberst in der Volksbefreiungsarmee gewesen sein und im Koreakrieg gekämpft haben.

Seinen Abschluss dürfte Li Fangwei etwa zu jener Zeit gemacht haben, als der Ostblock zusammenbricht und auch Chinas Kommunistische Partei unter enormen Druck gerät. Wochenlang demonstrieren im Frühling 1989 Studenten und Arbeiter in Peking für mehr Demokratie. Während in Deutschland im selben Jahr die Mauer fällt, rollen in der chinesischen Hauptstadt die Panzer. Der Sicherheitsapparat schlägt die Proteste auf dem Platz des Himmlischen Friedens in der Nacht zum 4. Juni 1989 brutal nieder, ein Massaker. Die Stadtverwaltung spricht nach dem Einsatz von 241 Toten, Menschenrechtsorganisationen gehen von mehreren Tausend Opfern aus.

Als Reaktion verhängen die USA und zahlreiche europäische Staaten ein Waffenembargo, das bis heute gilt. In China dagegen versucht die Führung, das Blutbad aus der kollektiven Erinnerung zu tilgen. Die Zahl der Getöteten ist ein Staatsgeheimnis, und öffentliche Debatten darüber werden von den Behörden unterdrückt. Schon die Nennung des Datums, 4. Juni 1989, ist für chinesische Medien tabu und wird im Internet rigoros zensiert.

Li Fangwei gehört ziemlich sicher nicht zu den Studenten, die auf dem Platz für mehr Freiheit und gegen die Willkür des Staates demonstrieren. Er selbst wird Beamter im chinesischen Apparat – zumindest erzählen das später Mitarbeiter des Pekinger Außenministeriums amerikanischen Diplomaten. Nach ihren Angaben baut er in seiner Zeit als Beamter Verbindungen auf, die er später für seine Geschäfte nutzt, als er den Staatsdienst verlässt und in die Privatwirtschaft einsteigt.

Im Juni 1998 wird in Dalian die Firma Limmt Economic and Trade Company Limited – kurz Limmt – eingetragen. Für seine Geschäfte nutzt das Unternehmen mehrere Räume im 25. Stock eines schmucklosen Bürogebäudes in der Xinkai-Straße 82 im Zentrum von Dalian. Eine Anschrift, die schon bald die Aufmerksamkeit von Ermittlern und Geheimdiensten in den USA und anderen Ländern auf sich zieht – und auf die später auch die Forscher des King's College bei ihren Recherchen stoßen werden. Auf dem Papier ist damals Karl Lees Vater Li Guijian die zentrale Figur des Unternehmens, er ist Anteilseigner, aber auch Geschäftsführer. Der kaufmännische Leiter aber heißt Li Fangwei.

Sechs Jahre später fangen US-Ermittler in einem südkoreanischen Hafen eine Ladung Grafit ab. Sie ist bestimmt für den Iran. Kurz darauf, am 23. September 2004, verhängt das amerikanische Außenministerium erstmals Sanktionen gegen Limmt wegen der Lieferung verbotener Materialien an den Iran. Materialien, die zum Bau von Atomraketen dienen.

08. ANGEKLAGT IN ABWESENHEIT

Der Tag, an dem der junge Robert Morris Morgenthau ein Versprechen gibt, das für zahlreiche Verbrecher noch Jahrzehnte später Folgen haben wird, ist ausgerechnet der Geburtstag Adolf Hitlers. Morgenthau ist gerade 24 Jahre alt und dient als Leutnant auf dem amerikanischen Zerstörer U.S.S. Lansdale. Der Auftrag: Handelsschiffe durch das Mittelmeer eskortieren – immer auf der Hut vor der deutschen Kriegsmarine, ihren U-Booten, Fregatten und Bombern.

An diesem 20. April 1944 begleitet der gut hundert Meter lange Zerstörer mehrere Handelsschiffe von Algerien nach Tunesien. Die Sonne ist gerade am Horizont verschwunden, als der Konvoi das Kap Bengut passiert, in der Ferne kann die Besatzung den Leuchtturm erahnen, als plötzlich deutsche Kampfflugzeuge auftauchen. »Der Feind ist überall, überall um uns herum«, kann ein Begleitschiff noch funken, dann reißt eine Explosion auch schon die rechte Seite der Lansdale auf. Das Schiff neigt sich, und das Ruder verklemmt, sodass der Zerstörer im Uhrzeigersinn durch das Mittelmeer pflügt. Nur wenige Meter entfernt erleuchtet ein Feuerball den Nachthimmel, der Frachter SS Paul Hamilton explodiert. Und die Lansdale liegt wie auf dem Präsentierteller, als die Deutschen noch mal angreifen. Zwei Torpedos verfehlen das Schiff. Doch der Zerstörer kippt immer weiter. Als 45 Grad erreicht sind, gibt der Kapitän den Befehl, das Schiff aufzugeben. Die Crew soll die Lansdale verlassen. Wer die erste Explosion überlebt hat, springt über Bord.

Auch Leutnant Robert Morris Morgenthau.

Er stammt aus einer wohlhabenden jüdischen Familie, die in den Sechzigerjahren des 19. Jahrhunderts aus Deutschland ausgewandert ist. Morgenthau wächst in New York auf, die Kennedys und die Roosevelts gehören zu den Freunden der Familie.

Auf einer Videoaufnahme aus den Vierzigerjahren ist zu sehen, wie Morgenthau Winston Churchill im Garten des Familiensitzes Cocktails serviert. Er studiert am Amherst College in Massachusetts, bevor er sich bei der Marine meldet. Dass der begeisterte Segler wegen einer Kindheitserkrankung auf dem rechten Ohr fast taub ist, fällt offenbar niemandem auf.

An jenem 20. April 1944 treibt er stundenlang auf offener See. Er sieht die Lansdale auseinanderbrechen und sinken, er sieht Dutzende Kameraden sterben. »Ich habe dem Allmächtigen eine Reihe von Versprechen gegeben, zu einer Zeit, als ich nicht viel Verhandlungsmacht hatte«, wird Morgenthau sich Jahre später erinnern. Das Wichtigste: »Ich will etwas Sinnvolles mit meinem Leben anfangen.«

Morgenthau überlebt, und nach seiner Rettung vergisst er seinen Schwur nicht. Er studiert nach dem Krieg Rechtswissenschaften und arbeitet zunächst in einer Kanzlei, bevor sein Kindheitsfreund John F. Kennedy ihn zum Bundesstaatsanwalt von New York ernennt. Es ist ein logischer Schritt, die Morgenthaus sind schließlich eine Familie, in der »Public Service« Tradition hat – also ein Leben als Politiker oder im öffentlichen Dienst. Morgenthaus Großvater Henry war während des Ersten Weltkriegs amerikanischer Botschafter im Ottomanischen Reich und hat immer wieder den Genozid an den Armeniern angeprangert. Morgenthaus Vater wiederum war Finanzminister von US-Präsident Franklin D. Roosevelt. Nach ihm ist der Morgenthau-Plan benannt, der vorsah, Deutschland nach dem Sieg über die Nazis in einen Agrarstaat umzuwandeln.

Robert Morgenthau gründet als Bundesstaatsanwalt die erste Einheit mit Fokus auf Wirtschaftskriminalität oder besser gesagt: auf die Wall Street. 1969 jedoch wird er, der Demokrat, mittlerweile 50 Jahre alt, aus dem Amt gedrängt, nachdem der Republikaner Richard Nixon zum Präsidenten gewählt wird. Morgenthau bewirbt sich vergeblich um den Posten des Gouverneurs von New York und wird stattdessen 1975 District Attorney in

Manhattan, also oberster Ankläger und Vertreter der Staatsanwaltschaft.

Morgenthau übernimmt das Amt zum denkbar schlechtesten Zeitpunkt. New York ist ein Moloch. Die Wirtschaft liegt am Boden, viele Häuser sind verlassen. Müll türmt sich auf den Straßen, Graffiti überall, 648 Morde werden pro Jahr gezählt – allein in Manhattan. Bei der Staatsanwaltschaft haben indes nicht mal alle Ermittler ein Telefon, das Budget reicht oft nur bis Mitte des Jahres.

Morgenthau räumt trotzdem auf. Die *New York Times* beschreibt ihn als »seltsam unbeholfen«, als »hölzernen Redner, der schmerzhaft schüchtern« ist, aber seinen Mitarbeitern zufolge ist er ein guter Chef. Selten selbst im Gerichtssaal, verantwortet er von 1975 bis 2009 mehr als dreieinhalb Millionen Fälle, darunter den Prozess gegen den Mörder des Ex-Beatles-Sängers John Lennon und die Verhandlung gegen den Rapper Tupac Shakur, der wegen sexueller Belästigung mehrere Monate in Haft muss.

Vor allem aber hat Morgenthau es auf Wirtschaftskriminalität abgesehen. »White-Collar Crime«, wie man in USA sagt: wegen der oft weißen Hemdkragen der Angeklagten. Morgenthau bringt den Chef einer Firma namens Tyco International vor Gericht, der berühmt wurde für 6000 Dollar teure Duschvorhänge und eine Geburtstagsparty, die zwei Millionen Dollar gekostet hat. Er klagt ihn wegen Unterschlagung von 100 Millionen Dollar an.

Morgenthau schert sich wenig um Hierarchien, hasst Bürokratie und verfolgt seine eigene Agenda. Als Bezirksstaatsanwalt genießt er es regelrecht, Bundesbehörden auf die Füße zu treten und das Justizministerium in Washington herauszufordern, erzählen seine ehemaligen Mitarbeiter. Statt komplizierte Anträge auf Rechtshilfeersuchen im Ausland zu stellen, greift er lieber selbst zum Telefon. Er nutzt seine unzähligen Kontakte in aller Welt – zu Ermittlern, Strafverfolgern und Geheimdiensten –, um seinen Tätigkeitsbereich auszudehnen. Denn eigentlich ist er nur ein New Yorker Strafverfolger, zuständig für den Bezirk

Manhattan. Morgenthau aber kümmert sich um das Verbrechen auf dem ganzen Globus, wenn es dabei irgendeine Verbindung nach Manhattan gibt. Und die gibt es oft – zumindest nach seiner Logik: Demnach nutzen Verbrecher Banken, und diese sitzen in vielen Fällen an der Wall Street oder haben dort zumindest eine Filiale. Das ist Morgenthaus Hebel. Damit macht er sich selbst zu einer Art Weltstaatsanwalt.

Etliche Jahre ermittelt er gegen die Bank of Credit and Commerce International, die in Luxemburg registriert ist, ihren Hauptsitz in Pakistan hat und eine gigantische Geldwaschanlage für Drogenkartelle, Terrorgruppen und Diktatoren ist. 1991 bekennt sich die Bank schuldig und schließt kurz darauf.

Die Schweizer Credit Suisse bringt er dazu, 536 Millionen Dollar zu zahlen, weil sie Iranern, Libyern und sudanesischen Mandanten behilflich war, ihr Geld zu waschen.

Morgenthau ist damals zuständig für etwa 500 Ermittler und gut 100.000 Fälle im Jahr. Aber sein Herzblut steckt in seinem kleinen internationalen Büro, wie uns sein früherer Mitarbeiter Adam Kaufmann erzählt, der als junger Staatsanwalt in Morgenthaus Team angefangen hat. Kaufmann, der heute zu den renommiertesten Strafverteidigern New Yorks zählt, empfängt uns in seinem Büro in einem der markantesten Gebäude Manhattans: im 64. Stock des Chrysler Buildings. Die Bewunderung für seinen früheren Chef ist ihm bis heute anzuhören.

»Er las sämtliche internationalen Zeitungen«, erzählt Kaufmann. »Er reagierte auf Artikel, indem er prüfte, ob es eine Verbindung, eine Überschneidung mit Manhattan gab, sodass er eine Untersuchung einleiten konnte.« Zu jedem einzelnen Fall lässt sich Morgenthau regelmäßig persönlich auf den neusten Stand bringen. »DANY Overseas« nennen sie die Abteilung: das Übersee-Büro des District Attorneys von New York. Er heuert Buchhalter an, um Finanztricks aufzuspüren, und sucht gezielt nach Ermittlern mit Vorwissen im Finanzsektor.

Er ermittelt nicht nur gegen Banken, sondern auch gegen deren kriminelle Kunden im Ausland – selbst wenn diese noch nie in ihrem Leben einen Fuß auf New Yorker Boden gesetzt haben. Ende der Neunzigerjahre klagt er drei Männer aus Venezuela an, die über eine Bank in Puerto Rico ihre Landsleute um viele Millionen Dollar betrogen haben sollen. Morgenthaus Kritiker in den USA werfen ihm damals vor, es mit seiner exzessiven Auslegung des Rechts zu übertreiben, denn schließlich sei kein einziger Amerikaner zu Schaden gekommen. Die *New York Times* sieht in diesem Verfahren einen Präzedenzfall mit der Frage: »Wie weit reicht der Arm des Gesetzes?«

Die Richter folgen Morgenthau. Der hat seine spitzfindige Argumentation noch einmal verfeinert: Die Betrüger ließen sich von ihren Opfern Beträge in Dollar überweisen, und wann immer irgendwo auf der Welt Dollar transferiert werden, ist ein US-Geldhaus als sogenannte Korrespondenzbank im Hintergrund an der Abwicklung beteiligt. Da es sich aber um kriminelle Geschäfte handelt, seien in den Büchern der amerikanischen Banken Transaktionen gelandet, die dort nicht hingehörten. Dadurch haben die Angeklagten laut Morgenthau mit ihren betrügerischen Geschäften die Bilanzen der US-Banken manipuliert. 1997 verurteilen die Richter in New York die drei Männer aus Venezuela, die sich zwischenzeitlich unvorsichtigerweise in den USA aufgehalten haben, zu mehrjährigen Gefängnisstrafen.

Einige Jahre später nehmen die Ermittler den Iran ins Visier. Neben seiner Arbeit als Staatsanwalt ist Morgenthau auch Gründer und Vorsitzender eines der bedeutendsten Holocaust-Museen weltweit, des New Yorker Museum of Jewish Heritage. Er sieht eine neue Gefahr für Juden in aller Welt heraufziehen – aus Teheran. Dort regiert ab 2005 der Fanatiker Mahmoud Ahmadinejad, der immer wieder aufs Neue mit der Vernichtung Israels droht. Kurz zuvor hat die Welt von der Existenz eines iranischen Atomwaffenprogramms erfahren. Demnach will der Iran Nukleartechnologie nicht nur zivil nutzen, sondern auch militärisch: für den Bau einer Atombombe. Morgenthau ist der Meinung, dass die Politik in Washington diese Gefahr nicht ernst genug nimmt. Er findet, dass sowohl die Republikaner als auch die Demokraten die Sanktionen gegen den Iran nicht energisch genug durchsetzen. Also beschließt er, dem Regime von Manhattan aus selbst das Leben schwer zu machen.

Das ist die offizielle Version, wie sie Morgenthau gern und häufig verbreitet. Tatsächlich jedoch ist es bei mancher Anklage im Zusammenhang mit dem Iran nicht Morgenthau selbst, von dem der erste Impuls zu Ermittlungen kommt. Vielmehr hat ein Geheimdienst seine Finger im Spiel – und zwar kein amerikanischer.

Sein früherer Mitarbeiter Adam Kaufmann erzählt, es müsse um das Jahr 2005 gewesen sein, als eines Tages Morgenthau ihn und seine Kollegen in sein Büro gerufen habe. »Er sagte uns, wir sollten uns Tickets besorgen und in ein Flugzeug nach Israel steigen.« Morgenthau ist damals bereits weit über 80 Jahre alt und verlässt New York nur noch selten. Aber er schickt seine Staatsanwälte nach Tel Aviv, zu Israels Auslandsgeheimdienst: dem Mossad.

In einem kargen Konferenzraum sitzen Morgenthaus Mitarbeiter damals Mossad-Chef Meir Dagan gegenüber, wie sich Kaufmann erinnert. »Dagan sagte: Wir wollen nicht, dass Geheimdienstinformationen in einem Regal liegen bleiben. Wir wollen nicht, dass sie einfach nur Informationen um der Informationen willen sind.« Stattdessen sollten die amerikanischen Ermittler die Informationen nutzen – vor Gericht.

Und so leiten Morgenthaus Mitarbeiter Ermittlungen gegen eine New Yorker Stiftung, über die Agenten aus Teheran bezahlt werden, gegen eine iranische Reederei und internationale Großbanken ein. Und gegen einen Geschäftsmann, der mehr als 11.000 Kilometer entfernt in der chinesischen Stadt Dalian lebt: Karl Lee.

Die US-Geheimdienste beobachten den Chinesen zu diesem

Zeitpunkt bereits seit mehreren Jahren. Die amerikanische Justiz ist jedoch noch nicht tätig geworden. Erst der israelische Geheimdienst, zu dem Morgenthau offenkundig beste Kontakte hat, bringt die Ermittlungen gegen Karl Lee ins Rollen.

Aus Israel nimmt Morgenthaus Team einen wichtigen Ansatzpunkt mit: die E-Mail-Adressen des chinesischen Geschäftsmannes. »Die bösen Jungs hatten damals noch nicht kapiert, dass ihre E-Mails abgerufen werden können«, wird Morgenthau später erklären. »Also pflügten wir dieses brachliegende Feld um.« Zum Erstaunen der Ermittler nutzt Li Fangwei für seine brisanten Geschäfte amerikanische Anbieter wie Hotmail oder Yahoo – ein Glücksfall für die Strafverfolger, denn so können sie beim zuständigen Richter in New York einen Durchsuchungsbeschluss für die elektronischen Postfächer des Chinesen beantragen.

Und Li Fangwei erweist sich als »fleißiger E-Mail-Schreiber«, wie Adam Kaufmann erzählt. In ihrem spartanischen Büro ganz in der Nähe von Chinatown, das vollgestopft ist mit unzähligen Aktenschränken und in dem der Putz von den Wänden blättert, beginnen Morgenthaus Mitarbeiter damals damit, sich durch Li Fangweis Nachrichten zu arbeiten. Es sind Tausende und Abertausende E-Mails mit Indizien, Belegen und handfesten Beweisen.

Die Staatsanwälte finden Rechnungen, Zahlungsanweisungen und Nachrichten, die zeigen, dass Li Fangwei das, was er macht, mit vollem Bewusstsein tut. Zum Beispiel stoßen sie auf einen E-Mail-Verkehr mit Mitarbeitern des iranischen Unternehmens Shahid Sayyade Shirazi Industries, einer Tochterfirma des iranischen Verteidigungsministeriums, nach Erkenntnissen der Ermittler eingerichtet, um Waffen anzuschaffen und zu entwickeln. 2007 wird das Unternehmen von der US-Regierung sanktioniert, weil es Massenvernichtungswaffen beschaffen wollte. Li Fangwei beliefert die Firma mit hochwertigem Grafit und instruiert seine Geschäftspartner im Iran mit den Details zur Zahlung: »Bitte beachten Sie, dass RWIOT STEEL SERVICE NICHT der echte Firmenname ist, sondern ein falscher Name. Wenn wir Ihren Firmennamen nennen, befürchten wir, dass die Sendung von den USA blockiert werden könnte. Zu Ihrer Information: Vor Kurzem haben wir auf dem gleichen Weg Fracht an eine Ihrer Tochtergesellschaften in Mashad geschickt, die die Fracht abgefertigt und ohne Probleme für uns bezahlt hat.«

Im September 2007 schreibt Karl Lee einem Vertreter von Shahid Sayyade Shirazi Industries: »Wir möchten Sie dringend darauf hinweisen, dass Sie die beiden Zahlungen für die letzten beiden Sendungen NICHT an den Namen und das Konto des Empfängers überweisen sollen, die wir in den Handelsrechnungen angegeben haben. Der Grund dafür ist, dass der Name und die Kontonummer des Empfängers möglicherweise gerade in die schwarzen Listen der USA aufgenommen wurden, in diesem Fall kann das Geld blockiert werden. Wir werden Ihnen Anfang nächster Woche einen neuen Namen und eine neue Kontonummer des Empfängers mitteilen, und dann überweisen Sie das Geld.«

Wie die Ermittler feststellen, hat Karl Lee mehrere Tochterorganisationen des iranischen Verteidigungsministeriums – die Amin Industrial Group, Khorasan Metallurgy Industries, Shahid Sayyade Shirazi Industries und Yazd Metallurgy Industries – mit hochfester Aluminiumlegierung, sogenanntem Maraging-Stahl, Grafit, Wolframkupfer und Wolframpulver beliefert. Mit Dutzenden Tonnen Material, die für die Raketenentwicklung genutzt werden können.

Die Staatsanwälte können nun detailliert nachlesen, wie Li Fangwei seit Jahren die Amerikaner austrickst, wie er darüber völlig unverblümt mit seinen Geschäftspartnern kommuniziert und wie er immer wieder erfolgreich versucht, Zahlungen aus aller Welt an den US-Sanktionen vorbeizudirigieren.

2006 etwa, als seine Firma Limmt bereits auf den Sanktionslisten der Amerikaner steht. Li Fangwei persönlich informiert damals seine Kunden darüber, dass sein Unternehmen von nun an Sino Metallurgy & Minmetals Industry Co. heißt. Limmt hat er da bereits im chinesischen Handelsregister deaktivieren lassen. Diesmal ist nicht sein Vater auf dem Papier der Mehrheitseigentümer, sondern seine Mutter Song Bingxing. Und seine Abnehmer will Karl Lee dazu bringen, sein Spiel mitzuspielen. Er versucht sie regelrecht zu seinen Komplizen zu machen, auch wenn es sich um unschuldige Käufer harmloser Grafitprodukte in unverdächtigen Ländern handelt. Li Fangweis Problem ist nämlich, dass die US-Sanktionen nicht nur sein Iran-Geschäft erschweren. Sie wirken sich auch auf einen großen Teil seiner Geschäfte mit Kunden im Ausland aus. Viele seiner Abnehmer zahlen in Dollar, amerikanische Banken aber dürfen keine Überweisungen mehr für Li Fangweis Firmen abwickeln. Tatsächlich halten amerikanische Korrespondenzbanken nach der Sanktionierung von Limmt etliche Überweisungen auf. Doch der Geschäftsmann aus Dalian ist kreativ – und dreist.

Er nutzt einen simplen Trick: Wenn ein Firmenname verbrannt ist, zaubert er einfach einen neuen hervor. Das funktioniert so leicht, weil das gefürchtete Sanktionssystem der USA damals in der Praxis vor allem bedeutet, dass amerikanische Banken Überweisungen nach verdächtigen Begriffen und Kontonummern filtern. Ein anderer Name, ein neues Konto und schon schöpfen die US-Banken, die im Hintergrund beteiligt sind, keinen Verdacht mehr. Sie lassen die Dollarzahlungen an Li Fangwei passieren, und die Sanktionen laufen ins Leere.

Immer wieder geht Li Fangwei so vor, und wenn die anderen nicht richtig mitspielen, kann er unangenehm werden. Etwa als es Probleme mit einer Zahlung aus Südafrika für eine Grafitlieferung gibt, weil sein Kunde das Konto einer gelisteten Firma benutzt hat. Li Fangwei weist seinen Geschäftspartner vor Ort an, den Kunden daran zu erinnern, diesmal auf ein neues Konto der neuen Firma Sino Metallurgy zu überweisen: »Sonst kann das Geld wie beim letzten Mal geblockt werden!!!!«

Doch der Kunde hält sich nicht daran. Er ändert zwar den Firmennamen auf der Überweisung, nicht aber die Kontonummer. Er verwendet die Nummer der alten, geächteten Firma Limmt. Da faltet Li Fangwei seinen Geschäftspartner in Südafrika zusammen: Er habe ihn doch »sehr deutlich« informiert, dass das Problem die Kontonummer sei. Nun fürchte er, dass »die Überweisung durch die Bank in den USA blockiert werden könnte!!!!!!!«, schreibt Li Fangwei. Seine E-Mails voller Ausrufezeichen zeigen Wirkung: Der südafrikanische Kunde überweist

65.560 Dollar auf das richtige Konto. Bei der Citibank in New York, die im Hintergrund involviert ist, ahnt man offenbar nichts.

Die E-Mails geben den Ermittlern einen Einblick, mit welcher kriminellen Energie Li Fangwei vorgeht. Sie zeigen, wie er Druck macht und immer wieder beschwichtigt: Nein, wegen der neuen Firmennamen müssten sich seine Kunden keine Sorgen machen. Es handle sich um dasselbe Unternehmen, dieselbe Fabrik und dieselben Leute, schreibt er. An der Qualität und Lieferdauer habe sich nichts geändert.

Für den 7. April 2009 laden Morgenthau und seine Ermittler zu einer Pressekonferenz in das Criminal Courts Building im Süden von Manhattan ein. Sie präsentieren den Medienvertretern eine 59 Seiten umfassende Anklage mit 118 Punkten. Auf dem Deckblatt wird bereits klar, dass es sich um einen ungewöhnlichen Fall handelt. Die erste Seite besteht fast ausschließlich aus einer langen Liste von Tarn- und Aliasnamen, die der chinesische Geschäftsmann für sein Unternehmen und für sich selbst verwendet: Angeklagt ist Li Fangwei, auch bekannt als Karl Lee, Patric, Sunny Bai, K. Lee, KL, David Li und F. W. Li.

Den Staatsanwälten zufolge handelt es sich bei Li Fangweis konspirativem Vorgehen, seinen Tarnnamen und Briefkastenfirmen um eine Verschwörung. So lautet der Hauptvorwurf der Anklage. Das Ziel dieser Verschwörung sei es gewesen, sich trotz der Sanktionen Zugang zum US-Finanzsystem zu verschaffen, um weiterhin internationale Geschäfte machen zu können.

Gleichzeitig habe Li Fangwei über sein Netz aus Briefkastenfirmen dem iranischen Militär Waren für den Bau von Waffen beschafft, deren Verkauf verboten sei und die für die Herstellung von Atomwaffen und Raketen verwendet werden könnten. Insgesamt habe er Hunderte Tonnen Raketenbaumaterial – darunter 15 Tonnen spezielles Aluminium, das »fast ausschließlich für die Herstellung von Langstreckenraketen« verwendet werde – an Firmen des iranischen Militärs geliefert. »Es mag sich zwar um Güter handeln, die sowohl zivil wie militärisch genutzt werden können«, erklärt Morgenthau den versammelten Journalisten, »aber wenn sie an Scheinfirmen geschickt werden, die vom iranischen Militär gegründet wurden, und die Angeklagten falsche Endnutzerbescheinigungen und Scheinnamen verwenden, gibt es kaum Zweifel, dass sie für Waffen verwendet werden.«

An diesem Tag zieht der fast 90-jährige Robert Morris Morgenthau den damals 36-jährigen Li Fangwei ins Licht der Weltöffentlichkeit. Und er lässt keinen Zweifel daran, für wie groß er die Gefahr durch das iranische Atomwaffenprogramm hält: »Es gibt heute keine größere Bedrohung für die Welt als die Bemühungen des Iran, sich Atomwaffen und ballistische Langstreckenraketen zu beschaffen.«

Morgenthau verkündet, dass er die Auslieferung Li Fangweis aus China beantragen werde – was allerdings vor allem ein symbolischer Akt ist, denn auch Morgenthau weiß, dass China seine Staatsbürger nicht überstellt. Darum geht es ihm aber auch nicht, ihm geht es um das Signal. Er und seine Leute seien vielleicht nicht dazu in der Lage, die Fabriken des Chinesen zu schließen, erklärt Morgenthau den Reportern. Aber sie könnten das Scheinwerferlicht auf das richten, was er tue.

Die *New York Times* und die *Financial Times*, die Nachrichtenagentur *Reuters* und das *Wall Street Journal*, sie alle berichten über den obskuren Geschäftsmann aus China. Im Fernsehen diskutieren sie über den Fall, und in einem Leitartikel des *Wall Street Journal* steht, die Anklage Morgenthaus könne US-Präsident Barack Obama in eine heikle Position gegenüber Peking bringen, schließlich wolle die US-Regierung Brücken nach China bauen, um den amerikanischen Finanzmarkt nach der spektakulären Pleite der Investmentbank Lehman Brothers ein Jahr zuvor zu stabilisieren. Nun ist Li Fangwei in den Schlagzeilen, im Visier der Geheimdienste und der US-Justiz.

Etliche Zeitungen versuchen damals, Karl Lee zu erreichen. Das chinesische Außenministerium beantwortet keine Fragen zu ihm, in Dalian geht zunächst niemand ans Telefon. Lediglich dem *Wall Street Journal* gelingt es nach einigen Tagen, Li Fangwei an den Hörer zu bekommen. Er habe alle Vorwürfe von sich gewiesen, berichten die Journalisten. Die Anklage sei »ein totales Missverständnis«, habe Li Fangwei beteuert, das »durch falsche Geheimdienstinformationen verursacht« worden sei. Die Produkte, die er anbiete, würden überall in der Welt verkauft und eben nicht dafür genutzt, um Waffen herzustellen.

09. RÄTSELHAFTE STUDENTEN

Unsere Suche nach den Hintermännern der seltsamen Website whoislifangwei.com läuft nun schon seit Wochen, aber wir wissen immer noch nicht ansatzweise, wer für die Seite verantwortlich ist. Obwohl wir zwei Facebook-Gruppen dazu gefunden haben, die Verbindung nach Heidelberg und – das macht es für uns besonders spannend – auch zwei Namen. Sie lauten Kareem Mostafa und Zhang Zengbo. Angeblich handelt es sich um die beiden Administratoren der arabischen beziehungsweise der chinesischen Facebook-Gruppe zu Karl Lee.

Kareem Mostafa ist laut Selbstbeschreibung ein »ägyptischer Student, der in Deutschland studiert« und zum Nahen Osten forscht. Seinem Facebook-Profil zufolge wurde er 1988 geboren, ging in Alexandria zur Schule und lebt in Berlin. Er mag den Fernsehsender Al Jazeera, Red Bull und den ägyptischen Fußballspieler Mohamed Salah vom FC Liverpool, hat Angst vor tödlichen Asteroiden und ein Faible für obskure Ratgeberartikel, die er immer wieder in seiner Timeline postet: etwa warum es schädlich ist, neben dem Smartphone zu schlafen oder den Toilettenbesuch zu lange aufzuschieben.

Zhang Zengbo, Administrator der chinesischen Facebook-Gruppe, ist laut Facebook 1993 geboren, Chinese muslimischen Glaubens und studiert internationale Sicherheitspolitik in Deutschland – offenbar in Heidelberg. Jedenfalls hat er die Universität, eine Alumnivereinigung, das Studentenwerk, das Erasmus-Programm, die Unibibliothek und diverse andere Seiten favorisiert, die mit der Hochschulstadt im Südwesten Deutschlands zu tun haben. Zhang Zengbo spickt seine Posts mit Emojis: Li Fangwei 🏃 verkauft demnach für 💲 💰 💲 💰 Technologie an den Iran, während das Land die Huthi-Rebellen 💣 💣 💣 und andere bewaffnete Gruppen unterstützt, die 🔥 💀 🔥 💀 🔥 💀

verbreiten. Über Kareem Mostafa schreibt er, sie beide seien durch ihr »gemeinsames Schicksal und die gemeinsame Erfahrung auf der Schule sehr gute Freunde« geworden. Welche Schule der Ägypter und der Chinese gemeinsam besucht haben und welches Schicksal sie teilen, lässt Zhang Zengbo offen.

Wir schreiben die beiden Administratoren an und erklären ihnen, dass wir ebenfalls an Karl Lee interessiert sind. Ohne Rückmeldung. Auch unser Versuch, mit einem Fakeprofil, das nicht auf unseren echten Namen läuft, ihren Facebook-Gruppen beizutreten, bleibt erfolglos.

Der einzige Anhaltspunkt, den wir also haben, ist Heidelberg. In der Stadt in Baden-Württemberg leben Tausende Studenten aus allen möglichen Ländern. Die dortige Universität ist eine der renommiertesten Europas. Die Hochschule wurde 1386 gegründet und schafft es in internationalen Rankings regelmäßig in die Top 100.

Kann es wirklich sein, dass es sich bei whoislifangwei.com um ein Studentenprojekt handelt? Ein Projekt, für das ein Professor oder Dozent dieser Universität den Anstoß gegeben hat?

Es ist eher unwahrscheinlich, denn es gibt in Heidelberg weder einen Studiengang »Sicherheitspolitik«, noch hat die Vertreterin der Politikfachschaft je von Zhang Zengbo, Kareem Mostafa oder einem Projekt gehört, das sich mit einem chinesischen Geschäftsmann namens Karl Lee beschäftigen soll. Auch die Heidelberger Hochschulgruppe Sicherheitspolitik schreibt uns, niemand dort kenne Zhang Zengbo, Kareem Mostafa oder die Website, Gleiches antworten die Professoren, die wir sprechen. Kurzum: Wir sind uns recht bald sicher, dass es nie ein Heidelberger Karl-Lee-Projekt gegeben hat.

Von den Einwohnermeldeämtern Heidelberg und Berlin bekommen wir auf unsere Anfragen nach den beiden Männern gleichlautende Antworten, nämlich: »Eine Auskunft kann aus tatsächlichen oder rechtlichen Gründen nicht oder derzeit nicht erteilt werden.« Das kann zwei Ursachen haben: In seltenen Fällen bedeutet es, dass der Eintrag der Person für Auskünfte gesperrt ist, weil diese sonst um ihr Leben fürchten muss. Damit kennen wir uns aus, unsere eigenen Einträge haben wir sperren lassen, nachdem wir als Reaktion auf Recherchen der vergangenen Jahre immer wieder persönlich bedroht worden waren. Bei früheren V-Leuten, den Zuträgern von Geheimdiensten und Polizei, sorgen manchmal die Behörden dafür, dass niemand an solche Daten kommt. Der wahrscheinlichere Grund aber ist, dass es in den amtlichen Melderegistern weder einen Zhang Zengbo noch einen Kareem Mostafa gibt – zumindest nicht mit den Geburtsdaten, die in den Facebook-Profilen angegeben sind. Trotzdem sind die 9,52 Euro pro Abfrage gut investiert – jetzt sind wir ziemlich sicher, dass whoislifangwei.com keine Studentenleidenschaft ist.

Wir vermuten mittlerweile, dass es weder Kareem Mostafa noch Zhang Zengbo wirklich gibt. Aber warum macht sich jemand all diese Mühe? Die Website, die Facebook-Seiten, all das kostet schließlich Zeit.

Wir beschließen, Aaron Arnold davon zu erzählen und ihn um eine Einschätzung zu bitten – den ehemaligen FBI-Analysten, der uns den Anstoß zu dieser Recherche gegeben hat. Auch wenn wir anfangs skeptisch waren – bislang haben sich all seine Informationen als zutreffend herausgestellt. Vielleicht kann er uns aus seiner Erfahrung sagen, was sich hinter whoislifangwei.com verbergen könnte.

Er ist amüsiert – eine Mischung aus ungläubig und aufgekratzt. »Ich glaube, meine Kollegen und ich kennen wahrscheinlich jeden, der zu Karl Lee unterrichtet«, sagt er. »Aber keine Ahnung, was das soll.« Er könne sich auch nicht vorstellen, dass es viele Seminare gebe, die sich mit Karl Lee beschäftigen. »Besonders für Deutschland wäre das ein ziemlich eigenartiges Thema«, meint er. Aber das sei typisch für diesen Fall: »Je tiefer man gräbt, desto seltsamer wird es.« Er will sich die Seite genauer ansehen.

Während wir darauf warten, ob Zhang Zengbo und Kareem Mostafa unsere Freundschaftsanfragen vielleicht doch noch annehmen, gehen wir unsere Auswertung ihrer Facebook-Profile noch einmal sorgfältig durch: Sie sind nicht nur ganz ähnlich aufgebaut – die Profilfotos, die Bannerfotos, die seltsame Mischung der geposteten Inhalte. Die beiden angeblichen Freunde haben ihre Seiten auch fast gleichzeitig eingerichtet. Zhang Zengbo hat sein Profilbild am 30. Oktober 2018 hochgeladen, Kareem Mostafa am 1. November 2018. Und obwohl die beiden erst seit wenigen Monaten bei Facebook sind und wir seit vielen Jahren, haben sie uns bei der Zahl der Freunde meilenweit hinter sich gelassen: Jeder von ihnen hat bereits weit über tausend Facebook-Freunde angesammelt – so gut wie alle aus Asien und dem arabischen Raum, obwohl die beiden doch angeblich in Deutschland leben.

Nicht nur die Facebook-Profile von Zhang Zengbo und Kareem Mostafa wurden fast gleichzeitig eingerichtet – nein, auch die Facebook-Gruppen zu Karl Lee, die Website whoislifangwei.com und der Twitter-Account @whoislifangwei wurden alle in einem Zeitraum von wenigen Wochen zum ersten Mal aktiv.

Überhaupt der Twitter-Account: Der angebliche Zhang Zengbo aus Heidelberg hat diesen im Steckbrief seines Facebook-Profils aufgelistet. Er gibt also an, dass es sein Kanal ist. Doch eine genauere Analyse bringt ein überraschendes Ergebnis: Wir jagen den Account durch spezielle Websites für die Auswertung von Twitter-Profilen. Damit lässt sich zum Beispiel darstellen, zu welcher Tageszeit ein Account aktiv ist. Das Ergebnis ist überraschend: fast ausschließlich zwischen zwölf Uhr mittags und vier Uhr morgens. Die Zeiten würden besser zur US-Ostküste passen als nach Heidelberg, in Washington, D.C., Boston oder New York wäre es dann sechs Uhr morgens bis 22 Uhr abends.

Aber selbst wenn dahinter jemand in den USA stecken sollte, erklärt das noch lange nicht, warum sich diese Person die Mühe macht, eine Website aufzusetzen, um auf Englisch, Chinesisch und Arabisch über Karl Lee zu schreiben.

Die meisten Einträge der Seite drehen sich um zwei Themen: mögliche chinesisch-iranische Rüstungsdeals und den Krieg im Jemen. Der Großteil der Beiträge besteht aus übersetzten Onlineartikeln, die brav mit Quellenangaben versehen sind – zum Beispiel von der Website der Vereinten Nationen, wo es um die desaströse humanitäre Lage im Jemen geht. Dazwischen finden sich Artikel, die sich wie Anklagen lesen. In einem Post geht es etwa um »die unschuldigsten Opfer des Geschäftsmannes«: Tausende kleine Kinder, die im Jemenkrieg verhungert seien.

Die Autoren bringen Karl Lee plötzlich nicht nur mit iranischen Raketen, sondern mit allen möglichen Arten von Rüstungsgeschäften in Verbindung. In einem Eintrag geht es um einen neuen Panzer, den China entwickelt habe. Bestimmt klingle schon Karl Lees Bestellhotline, schreiben die Autoren. Er sei der »Matchmaker« zwischen China und dem Iran, der Vermittler also. Dazwischen taucht immer wieder der Hinweis auf, dass Karl Lee bis heute aktiv sei.

Belege dafür fehlen jedoch.

Stattdessen werden die Artikel immer wieder mit Zeichnungen und Fotomontagen versehen: Als es um eine neue Exportroute von China in den Iran geht, lugt Karl Lees Kopf aus einer Kiste. Als von den Beziehungen der beiden Länder die Rede ist, schüttelt der iranische Außenminister einem Chinesen die Hand, auf dessen Körper Karl Lees Gesicht montiert ist. Und dann ist da auch noch die Videoanimation mit dem Schwein: Vor rotem Hintergrund wackelt es mit seinem Hintern und lässt einen Furz, aus dessen Wolke sich Karl Lees Porträtfoto auf dem Fahndungsplakat formt. Es wirkt, als wollten ihn die Betreiber der Website provozieren.

Der erste Artikel auf Chinesisch ist auf den 2. November 2018 datiert: »Neue Erkenntnisse zu Li Fangwei erschienen. Karl Lee – Wo ist er jetzt?« Es folgt ein Link zur Studie von Project Alpha in London. Ab Dezember 2018 erscheinen Meldungen fast im Tagesrhythmus. Immer geht es um Waffen, Raketen und den Iran. Am 7. Dezember heißt es etwa: »Die rasche Entwicklung iranischer Raketen unterstützt die mit dem Jemen befreundeten Huthi, Saudi-Arabien hat schwere Verluste erlitten.« Und am 8. Dezember: »2000 chinesische Yu-8-Flugtorpedos verkauft, sie sind fast maßgeschneidert für kleine iranische U-Boote.«

Viele der Meldungen stammen von chinesischen Nachrichtenseiten, immer wieder werden jedoch eigene Fragen oder Einschätzungen eingestreut, und immer ist das Chinesisch tadellos, jedes Zeichen sitzt korrekt. Bis in den August 2019 wird die Frequenz gehalten, fast jeden zweiten Tag eine neue Meldung. Dann wird es allmählich ruhiger. Am 6. September erscheint eine weitere Nachricht, dann folgen zehn Tage Pause. Am 16. September: »Der militärische Austausch zwischen dem Iran und China erreicht einen neuen Meilenstein: Stabschef der iranischen Streitkräfte besucht Marinestützpunkt in Schanghai.« Danach wieder Pause, diesmal fünf Tage, dann: »Generalmajor Mohammad Bagheri, Chef des Generalstabs der iranischen Streitkräfte, traf mit dem Präsidenten der Nationalen Verteidigungsuniversität der Volksbefreiungsarmee in Peking zusammen.« Und am 1. Oktober 2019, dem chinesischen Nationalfeiertag: »Li Fangwei beschenkt den Iran erneut: Iranisches Militär verkündet neuen Raketentesterfolg.« Dann reißt der Strom der Nachrichten abrupt ab. Seitdem ist keine einzige Nachricht mehr erschienen.

Im arabischen Teil der Website geht es in eine völlig andere Richtung: Dort heißt es, Karl Lee stifte Chaos im Nahen Osten, um den Einfluss zweier Länder zu vergrößern: des Iran und – jetzt wird es absurd – Israels.

Für die angeblichen Politikstudenten hinter whoislifangwei.com scheint Karl Lees Doppelrolle hochplausibel: Es gebe eine Verbindung zwischen Israel und China, schreibt Kareem Mostafa. Das hätten Recherchen ergeben. Welche das sein sollen, dazu kein Wort. Israel jedenfalls bekomme von Li Fangwei Komponenten für moderne Raketen geliefert. Deren Effektivität teste das Militär im Gazastreifen, in Syrien und in anderen arabischen Ländern. Israel setze die Raketen »direkt gegen unsere Brüder« ein und zähle die Toten – gleich ob Frauen, Kinder, Ältere oder einfach »unschuldige Seelen«, die in Frieden leben wollten.

Die Lage im Nahen Osten mag verworren sein, aber das ist abwegig. Israel bekommt jedes Jahr fast vier Milliarden Euro Militärhilfe aus den USA überwiesen und kauft dort zu Sonderkonditionen Kampfjets und Waffen. Dass das Land auf einen international gesuchten chinesischen Geschäftsmann angewiesen sein soll, um an Raketenteile zu kommen, ergibt schlicht keinen Sinn. Vermutlich würden die Israelis dem Toplieferanten ihres Erzfeindes eher ein Killerkommando des Mossad schicken als eine Bestellliste für Raketenkomponenten.

Nach ein paar Tagen meldet sich Aaron Arnold zurück. In der Zwischenzeit hat sich der ehemalige FBI-Analyst die Seite genauer angesehen. Er glaubt nun zu wissen, warum alle Spuren zu den Hintermännern ins Nichts führen: »Das ist definitiv eine Informationsoperation.«

Informationsoperation, kurz: Info-Op – ist ein militärischer Fachbegriff und steht für eine Methode der Kriegsführung, die in den vergangenen Jahren stark an Bedeutung gewonnen hat. Es geht dabei unter anderem darum, mit Informationen den Gegner zu beeinflussen oder zu stören, wie es im aktuellen Feldhandbuch der US-Armee heißt. Das Ziel ist demnach, durch Informationen eine Änderung des Verhaltens herbeizuführen: etwa in der Bevölkerung Angst zu schüren oder Soldaten zum Desertieren zu bewegen. Früher hätte man dazu vermutlich Propaganda gesagt.

Doch wer steckt dahinter? Aaron Arnold tippt auf die Vereinigten Staaten oder Israel.

10. DIE SPUR IN DEN PANAMA PAPERS

Je länger wir uns in die Anklage gegen Karl Lee vertiefen, die Robert Morgenthau 2009 nach dem Tipp des Mossad verfassen ließ, und zu den dort aufgetauchten Firmen in unseren eigenen Datenbanken recherchieren, umso besser verstehen wir, warum es für die US-Behörden so schwer ist, solche Geschäfte zu unterbinden: weil es nämlich oft ziemlich komplizierte Strukturen sind. Und genau deswegen werden ein paar der nun folgenden Absätze womöglich nicht sehr vergnüglich zu lesen sein – aber wir versprechen: Es lohnt sich!

Wir beschäftigen uns mittlerweile seit mehr als zehn Jahren mit dem Aufspüren von Gaunern, die sich hinter intransparenten Firmenstrukturen verstecken. Es begann 2013 mit den Offshore Leaks – einem riesigen Datensatz aus dem Inneren mehrerer Finanzdienstleister, die ihren Kunden bei der Konstruktion solcher Firmenstrukturen halfen. Durch die Dokumente konnten wir die Wahrheit über die Hintermänner von Briefkastenfirmen auf den Britischen Jungferninseln enthüllen. Danach kamen die Swiss Leaks und die Lux Leaks, dann spielte uns ein Whistleblower die Panama Papers zu, kurz darauf landeten die Paradise Papers bei uns und später auch noch die Suisse Secrets – eine Zeit lang galten wir als »the Go-To-Place for Leaks«, wie der *New Yorker* 2017 schrieb.

All die Leaks haben eines gemeinsam: Sie erlauben einen Blick hinter die Kulissen eines Teils der Finanzwirtschaft und von Ländern, die dabei behilflich sind, Geld zu verstecken. Sie dokumentieren aber auch ein Katz-und-Maus-Spiel, bei dem die Behörden in der Regel mindestens einen Schritt hinterher sind. Denn Geschäftsleute wie Karl Lee finden immer neue Umwege, und die führen wieder geradewegs in die Panama Papers. Zu Mossack Fonseca, der skrupellosen Kanzlei in Panama-Stadt, die etlichen Sanktionsbrechern behilflich war.

So auch Karl Lee. Zwar sehen wir in den uns vorliegenden Daten, insbesondere den Panama Papers, dass die Sanktionen der USA durchaus ihre Wirkung haben, denn wie fast alle internationalen Geschäftsleute wollen auch auch die Produzenten von Raketenbauteilen in Dollar bezahlt werden. Wer allerdings – wie Karl Lee – vom US-Finanzministerium gesperrt ist, kann nicht mehr in Dollar handeln. Die Sanktionen zwingen ihn daher zu ständigen Ausweichmanövern, er muss immer neue Firmen gründen, immer in Bewegung bleiben. Das ist anstrengend, es nervt Geschäftspartner, es kostet Zeit. Und manchmal ist es dann nicht mehr so einfach, den Überblick über das eigene Imperium von Offshorefirmen zu behalten. Dann passieren Fehler.

Es ist aber auch ermüdend für Ermittler überall auf der Welt, weil sie ständig neuen Firmen nachjagen müssen – und es gibt immer noch Dutzende Länder, in denen sich für wenig Geld undurchschaubare Unternehmen gründen lassen. »Ich mache mir keine Illusionen: Wir erfahren in vielen Fällen gar nicht, dass ein Sanktionierter hinter einer bestimmten Firma steckt«, hat uns der Sanktionsexperte der Vereinten Nationen, Hans-Jakob Schindler, einmal erzählt.

Das liegt natürlich daran, dass in der Welt der anonymen Briefkastenfirmen Heimlichkeit die Geschäftsgrundlage ist. Zwar ist auch diese Welt inzwischen regulierter als früher und die totale Anonymität kaum mehr möglich – aber noch immer lassen sich Geschäfte zumindest lange genug unter der Decke halten, bis man sie in die nächste schnell gegründete Firma auf irgendeiner Insel verlagert hat und in die nächste und dann in die nächste. Jedem Haken zu folgen, ist für Ermittler eine nahezu unmögliche und zeitraubende Aufgabe – auch deswegen legen Menschen, die solche Heimlichkeit bevorzugen, oft ziemlich unübersichtliche Konstruktionen von sich gegenseitig gehörenden

Firmen an. Es sind Netzwerke, die nur von einem wirklich verstanden werden: dem Anwalt, der sich das Konstrukt ausgedacht hat. Netzwerke, die so komplex sind, dass sie sich perfekt als Versteck für kriminelle Geschäfte eignen.

Wir nehmen also einen Kaffee und ein paar Kekse, dazu die Daten aus den Panama Papers und die Morgenthau-Anklage. Und los geht's: Wir malen uns Firmengeflechte auf Tafeln, Whiteboards oder Schreibblöcke, was auch immer wir gerade zur Verfügung haben.

Wir fangen an mit der zentralen Firma namens Limmt, die Karl Lees Vater 1998 gegründet hat. Im November 2006, so lesen wir in Morgenthaus Anklage, schreibt Karl Lee einem Kunden im Iran, dass Limmt »auf die schwarze Liste des US-Wirtschaftsministeriums gesetzt worden ist wegen Geschäftstätigkeiten mit euren großen Regierungsorganisationen/Kunden«. Das heißt: Game over für Limmt. Also schiebt Karl Lee gleich hinterher, dass er seine Firma nun anders nenne. In einer anderen E-Mail schreibt er: »Wir sind dieselbe Firma (Fabrik/Leute) wie zuvor Limmt, der einzige Unterschied ist der englische Name der Firma.«

Nun sind Namen Schall und Rauch, am Ende muss ja nur das Geld dort ankommen, wo es hinsoll: zu Karl Lee. Also eröffnet er neue Konten im Namen seiner neuen Firmen, und dorthin soll fortan die Bezahlung gehen – nicht mehr an die Konten der ohnehin deaktivierten Limmt. Aber es klappt nicht immer, und nachdem die Zahlung eines Kunden von der amerikanischen Wachovia-Bank abgelehnt wird, bittet Karl Lee diesen Kunden eindringlich, sein kleines Geheimnis auf keinen Fall den amerikanischen Behörden zu verraten: Weder der Bank noch dem US-Finanzministerium solle der Kunde Karl Lees Telefonnummer, die Faxnummer oder die E-Mail-Adresse preisgeben. Im Gegenteil, der Kunde solle diese Stellen wissen lassen, dass sein neu benanntes Unternehmen »NICHTS mit der Firma Limmt« zu tun habe und auch nichts mit anderen Firmen, die auf der US-Sanktionsliste stehen. Kurzum: Karl Lee bittet seinen Kunden, für ihn zu lügen.

Ab 2006 nutzt er weder den Namen seines ursprünglichen Unternehmens, noch verwendet er die alten Konten. Also jagen wir die neuen Firmennamen, die von den New Yorker Ermittlern unter anderem in abgefangenen E-Mails gefunden wurden, durch unsere Datenbanken, und siehe da: Einen Teil von Karl Lees aufwendigem Versteckspiel finden wir nun in den Panama Papers.

Laut der Anklage schreibt ein »den Ermittlern bekannter Repräsentant von Limmt« – also Karl Lee oder einer seiner Mitarbeiter – Anfang Februar 2007 einem schwedischen Kunden eine Rechnung. Auf dem Briefkopf findet sich aber nicht mehr Limmt als Verkäufer, sondern eine Firma namens Wealthy Ocean Enterprises Limited. In dem Brief geht es um eine Zahlung für elektronische Bauteile im Wert von etwa 30.000 Dollar. Karl Lees Firmen verkaufen also nicht nur Teilkomponenten für den Raketenbau, sondern alles Mögliche. Jedenfalls sollen die Schweden das Geld auf ein Dollarkonto überweisen, das jene Wealthy Ocean Enterprises Limited bei einer chinesischen Bank hält. Das gleiche Muster sehen die Ermittler wenig später bei einem polnischen Kunden, auch da bei weniger brisanter Ware.

Im Sommer 2007 geht es dann aber um eine iranische Firma namens Aban Commercial und die Lieferung von Grafitzylindern. Material, bei dem alle Alarmlampen angehen. In diesem Fall lässt Karl Lee die Rechnung über ein Eurokonto bei einer chinesischen Bank begleichen, das – so schließen die US-Ermittler – in Wahrheit seiner alten Firma Limmt zuzuordnen sei, aber ebenfalls auf den Namen Wealthy Ocean Enterprises Limited läuft.

Hier kommen die vor einigen Jahren an uns geleakten Panama Papers ins Spiel, denn dort finden wir diese Firma, die Wealthy Ocean. Damit sitzen wir auf Informationen, die den Ermittlern Morgenthaus verborgen waren. Denn die Panama Papers wurden uns erst 2015 zugespielt – für wen die panamaische Kanzlei

Mossack Fonseca Geld versteckte, war bis dahin ein gut gehütetes Geheimnis. Dann eher nicht mehr so, weil wir seitdem Daten zu 250.000 Offshorefirmen jederzeit auf unseren Laptops abrufen können, am Küchentisch oder im Büro. Die Reichtümer von korrupten Staatschefs genauso wie Karl Lees Versuche, die Ermittler in die Irre zu führen.

Einmal kurz Luft holen. Wir rekapitulieren: Karl Lees Limmt ist aufgeflogen, er hat sich einfach mehrere neue Firmen besorgt, in China, aber auch im Ausland. Damit kann er theoretisch wieder überall unbelastet mitspielen.

Wie das genau geht? Also: Die Wealthy Ocean ist im Sommer 2006 von Mossack-Fonseca-Angestellten als sogenannte Vorratsfirma gegründet worden – das sind Briefkastenfirmen, die von einem Dienstleister »auf Vorrat« eingetragen werden. Sobald ein Kunde sie braucht, kann er sie sofort übernehmen und einsetzen, gleichzeitig aber wirken sie so, als seien sie schon lange aktiv. Am 19. Januar 2007 werden die Anteile der Firma dann an eine Person namens Wang Guixia überschrieben, und schon wenige Tage später dient Wealthy Ocean Enterprises Limited offenbar als Tarnfirma für Karl Lee. Wir schreiben den Namen Wang Guixia in unseren Block, ebenso die zugehörige Ausweisnummer und die Adresse: Chahayang, Gannan. Jener Landstrich also, in dem einst Mäuse vom Himmel gefallen sein sollen und später Li Fangwei zur Welt kam. In der Anklage von Robert Morgenthau steht der Name nicht, möglicherweise kommen wir über diese Person weiter.

Morgenthaus Ermittler haben dafür Hinweise, dass Wealthy Ocean Enterprises Limited Geld für Karl Lee in Empfang genommen hat, zumindest bis Mitte August 2007. Also setzen die US-Behörden gleichzeitig zur Veröffentlichung der Anklageschrift im Frühjahr 2009 die Wealthy Ocean Enterprises Limited, registriert auf den Seychellen, auf die Sanktionsliste.

Jetzt, könnte man meinen, haben sie also Karl Lee endlich den Weg abgeschnitten. Richtig?

Fast. Durch die Panama Papers können wir sehen, dass dieser Schritt in Wahrheit sinnlos war, denn Karl Lee war schneller. Nachdem wir ein paar Hundert E-Mails und Firmendokumente in den Panama Papers dazu gefunden und durchgearbeitet haben, merken wir, dass er seinen amerikanischen Jägern voraus ist. Schon im September 2007 landet bei Mossack Fonseca die Bitte, die Firma Wealthy Ocean Enterprises Limited umzubenennen, und zwar in ABC Metallurgy Limited.

Damit sanktionieren die USA also im Frühjahr 2009 eine

Firma, die schon seit gut eineinhalb Jahren einen anderen Namen trägt. Und der neue Firmenname findet sich natürlich nicht auf der Sanktionsliste – Karl Lee kann das Unternehmen also weiter nutzen.

»Er ist in der Lage, eine scheinbar endlose Zahl an Tarnfirmen zu gründen, er ist in der Lage, Geld problemlos um den Globus zu schicken«, sagt die Waffenhandelsexpertin Valerie Lincy von der Denkfabrik Wisconsin Project on Nuclear Arms Control, »er ist vor allem in der Lage, dies immer wieder zu tun, ohne gestoppt zu werden.«

Karl Lees System funktioniert aber nur, weil Finanzdienstleister wie Mossack Fonseca mitspielen, kaum nachfragen oder einfach ihre Buchhaltung nicht richtig organisieren. Sie ermöglichen es gefährlichen Kriminellen, auf diese Weise Geschäfte zu machen. Natürlich hätte Mossack Fonseca nach der Sanktionierung von Wealthy Ocean Enterprises Limited genauer hinschauen können. Natürlich hätte die Kanzlei bei der standardmäßigen Durchsicht der bei ihr gekauften Firmen feststellen können, dass sie möglicherweise jemanden unterstützt hat, der dem Iran zu Massenvernichtungswaffen verhelfen könnte. Doch davon ist in den Daten nirgends die Rede.

Erst viel später bringt die Firma selbst – also die einstige Wealthy Ocean Enterprises Limited – Mossack Fonseca dann doch noch ins Schwitzen: im März 2018 nämlich, fast zwei Jahre nachdem wir die Panama Papers veröffentlicht haben und der Ruf

Mossack Fonsecas längst ruiniert ist. Damals, das entnehmen wir E-Mails, die uns ebenfalls zugespielt werden, meldet sich die Finanzaufsicht der Seychellen bei der dortigen Mossack-Fonseca-Filiale (die nach den Panama-Papers-Veröffentlichungen aus Reputationsgründen anders heißt). Die Finanzpolizei fragt also – vermutlich auf Bitten der US-Ermittler –, wem die Firma ABC Metallurgy eigentlich gehört und welcher Art ihre Geschäfte sind.

Die Polizeibeamten erkundigen sich also, in letzter Konsequenz, nach Karl Lee.

Die Antwort von Mossack Fonseca ist so bitter wie entwaffnend: Man wisse nicht, wer der letztgültige Eigentümer sei. Mossack Fonseca hat also eine Firma verwaltet und geholfen, Geschäfte zu machen – weiß aber nicht, für wen.

Und weil es in der Finanzwelt viele solcher willigen und willfährigen Helfer gibt, ist bis heute unklar, wie viele Firmen Karl Lee betrieben hat und wie viele er noch immer betreibt. Solche Briefkastenfirmen poppen auf, machen verbotene Geschäfte, schleusen Geld über heimliche Konten und verschwinden wieder. Oder werden umbenannt. So läuft das Spiel mit den Sanktionen, mal sind die Behörden schneller, meistens die Verbrecher.

Die gerade hier durchdeklinierte Spur ist nicht die einzige, die wir finden. Anfang April 2009, nur ein paar Tage nachdem Karl Lee – im Zuge der Morgenthau-Anklage – mit seiner Hauptfirma Limmt erneut auf die Sanktionsliste genommen wurde, meldet er sich höchstpersönlich per E-Mail bei einem langjährigen Kunden, so rekonstruieren es US-Ermittler. Er bittet darum, das ausstehende Geld »NICHT auf unser letztes Bankkonto« zu überweisen, man werde das Konto »von heute an NICHT mehr verwenden«. Das NICHT schreibt Karl Lee genau so: in Großbuchstaben. Es sei wichtig. Man werde sich mit einem neuen Konto melden.

Wiederum einige Tage später meldet sich eine Mossack-Fonseca-Mitarbeiterin aus der Niederlassung in Hongkong bei einer

Kollegin wegen einer neuen Briefkastenfirma namens Success Move Limited in Samoa. Eine Person namens Song Zenghua wolle am nächsten Tag ein Bankkonto eröffnen, es müsse schnell gehen. Auch ein Siegel müsse her, auch da heißt es in der E-Mail aus Hongkong: »so schnell wie möglich«.

Song Zenghua gehört die Firma Success Move Limited damals erst seit vier Tagen. Es ist eine weitere Briefkastenfirma, die Karl Lee einsetzt, und womöglich soll das Bankkonto wieder als Alias für Zahlungen dienen. In diesem Fall können wir das nur vermuten, denn der erste Geldfluss auf ein Konto von Success Move, den die US-Ermittler – jedenfalls in Dollar – aufgespürt haben, stammt aus dem Jahr 2011.

Wir notieren uns auch diesen Namen: Song Zenghua.

Und so machen wir weiter. Den Rest unserer Briefkastenfirmenjagd ersparen wir allen an dieser Stelle, nur so viel: Wir finden in unseren Daten noch mehr Namen von Menschen, die für Briefkastenfirmen unterschreiben, die in Karl Lees weitverzweigtem Netzwerk eine Rolle spielen. Auch diesen Namen werden wir ab jetzt nachgehen. Gut möglich, dass sie uns nicht nur in Karl Lees Umfeld führen – sondern direkt zu ihm.

11. IM ZEICHEN DES GLÜCKS

Es ist Sommer in Dalian – und wir haben Glück. Gerade als wir vor dem Haus in der Baiyuan-Straße ankommen, taucht ein Bote auf, der Essen liefern will. Mit ihm zusammen gehen wir um das Haus herum, vorbei an der Bank-of-China-Filiale im Erdgeschoss in den Innenhof. Dort schlüpfen wir in das Gebäude 110 und suchen den Weg zur genauen Adresse: dritter Aufgang und dann die steile Treppe rauf in den dritten Stock. Hinter dieser Tür, Wohnung 3–3–1, soll die Firma Dalian Zenghua Trade Co. Ltd. ihren Sitz haben, ein Schlüsselunternehmen im Netzwerk des Karl Lee.

Wir haben uns entschieden, im Juni 2019 nach Dalian zu reisen, jene Metropole im Nordosten Chinas, in der Li Fangwei sein Imperium aufgebaut hat. Wir wollen einen ersten Eindruck gewinnen: Handelt es sich um Briefkastenfirmen? Oder gibt es doch echte Adressen mit Büros und Lagern? Und wenn ja: Wer wird uns empfangen?

Wir sind in einem Hotel in der Innenstadt abgestiegen. Einer dieser gesichtslosen Betonquader, die in den vergangenen Jahren überall in chinesischen Städten aus dem Boden gestampft wurden. Das Frühstück ist überschaubar: Toast, gedämpfte Teigtaschen und ein Kaffee, mit dem man Tote aufwecken könnte. Doch wichtig für uns: Fast alle Adressen des Li-Imperiums sind fußläufig von hier zu erreichen. Mit Google Maps haben wir uns vorher eine Reihenfolge der Adressen überlegt. Wir wollen verhindern, dass sich Li Fangweis Vertraute gegenseitig vor Ausländern warnen, die gerade vor ihrer Tür gestanden und nach ihm gefragt haben. Was, wenn sie uns einen Schlägertrupp auf den Hals hetzen, der schon an der nächsten Adresse auf uns wartet?

In China ist Dalian bekannt für seinen Hafen und seine Fußballmannschaft. In den Neunzigerjahren, als Karl Lee seine ersten Firmen in der Stadt gründen ließ, war das Team aus Dalian Serienmeister in der chinesischen Liga – wohl niemand bestach die Schiedsrichter schamloser. Bürgermeister und vielleicht glühendster Fan der Mannschaft war damals der aufstrebende Kader Bo Xilai. Später wurde er Handelsminister in Peking und danach Parteichef von Chongqing im Südwesten des Landes. Er rechnete sich große Chancen aus, im Herbst 2012 in den Ständigen Ausschuss des Politbüros, die Machtzentrale Chinas, aufzusteigen. Doch Anfang des Jahres kam heraus, dass seine Frau einen britischen Geschäftsmann vergiftet hatte. Der Mord stürzte die Kommunistische Partei in eine schwere Krise, die der designierte Vorsitzende Xi Jinping nutzte, um einen seiner größten Rivalen kaltzustellen. Bo, der gefallene Shootingstar, und seine Frau wurden zu lebenslangen Haftstrafen verurteilt. Der vergiftete Geschäftsmann hatte der Familie Bo dabei geholfen, Gelder zu verschieben und Immobilien zu kaufen – für all das haben wir in den Panama Papers Belege gefunden.

In jenem Datensatz aus der panamaischen Kanzlei Mossack Fonseca haben wir auch die Suche nach den Firmen aus Karl Lees Netzwerk begonnen und sind auf Success Move Limited und eine Person namens Song Zenghua gestoßen, die das Unternehmen gegründet hatte. Allerdings ist Song Zenghua ein Allerweltsname in China.

Dazu muss man wissen: Die chinesische Sprache besteht aus kaum mehr als 400 Silben, die in unterschiedlichen Tonhöhen vorkommen. Allein für »Zenghua«, den Vornamen, der in China immer nach dem Familiennamen genannt wird und sich in diesem Fall zusammensetzt aus den Silben »Zeng« und »Hua«, gibt es mehr als ein Dutzend denkbarer Kombinationen. Wir haben aus den Panama Papers aber nur die Schreibweise in lateinischen Lettern. Klarheit schaffen letztlich nur die chinesischen Schriftzeichen. Und selbst wenn wir diese hätten, könnten wir nicht einmal mit absoluter Sicherheit sagen, ob es sich um einen

Mann oder eine Frau handelt. Eindeutige Vornamen wie Claudia, Susanne, Benjamin oder Norbert gibt es im Chinesischen kaum.

Erschwerend kommt hinzu, dass Millionen Chinesen dieselben Familiennamen tragen. In der Volksrepublik leben zum Beispiel mehr Menschen mit dem Nachnamen Wang, als Deutschland, Österreich und die Schweiz zusammen Einwohner haben. Und auch der Nachname Song kommt millionenfach vor. Wie viele Song Zenghuas mögen in China leben? Einige Hundert mit Sicherheit.

Doch wir haben Glück: In den Panama-Papers-Daten haben die Mitarbeiter von Mossack Fonseca Song Zenghuas Ausweisnummer festgehalten: 372826197008266116. Auf den ersten Blick eine völlig wahllos zusammengewürfelte Zahlenreihe. Das Gegenteil ist jedoch der Fall: Chinesische Ausweisnummern sind wie Fingerabdrücke, jede Zahlenkolonne ist einmalig, sie begleitet Chinesen von der Geburt bis zum Tod. Und die Zahlen geben sehr viel Preis: Song Zenghua wurde im Kreis Ju in der ostchinesischen Provinz Shandong geboren, und zwar am 26. August 1970.

Der Aufbau von chinesischen Ausweisnummern folgt immer demselben Muster: Die ersten sechs Ziffern geben Aufschluss über die Region, in der eine Person zur Welt gekommen ist. 372826 ist der Code von Ju. Die nächsten Zahlen sind das Geburtsdatum in umgedrehter Reihenfolge: Jahr, Monat, Tag. 19700826 ist also der 26. August 1970. Und schließlich die vorletzte Zahl: Ist sie gerade, handelt es sich um eine Frau, ungerade, um einen Mann. Wir haben eine Eins, also ist Song Zenghua ein Mann.

Li Fangweis Ausweisnummer lautet: 230225720918531. Die 23 steht für die Provinz Heilongjiang, die 02 dahinter für die bezirksfreie Stadt Qiqihar, in deren Verwaltungsgebiet Li Fangweis Geburtsort liegt. Die folgende 25 grenzt das Gebiet weiter ein. Sie steht für den Kreis Gannan. Danach folgt mit 72 das Geburtsjahr, mit 09 der Geburtsmonat September und mit 18 der Tag, an dem Li Fangwei geboren ist. Gefunden haben wir seine Ausweisnummer in einer Excel-Tabelle des Finanzamtes von Dalian, einfach so im Internet. Offenbar haben Beamte geschlampt und die Daten ungesichert ins Netz gestellt.

Für uns ist dieser Fund wichtig, denn bisher kannten wir Li Fangweis Geburtsdatum und seinen Geburtsort nur vom Fahndungsplakat des FBI. Durch die Personalausweisnummer müssen wir uns nicht mehr allein auf die Angaben der Amerikaner verlassen. Jetzt haben wir eine zweite, eine chinesische Quelle.

Journalisten, die in China recherchieren, brauchen eine hohe

Frustrationstoleranz. »Schicken Sie bitte ein Fax« heißt es oft von Behörden und Unternehmen. Antworten bekommt man gewöhnlich nicht. Doch auch wenn die chinesischen Behörden Journalisten überwachen, einschüchtern, aus dem Land werfen oder sogar einsperren – in Sachen Transparenz hat die kommunistische Diktatur vielen Ländern im Westen manches voraus. Der Apparat lässt Informationen, die anderswo niemals zugänglich wären, zuhauf ins Internet stellen – Daten über Firmen, Bürger und Gerichtsprozesse, die jeder gegen eine geringe Gebühr einsehen kann. Das chinesische Handelsregister enthält nicht nur Angaben zu einzelnen Unternehmen, sondern zum Teil auch die Personalausweisnummern der Anteilseigner und Geschäftsführer, manchmal sogar private Handynummern. In Deutschland wäre das undenkbar.

Diese Transparenz ist überraschend, weil sie der Führung in Peking in der Vergangenheit immer wieder auf die Füße gefallen ist, etwa bei einer Recherche der *New York Times*, die 2012 weltweit Aufsehen erregte und der Zeitung einen Pulitzer-Preis einbrachte. Der Reporter David Barboza deckte auf, dass enge Verwandte des damaligen Premierministers Wen Jiabao auf wundersame Weise zu einem Milliardenvermögen gekommen waren. Der Großteil der Informationen stammte aus öffentlich zugänglichen Quellen. Chinesischen Journalisten war es offenbar zu gefährlich, diesen Hinweisen nachzugehen, und den meisten ausländischen Korrespondenten fehlt oftmals die Zeit, wochenlang in chinesischen Datenbanken zu wühlen. Zwar haben die Behörden nach 2012 den Zugang zu manchen Informationen eingeschränkt, doch nach wie vor ist eine Fülle von Daten abrufbar.

Gibt man Song Zenghuas Ausweisnummer ins chinesische Handelsregister ein, stößt man auf eine weitere Firma, die 2006 gegründet und zwei Jahre später wieder geschlossen wurde. Song war der Aufsichtsratschef und sein Geschäftspartner ein Mann, der Li Dong heißt. Ruft man nun dessen Einträge auf, erfährt man, dass diesem Li Dong bis heute 40 Prozent eines Unternehmens gehören, das US-Ermittler wiederum Karl Lee
zuschreiben. Es heißt Dalian Zenghua Trade Co. Ltd. – ein Firmenname, der auf Chinesisch dieselben Zeichen enthält wie der Vorname von Song Zenghua. Karl Lee und Song Zenghua aus den Panama Papers sind also sehr eng verbunden. Und seinen Sitz soll das Unternehmen im Süden von Dalian haben – hinter der stahlbeschlagenen Tür, vor der wir nun stehen. An ihr hängt noch immer die Papierdekoration vom vergangenen Frühlingsfest: »Fu«, das Zeichen für Glück und Wohlstand, in Gold auf rotem Grund.

Ob dahinter das Glück auf uns wartet?

Verknüpft mit dem Handelsregister, ist die chinesische Gerichtsdatenbank eine echte Fundgrube. Ist ein Unternehmen in einen Rechtsstreit verwickelt, kann man dort die Urteile abrufen. Sucht man in der Datenbank zum Beispiel nach der Firma Siemens, die auf Chinesisch den eleganten Namen »Ximenzi« (Tor zum Westen) trägt, stößt man auf mehr als 40 Strafurteile, in denen es um Bestechung beim Verkauf von Medizintechnik geht. Korrupte chinesische Klinikleiter nahmen über Jahre Schmiergeld an – bezahlt von Zwischenhändlern, die mit Siemens zusammengearbeitet hatten. Die Krankenhausmanager fingierten die Ausschreibungen und zahlten den Händlern deutlich mehr, als sie mussten. Das Geld floss zurück als versteckte Provision. Siemens gibt an, davon nichts gewusst zu haben. Die jüngsten Urteile stammen aus dem Jahr 2014, also etliche Jahre nach dem großen Korruptionsskandal, der Siemens 2006 erschüttert hatte. Damals gelobte der Konzern, das sauberste Unternehmen der Welt werden zu wollen. In der chinesischen Datenbank findet sich der Gegenbeweis, wie wir 2018 enthüllt haben.

Und auch Dalian Zenghua hat dort Spuren hinterlassen.

2015 reichte das Unternehmen aus der Baiyuan-Straße Klage gegen eine Firma aus der ostchinesischen Metropole Nanjing ein. Ihren Anfang genommen hatte die Auseinandersetzung 2011. Damals bestellte Dalian Zenghua zwei Spezialmaschinen im

Wert von umgerechnet einer halben Million Euro. Der Vertrag war bereits unterschrieben, doch dann meldete die zuständige Handelsbehörde der ostchinesischen Provinz Jiangsu Bedenken an. Die Beamten warnten den Lieferanten, dass Dalian Zenghua die Maschinen an eine iranische Firma weiterverkaufen wolle und dadurch chinesische Ausfuhrregeln verletzt werden könnten. Das iranische Unternehmen wolle nämlich mit den Maschinen sogenannte Aramidfasern produzieren – einen Grundstoff für die Herstellung von Raketen.

Die Firma aus Nanjing verlangte daher im November 2012 eine Exportlizenz von Dalian Zenghua. Solche Dokumente geben Aufschluss darüber, wer der Endabnehmer eines Produktes sein wird. Damit wollen Behörden verhindern, dass Technologie, die für die Herstellung von Waffen verwendet werden kann, in die falschen Hände gerät – zum Beispiel in die von iranischen Raketeningenieuren.

Dalian Zenghua antwortete damals, der Lieferant solle einfach einen neuen Vertrag aufsetzen. Nicht mehr mit Dalian Zenghua, sondern mit einer Firma namens Dalian Trust International Trade Co. Ltd., die offenbar recht hastig ein paar Tage zuvor am 25. Oktober 2012 gegründet worden war. Einige Monate später erreichte eine Schiffslieferung mit Grafitprodukten von Dalian Trust International einen Hafen in Pakistan. Es folgten Lieferungen nach Afghanistan und Turkmenistan. Pakistan, Afghanistan und Turkmenistan haben eines gemeinsam: Sie grenzen direkt an den Iran und werden von Schmugglern gern genutzt, um brisante Waren auf dem Landweg dorthin zu bringen. Aber anders als der Iran sind diese Länder sanktionsrechtlich unproblematisch.

Mehrheitlich gehört Dalian Trust International bis heute Li Fangwei persönlich. Die Firma aus Nanjing ließ sich damals aber nicht auf den Deal mit dem neu gegründeten Unternehmen ein. Und so klagte Karl Lees ursprüngliches Unternehmen Dalian Zenghua, weshalb sich all diese Wendungen und Verbindungen nun in Gerichtsunterlagen finden lassen, die einen Großteil von Karl Lees Netzwerk offenlegen.

Der Streit zog sich durch mehrere Instanzen – mit dem Ergebnis, dass die Gerichte die Firma aus Nanjing trotz der Warnung der Behörden dazu zwangen, die Maschinen an Karl Lees Unternehmen zu liefern. Ob Geräte in den Iran exportiert werden dürften oder nicht, sei unerheblich, befanden die Richter. Zu beurteilen sei ausschließlich die Geschäftsbeziehung der beiden chinesischen Unternehmen, der Vertrag müsse erfüllt werden. Binnen 30 Tagen musste die Firma aus Nanjing laut Gerichtsbeschluss die Spezialmaschinen liefern. Auch die Lieferadresse ist vermerkt: 3–3–1, Baiyuan-Straße 110, Dalian.

Die beiden Maschinen könnten sich also hinter der Tür befinden, vor der wir jetzt seit ein paar Minuten stehen – und wo sich zunächst einmal die Frage aufdrängt, wie es wohl gelungen sein mag, die Pakete die enge Stiege hochzutragen.

Laut Handelsregister ist die Firma noch immer aktiv. Wir klopfen also an der Wohnungstür. Nichts passiert. Wir klopfen noch einmal, diesmal kräftiger. Eine zierliche Frau, vielleicht Mitte 50, steckt den Kopf heraus, sichtlich irritiert, Ausländer zu sehen. Wir sagen ihr, dass wir aus Deutschland seien, und fragen sie, ob die Firma Dalian Zenghua hier ihren Sitz habe und ob sie Li Fangwei kenne. Zur Sicherheit zeigen wir ihr die chinesischen Zeichen auf dem Smartphone. Sie liest und sagt dann knapp: »Woher haben Sie das?« Eine Antwort wartet sie gar nicht ab, stattdessen geht sie in ein anderes Zimmer. Die Eingangstür bleibt offen. Im Flur sehen wir ausgetretenes Parkett, im Wohnzimmer ein speckiges braunes Sofa, an den Fenstern zur Straße hängt ebenfalls Frühlingsfestdekoration, Scherenschnitte aus rotem Papier. »Ich habe Besuch aus Deutschland, was soll ich machen?«, hören wir sie gedämpft aus dem Nebenzimmer, vermutlich spricht sie in ein Telefon. Sie sagt »Li Fangwei«, eindeutig, dann wird sie immer leiser, flüstert fast, ist kaum noch zu verstehen.

Kurz darauf kommt sie zurück. Ihren Namen und ihre Handynummer möchte sie nicht verraten. Sie sagt »Entschuldigung und Auf Wiedersehen«, dann schließt sie die Tür. Zu sehen ist nur noch das Zeichen Fu, Glück und Wohlstand in Gold auf rotem Grund.

Mit wem hat sie gesprochen? Mit Li Fangwei? Hat er sie einst gebeten, ihre Adresse für sein Netzwerk zur Verfügung zu stellen? Weiß sie, dass er einer der meistgesuchten Männer dieses Planeten ist und eine Belohnung in Höhe von fünf Millionen Dollar auf ihn ausgesetzt ist? Ist ihr klar, dass die Firma 2014 von der US-Regierung sanktioniert wurde? Dass das Unternehmen, das in ihrer Wohnung seinen Sitz haben soll, Produkte aus Aluminium, Wolfram, Molybdän und rostfreiem Stahl – wichtige Baustoffe für den Raketenbau – in etliche Nachbarländer des Iran verschifft hat? Dank solchem Aluminium ist es iranischen Ingenieuren gelungen, besonders leichte und reichweitenstarke Raketen zu konstruieren, Wolfram und Molybdän sind extrem hitzebeständig und werden zum Beispiel für den Bau der Brennkammern von Raketentriebwerken verwendet, während rostfreier Stahl für die unterschiedlichsten Komponenten benötigt wird.

Ist all das der zierlichen Frau bewusst?

Von ihr werden wir es nicht erfahren.

Und so machen wir uns auf den Weg zu unserem nächsten Ziel. Zur Firmenadresse von Dalian Trust International. 2012 während des Rechtsstreits mit der Firma aus Nanjing gegründet, gehören Li Fangwei bis heute 60 Prozent des Unternehmens. Das Gebäude 19 in der Jianshan-Straße liegt in einer heruntergekommenen Wohnanlage. Im Innenhof stehen mehrere ausrangierte Sessel und ein Bürostuhl mit aufgerissenem Bezug, Schaumstoff quillt heraus. Irgendjemand lässt Kaninchen frei herumhoppeln. Zwischen den Häusern hängen Drähte und Strippen herunter.

Das Büro von Dalian Trust International soll im Erdgeschoss liegen. Es ist stockdunkel im Flur, ein Hund kläfft. Diesmal ist es eine dünne weiße Holztür mit einem verkratzten Plexiglasfenster. Mit Absperrband hat auch hier jemand das Fu-Zeichen an die Tür geklebt – diesmal in Rot statt in Gold.

Durch das Fenster blicken wir in die Zentrale von Dalian Trust International, niemand da: eine kärglich eingerichtete Wohnung, eine Kochnische, auf dem Herd ein Wok, ein Bett, ein Tisch, vielleicht 25 Quadratmeter – mehr nicht. Von diesem Zimmer in dieser verwahrlosten Nachbarschaft sollen Güter im Wert von fast zwei Millionen Dollar in alle Welt verschifft worden sein. Möglicherweise Grafit und Aluminiumlegierungen nach Italien und Deutschland – aber auch in den Iran und dessen Nachbarländer.

2014 verklagte die Firma Dalian Xinhang Electromechanical Equipment Ltd., ein weiteres Unternehmen aus dem weitverzweigten Firmengeflecht des Karl Lee, einen Zwischenhändler, diesmal aus Schanghai. Gegenstand des Streites war ein Gerät, mit dem Ingenieure die Widerstandsfähigkeit von Materialien testen können – etwa von Raketenteilen. Weil es defekt war, sandte Dalian Xinhang es zur Reparatur nach Schanghai. Von dort wurde es an den Hersteller in Dänemark weitergeschickt.

Die dänischen Behörden verlangten jedoch ein Endnutzerzertifikat für den erneuten Export des reparierten Messinstruments nach China. Daraufhin meldete sich ein Vertreter von Dalian Xinhang und versicherte, das Gerät werde nicht für die Herstellung atomarer, biologischer oder chemischer Waffen eingesetzt.

Der Name des Mannes: Li Wei. Die dänischen Behörden lehnten die Exportgenehmigung ab. Doch die chinesischen Richter machten den Zwischenhändler aus Schanghai dafür verantwortlich, dass das Gerät nicht mehr aus Dänemark zurückkam. Sie sprachen Dalian Xinhang umgerechnet 13.000 Euro Schadensersatz zu.

Der ominöse Li Wei taucht in einem dritten Rechtsstreit auf: Dalian Terry Industry, eine weitere Firma aus dem Karl-Lee-Netzwerk, hatte bei einem Pekinger Unternehmen Computer-

prozessoren im Wert von umgerechnet 80.000 Euro bestellt. Geliefert werden sollte in die Hongji-Straße 92 in Dalian – und zwar zu Händen eines Herrn Li Wei.

Die Prozessoren blieben im Lager. 2014 klagte Dalian Terry Industry gegen die Firma aus Peking und verlangte Schadensersatz. Das Unternehmen verteidigte sich damals vor Gericht damit, dass es sich offenkundig um eine Privatanschrift und nicht um einen Firmensitz gehandelt habe.

In der Tat: Die Hongji-Straße 92, wo Dalian Terry Industry zum Zeitpunkt unseres Besuchs registriert ist, ist kein Bürogebäude, sondern eine Wohnanlage im Zentrum von Dalian. Am Eingang döst ein Wächter in einem Häuschen, die Schranke für Autos ist heruntergelassen, wir laufen vorbei, niemand stoppt uns. Dalian Terry Industry soll den Sitz in Aufgang eins haben, elfter Stock, Wohnung Nummer zwei. Wir müssen etwas warten, bis ein Mann die Tür zum Gebäude öffnet, er transportiert einen Kühlschrank mit einer Sackkarre. Dann fahren wir mit dem Fahrstuhl nach oben. Eine schwarze Tür, wieder mit dem Fu-Zeichen. Daneben ein rotes Papierposter, das »viel Segen, viel Vermögen, viel Glück« wünscht. Von hier aus sollen zwischen 2013 und 2015 Güter im Wert von beinahe 430.000 Dollar in den Iran, nach Turkmenistan, Afghanistan und Aserbaidschan geliefert worden sein. Elektroden, Grafit, Kohlefasern – angeblich per Seefracht. Rätselhaft, wie das funktionieren soll bei Ländern, die keinen Meereszugang haben.

Ein Mann Mitte vierzig macht auf. Es riecht nach Knoblauch, hinter ihm stapelt sich Gerümpel. Er heiße Liu mit Nachnamen, sagt der Mann, seit fünf Jahren wohne er hier, erzählt er erstaunlich freimütig; erst als wir ihn fragen, ob die Firma Dalian Terry Industry hier ihren Sitz habe, schaut er irritiert. Wir zeigen ihm den Namen des Unternehmens in chinesischen Zeichen. Er beginnt zu stottern und sagt, dass er die Firma nicht kenne. Dann beendet er das Gespräch abrupt und schließt die Tür.

Im Prozess gegen Dalian Terry Industry 2014 reichte die Firma aus Peking zwei bemerkenswerte Dokumente ein, um die Klage abzuweisen. Erstens: ein Endnutzerzertifikat für die amerikanischen Behörden, in dem Dalian Terry Industry falsche Angaben gemacht haben soll, und zweitens das Fahndungsplakat des FBI mit Karl Lees verschwommenem Gesicht. Jener Li Wei sei niemand anderes als Li Fangwei, argumentierten die Anwälte des Pekinger Unternehmens. Auch Fotos und ein Videobeweis wurden dem Gericht übergeben. Mehr Details finden sich nicht in dem Urteil.

Nach drei Tagen in Dalian machen wir uns auf den Rückweg nach Peking. Ein kurzer, stürmischer Flug. Auf halber Strecke warnt der Kapitän, dass Turbulenzen zu erwarten seien. In China ist das fast Alltag. Weil die Volksbefreiungsarmee einen Großteil des chinesischen Luftraums sperrt, weichen Verkehrsflugzeuge Luftverwirbelungen und Hochdruckgebieten nicht aus, sondern fliegen schnurstracks hindurch. Doch diesmal schnallen sich auch die sturmerprobten Flugbegleiter allesamt an. Und wenige Minuten später hüpft der Airbus wie eine Jolle bei Hochwasser durch die Luft. Eine Achterbahnfahrt in 10.000 Metern Höhe.

Durchgeschüttelt landen wir am Hauptstadt-Flughafen. Das nächste Mal, beschließen wir, fahren wir mit dem Zug. In Peking machen wir uns auf die Suche nach Beteiligten, die uns etwas zu den Gerichtsurteilen sagen können. Und wir werden fündig: »Sie haben bezahlt, das Geld war da, und die Ware vorbereitet. Aber sie haben das Endverbraucherzertifikat nicht vorgelegt, also konnte nicht geliefert werden«, erzählt uns jemand, der die Umstände des Deals gut kennt. Seinen Namen dürfen wir nicht nennen. Wenig später sei ein Vertreter von Dalian Terry Industry nach Peking gekommen, um über eine Lösung in der Sache zu verhandeln. Als er die Geschäftsräume betrat, filmte ihn eine Überwachungskamera. Als sich kurz darauf der Anwalt von Dalian Terry Industry meldete und auf die Lieferung drängte, »schaute jemand im Internet nach und sah das Fahndungsplakat von Li Fangwei, und irgendwer sagte: Hey, sieht der

nicht aus wie der Typ, der vor ein paar Tagen hier war?«.

Die Richter kümmerte das nicht, es sei nicht eindeutig zu beurteilen, ob es sich bei den vorgelegten Videoaufnahmen um jenen Mann auf dem FBI-Fahndungsplakat handelt. Das Gericht entschied, dass die Firma aus Peking Schadensersatz leisten muss: umgerechnet gut 7000 Euro.

Drei verschiedene Fälle, drei unterschiedliche Gerichte, drei Urteile zugunsten von Karl Lee. Wie kann das sein? Warum schlagen sich die Richter am Ende immer wieder auf seine Seite? Warum gelten die chinesischen Exportkontrollgesetze offenbar nicht für ihn?

Vor Gericht erschien Karl Lee übrigens nie selbst. In allen drei Verfahren war hingegen ein Mann anwesend, der auf dem Papier mit den beteiligten Unternehmen nichts zu tun hat. Er hält keine Anteile, sitzt weder im Aufsichtsrat noch ist er Geschäftsführer, aber er trägt einen sehr ähnlichen Namen: Li Fangchun.

12. UNTER AGENTEN

Im Mai 2019 reisen wir nach Washington. In der US-Hauptstadt wollen wir mehr herausfinden über die jahrelange vergebliche Jagd der mächtigsten Nation der Erde auf den chinesischen Geschäftsmann aus Dalian. Auch wenn es etwas zynisch klingen mag: Der Zeitpunkt dafür könnte günstig sein.

Im Weißen Haus regiert seit mehr als zwei Jahren der Republikaner Donald Trump. Eine seiner ersten Amtshandlungen war es, das Atomabkommen mit dem Iran zu kündigen. Seitdem überziehen sich Teheran und Washington gegenseitig mit Drohungen. Seit Jahren hält der Iran mehrere US-Bürger gefangen, testet immer größere Raketen, lässt Drohnen in den Luftraum seiner Nachbarländer eindringen und entsendet Agenten und Soldaten in alle Welt. Erst im Sommer 2018 haben die Behörden in Belgien zwei Männer wegen eines mutmaßlich geplanten Terroranschlags auf eine Versammlung von Exiliranern festgenommen. Wenige Wochen später verhinderte der dänische Geheimdienst nach eigenen Angaben einen Anschlag iranischer Agenten.

Das US-Militär hat inzwischen damit begonnen, einen Flugzeugträger und eine Bomberstaffel an den Persischen Golf zu verlegen, und im Weißen Haus soll es Pläne geben, bis zu 120.000 Soldaten in die Region zu schicken. Während sich der Konflikt mit Teheran gefährlich zuspitzt, die Außenminister Deutschlands und Großbritanniens bereits vor einem neuen Krieg warnen, führt Donald Trump einen erbitterten Handelsstreit mit China. Er erlässt Strafzölle auf die Einfuhr chinesischer Waren, um das Handelsdefizit der Vereinigten Staaten auszugleichen. Trumps Kalkül: Durch die Zölle werden chinesische Waren teurer, die Importe gehen zurück. Die Zeiten diplomatischer Rücksichtnahme sind vorbei, die amerikanischen Beziehungen zu Peking und Teheran sind auf einem Tiefpunkt, und die

US-Regierung nutzt jede Gelegenheit, den Iran und China international an den Pranger zu stellen. Es ist Trumps Achse des Bösen.

Just in jenen Tagen, als wir in Washington sind, verhängt die US-Regierung neue Sanktionen gegen Karl Lee. Er soll nach wie vor eine große Palette an Komponenten für Teherans Raketenprogramm in den Iran liefern, teilt das US-Außenministerium auf Twitter mit, und zwar über ganz normale Handelswege, auch weil Chinas Exportkontrollsystem lückenhaft sei. Karl Lee ist ein Problem, immer noch. Jedenfalls, wenn man den Amerikanern glauben möchte.

In der US-Hauptstadt wollen wir mit einer Art Speeddating zum Thema Massenvernichtungswaffen weiterkommen. Wir haben vor dem Abflug Termine mit Analysten von Denkfabriken und ehemaligen Regierungsmitarbeitern vereinbart, die sich mit dem Iran, Raketen und Atomwaffen auskennen. Bei Treffen in Starbucks-Filialen und anonymen Bürotürmen klopfen wir ab, was sie über Karl Lee wissen, und lassen uns weiterempfehlen – an den nächsten Experten, der noch mehr wissen oder speziellere Kenntnisse besitzen könnte. Bei den Gesprächen fällt immer wieder ein Name, genauer gesagt ein Vorname: Vann. In Gänze heißt der Mann Vann Van Diepen. Ein Name wie aus einem James-Bond-Film. Er ist jedoch kein böser Gegenspieler, sondern womöglich einer von denjenigen, die uns am ehesten erklären können, was den Schurken aus Dalian antreibt. Vann Van Diepen soll der ultimative Karl-Lee-Experte sein.

Der Weg zu ihm führt nach Süden, wir fahren vorbei am Weißen Haus, queren die National Mall mit dem berühmten Obelisken zur Rechten und dem Kapitol zur Linken. Dann geht es über den Potomac River und vorbei am Pentagon und dem Nationalfriedhof Arlington. Nach zehn Kilometern erreichen wir Alexandria. Als wir an diesem sonnigen Nachmittag den Highway verlassen, fühlen wir uns, als hätten wir uns in das Setting der Geheimdienstserie »Homeland« verirrt. Wir biegen ein in eine

Wohnsiedlung, in der ein holzverkleideter Bungalow neben dem anderen steht. In den Vorgärten hängen US-Flaggen, die Vögel zwitschern, und im Gegenlicht der Sonne schleicht ein Fuchs über die Straße.

In Alexandria leben traditionell Regierungsbeamte, Offiziere und Geheimdienstmitarbeiter – das CIA-Hauptquartier ist mit dem Auto in einer Viertelstunde zu erreichen. Tatsächlich wurde in der Nachbarschaft ein Teil der Netflix-Serie über die CIA-Agentin Carrie Mathison und den rätselhaften US-Marine Nicholas Brody gedreht, der in der Serie jahrelang Gefangener von al-Qaida war – und später als islamistischer Schläfer einen US-Präsidentschaftskandidaten tötet. In der wirklichen Welt wohnt hier Vann Van Diepen.

Ein älterer Herr öffnet die Tür. Graues Haar, gestreiftes Hemd, wache Augen hinter dicken Brillengläsern: Das also soll er sein, Li Fangweis langjähriger Gegenspieler auf amerikanischer Seite. Seine Frau hat Kekse und Muffins für uns vorbereitet. Er bittet uns herein, mit einem zurückhaltenden Lächeln. Wir nehmen Platz in seinem lichtdurchfluteten Wohnzimmer. Auf einmal ist James Bond sehr weit weg.

Geheimdienste, Raketen, Massenvernichtungswaffen, das war mehr als drei Jahrzehnte lang Vann Van Diepens Welt. Bis Ende 2016 arbeitete er für die amerikanische Regierung, als Spitzenbeamter im Außenministerium und als einer der engsten Mitarbeiter des mächtigen Director of National Intelligence, der die 17 US-Nachrichtendienste koordiniert. Vann Van Diepen war zuständig für die Eindämmung des illegalen Waffenhandels – und für das »Karl-Lee-Problem«, wie er sagt.

Auf die Spur des Chinesen kam er bereits kurz nach der Jahrtausendwende. »Es gehörte damals zu meinen Aufgaben, die Geheimdienstberichte zu lesen, die über Nacht hereinkamen«, erzählt er. In einem dieser Berichte stößt er auf den Namen des Chinesen. Anfangs denkt er, der Geschäftsmann aus Dalian sei nur ein kleiner Fisch, ein weiterer Krimineller, der dem Iran gefährliche Technologie verschafft. Doch das ändert sich schnell. Mit der Zeit stapeln sich die Akten über ihn. Immer öfter registrieren die US-Geheimdienste, wie Lieferungen die chinesische Hafenstadt Dalian verlassen. Karl Lee versorgt die Iraner mit Rohstoffen, aber auch ausgereifter Technologie. Seine Lieferungen seien extrem wertvoll für die Ingenieure des Regimes, sagt Vann Van Diepen. Ihm zufolge entwickelt sich Karl Lee innerhalb weniger Jahre zum Toplieferanten für das iranische Raketenprogramm.

110 Im Weißen Haus regiert zu jener Zeit der Republikaner George W. Bush, Islamisten haben die Zwillingstürme des World Trade Centers zum Einsturz gebracht, und die USA führen Krieg im Irak und in Afghanistan. Nun rückt der Iran immer stärker ins Visier.

Die Falken in Bushs Regierung wollen in den Krieg gegen Teheran ziehen, und sie versuchen mit allen Mitteln, eine Verbindung zwischen dem Iran und den Anschlägen des 11. September 2001 zu konstruieren. Auch die Besonnenen in Washington und den anderen Hauptstädten der westlichen Welt blicken mit größter Sorge auf Teheran. Die Hinweise verdichten sich damals, dass der Iran ernsthaft an einer Atombombe arbeitet, und gleichzeitig macht das iranische Raketenprogramm große Fortschritte. 2003 stellen die Streitkräfte ein Modell mit 1500 Kilometern Reichweite in Dienst, und westliche Geheimdienste warnen, dass der Iran schon bald eine Rakete mit 2000 Kilometern Reichweite bauen könnte. Die Amerikaner sehen darin eine Bedrohung für ihre Militärbasen im Nahen Osten und ihre Verbündeten in der Region. Für Saudi-Arabien, die Vereinigten Arabischen Emirate und ganz besonders für Israel. Aber auch für Länder in Europa, die in die Reichweite der immer leistungsfähigeren iranischen Raketen geraten. All das, so vermuten die Amerikaner, hat direkt mit Karl Lee zu tun.

Die Materialien, die er den Iranern liefert – Kohlefasern und bestimmte Aluminiumsorten etwa –, helfen dabei, leichtere Raketen zu produzieren, sagt Vann Van Diepen. Und leichtere Raketen fliegen nun mal weiter.

Dazu kommt, dass die Iraner mit Karl Lees Unterstützung die größte Schwäche ihrer Raketen überwinden wollen: ihre schlechte Treffsicherheit. Denn was diese angeht, sind die iranischen Ingenieure zum damaligen Zeitpunkt nicht viel weiter als die Deutschen im Zweiten Weltkrieg: Die Geschosse taugen höchstens als ungenaue Terrorwaffe – wie in den Vierzigerjahren gegen London –, mit der sich die Bevölkerung von Großstädten in Angst und Schrecken versetzen lässt.

Das aber könnte sich bald ändern, befürchten damals die Amerikaner. Denn wie wir bereits wissen, liefert Karl Lee Gyroskope. Eine primitive Version dieser Geräte, die auch Kreiselstabilisator genannt werden, verwendeten schon die Nazis, um ihre V2-Raketen auf Kurs zu halten. Karl Lees Gyroskope aber sind technisch wesentlich weiter entwickelt. Die Konsequenz, so befürchten die Amerikaner: Bald könnten iranische Raketen ihre Ziele auf wenige Meter genau treffen und so die US-Militärbasen in der Region angreifen.

Dazu kommt noch ein dritter Aspekt, der Karl Lee zur Schlüsselfigur für das iranische Raketenprogramm macht, wie uns Vann Van Diepen in seinem Wohnzimmer erklärt. Seine Lieferungen helfen den iranischen Ingenieuren dabei, ihr Raketenprogramm von Flüssig- auf Festtreibstoff umzustellen. Das klingt wie ein Detail für Raketennerds, hat aber drastische Konsequenzen. Denn Raketen, die mit Flüssigtreibstoff fliegen, sind zwar viel einfacher herzustellen, aber sie müssen kurz vor dem Start aufgetankt werden. Das kann Stunden dauern und fällt auf – zum Beispiel den zahlreichen amerikanischen Spionagesatelliten, die im Orbit kreisen. Dem US-Militär dürfte im Ernstfall genug Zeit bleiben, die Rakete zu zerstören, bevor sie startbereit ist. Feststoffraketen dagegen müssen nicht betankt werden. Ihr Treibstoff – zum Beispiel die Chemikalie Ammoniumperchlorat – ist in der Rakete verbaut. Das hat große Vorteile für ihre Besitzer –

und große Nachteile für all jene, die von diesen Raketen bedroht sind: Diese Raketen können mit geringer Vorwarnzeit gestartet werden und sind viel unauffälliger, weil sie nicht von einem Konvoi aus Tankfahrzeugen begleitet werden müssen. Sie können in einem Stollen im Gebirge versteckt und innerhalb kürzester Zeit herausgefahren, aufgestellt und abgefeuert werden.

All das bringt die Amerikaner zur Überzeugung, dass sie diesem Karl Lee das Handwerk legen müssen. Aber wie?

Anfangs gehen die US-Behörden wenig systematisch vor. Es sei wie bei »Whac-A-Mole« gewesen, sagt Van Diepen – einem Automatenspiel, bei dem man mit einem Hammer auf Maulwürfe einprügeln muss, die ihre Köpfe aus Löchern stecken. Das Ziel dabei ist, schnell zu reagieren und so viele Maulwürfe wie möglich zu treffen. Auf Karl Lee übertragen heißt das: Wann immer die Geheimdienste von einer neuen Lieferung aus Dalian erfahren, versuchen die US-Behörden, diese abzufangen. Denn in der Regel fahren große Frachtschiffe nicht direkt von China in den Iran. Meistens legen sie auf ihrem Weg Zwischenstopps ein, um andere Waren an Bord zu nehmen oder Ladung zu löschen – auf den Philippinen zum Beispiel, in Malaysia oder Dubai. »Wir haben versucht herauszufinden, ob die Waren an irgendeiner Stelle ein Land passieren, das mit den USA kooperiert«, erzählt Van Diepen. »Dann sind wir auf die dortigen Behörden zugegangen und haben ihnen Informationen über die Lieferung gegeben.« Die USA machen Druck auf ihre Freunde, Ermittlungen einzuleiten und die Lieferung zu stoppen. Immer wieder werden Containerschiffe mit Material von Karl Lee an Bord aufgehalten.

Doch schon nach kurzer Zeit wird klar, dass diesem Karl Lee so nicht beizukommen ist. Um im Whac-A-Mole-Bild zu bleiben: Es ist wie bei einem schwierigeren Level, wenn so viele Maulwürfe aus den Löchern schauen, dass der Spieler mit dem Hammer keine Chance hat. »Er war ziemlich aktiv, und alle ein oder zwei Wochen kam eine neue Information herein«, sagt Vann Van Diepen.

Während er so erzählt, merkt man ihm an, dass er über Jahre versucht hat, jeden Schritt des chinesischen Geschäftsmannes nachzuvollziehen. Fast wirkt es, als spräche er über einen alten Bekannten, der auf die schiefe Bahn geraten ist. Meistens nennt er ihn schlicht »Karl« – wie einen, den er gut kennt. Obwohl er ihn nie getroffen hat.

Dieser Karl jedenfalls ist meistens schneller als die Amerikaner. Denn bis die US-Behörden den Zoll oder die Polizei in irgendeinem Land auf der anderen Seite des Globus dazu bewegen, Container auf einem verdächtigen Schiff zu durchsuchen, kann viel Zeit vergehen. »Es läuft jedes Mal ein ganzer bürokratischer Prozess im Hintergrund«, sagt Vann Van Diepen.

Oft aber versuchen die Amerikaner gar nicht erst, die Lieferungen zu verhindern. Der Grund dafür lautet: Quellenschutz. Denn die Informationen über die Lieferungen stammen oft von den US-Geheimdiensten. Van Diepen geht nicht ins Detail, ob die CIA Maulwürfe im Umfeld von Karl Lee oder im Iran bei dessen Kunden platziert hat. Klar aber ist: Informanten können bereits dann enttarnt werden, wenn die Amerikaner durch ihr Einschreiten zu erkennen geben, dass sie von einer Lieferung Wind bekommen haben. Wenn nämlich nur ein kleiner Kreis Bescheid weiß, wie es bei derart brisanten Geschäften typisch ist, stellt sich schnell die Frage nach dem Verräter. Und Enttarnung bedeutet für amerikanische Spitzel in China: Lebensgefahr.

2010 beginnen die chinesischen Sicherheitsbehörden damit, ein ganzes US-Spionagenetzwerk aufzurollen. Es gelingt ihnen, ein Kommunikationssystem zu knacken, mit dem die CIA Nachrichten mit ihren Quellen austauscht. Außerdem schaffen sie es, mindestens einen ehemaligen CIA-Agenten umzudrehen. Nun verschwinden plötzlich Zuträger der Amerikaner, werden eingesperrt oder exekutiert. Für die CIA ist es eine der größten Niederlagen der jüngeren Geschichte. Angeblich werden bis 2012 etwa 30 US-Spione in China hingerichtet. Die Volksrepublik ist für amerikanische Spitzel eine Todeszone.

Die US-Behörden stehen seitdem immer wieder vor demselben Dilemma: Sollen sie aus Rücksicht auf ihre Informanten dabei zusehen, wie Karl Lee den Iran aufrüstet? Die Antwort ist frustrierend, aber eindeutig: »Wir konnten es nicht riskieren, unsere Quellen zu kompromittieren«, sagt Vann Van Diepen. »Wir mussten dann einfach zuschauen und es geschehen lassen.«

Und so reift in Washington die Erkenntnis, dass es nur einen Weg gibt: »Wir müssen auf die chinesische Regierung zugehen und sie irgendwie davon überzeugen, selbst Karl Lee zu stoppen.« Die Chinaexperten im Außenministerium sind der Auffassung, dass der Mann aus Dalian mit seinen Iran-Geschäften auch gegen die Exportkontrollgesetze seines Heimatlandes verstößt. Dazu kommt, dass sich auch China dazu bekannt hat, die internationale Verbreitung von Massenvernichtungswaffen und Raketentechnologie einzudämmen.

Also beginnen die Amerikaner damit, den chinesischen Behörden belastende Informationen über Karl Lee zu liefern – sorgfältig ausgewählte Unterlagen, die keinen Rückschluss auf die Quellen zulassen sollen. Die US-Regierung hofft, dass die Chinesen Ermittlungen gegen Karl Lee einleiten.

Der Zeitpunkt dafür ist günstig: Die Beziehungen zwischen den USA und China sind Anfang des Jahrtausends weitaus besser als heute. Nach der Attacke auf das World Trade Center am 11. September 2001, bei der auch zwei Chinesen ums Leben gekommen sind, rücken die beiden Staaten zusammen. Peking spricht öffentliche Unterstützung für George W. Bushs »Krieg gegen den Terror« und den Einmarsch in Afghanistan aus. Beide Länder haben einen gemeinsamen Feind, denn auch die chinesische Führung sieht sich von muslimischem Extremismus bedroht. Angehörige der Minderheit der Uiguren haben bereits mehrere Anschläge verübt. Dazu kommt, dass in den USA die warnenden Stimmen, die in den Neunzigerjahren auf China als kommenden Rivalen hingewiesen haben, weniger Gehör finden. Die Vereinigten Staaten haben nach der Jahrtausendwende erst einmal andere Probleme: Sie konzentrieren sich auf den Nahen Osten, ziehen in den Krieg gegen den Irak und denken laut über einen weiteren gegen den Iran nach.

Also übermittelt das US-Außenministerium im Februar 2006 Informationen über Karl Lees Firma Limmt an die Behörden in Peking. Und tatsächlich: Die Chinesen teilen den Amerikanern schon nach kurzer Zeit mit, dass sie Ermittlungen gegen Limmt und Karl Lee eingeleitet haben.

Dass wir dies rekonstruieren können, haben wir Wikileaks, Julian Assange und der Whistleblowerin Chelsea Manning zu verdanken. Sie hat 250.000 diplomatische Depeschen aus dem internen Netz des US-Außenministeriums gezogen und an Assange weitergegeben, der die Papiere 2010 veröffentlicht. Sie gehen unter dem Schlagwort »Cablegate« in die Geschichte ein. In dem Dokumentenwust, der eigentlich 25 Jahre unter Verschluss bleiben sollte, stecken Dutzende Depeschen, in denen es um Karl Lee und seine Firmen geht.

Die Dokumente zeigen, dass die Amerikaner im Laufe des Jahres 2006 weitere Unterlagen zu brisanten Lieferungen übermitteln, um die Untersuchungen der chinesischen Behörden zu unterstützen. Immer wieder treten Mitarbeiter der US-Botschaft in Peking in Kontakt mit dem chinesischen Außenministerium, doch Karl Lee führt seine Geschäfte offenbar unbehelligt fort. Den Amerikanern wird klar: So kommen sie nicht weiter.

Vann Van Diepen und seine Kollegen wollen deshalb den Druck auf die Regierung in Peking erhöhen. Doch es ist nicht leicht für sie, im US-Außenministerium damit durchzudringen, denn China ist schon damals der zweitgrößte Handelspartner der Vereinigten Staaten. Die Amerikaner konsumieren Unmengen chinesischer Waren, und zahllose US-Konzerne lassen in der Volksrepublik produzieren. Das gemeinsame Handelsvolumen ist regelrecht explodiert – von 20 Milliarden Dollar Anfang der Neunzigerjahre auf mehr als 343 Milliarden Dollar 2006. Dazu kommt, dass China mit den Vereinigten Staaten im Kampf gegen den Terrorismus zusammenarbeitet und wie die USA ständiges Mitglied des UN-Sicherheitsrats ist. Das heißt: China hat ein Vetorecht, wenn es zum Beispiel um ein Waffenembargo für Länder wie Somalia geht oder um die UN-Friedensmissionen an der Grenze zwischen Israel und Syrien. Kurzum: Karl Lee ist bei Weitem nicht das einzige Thema von Bedeutung zwischen den Vereinigten Staaten und China.

»Es gab einen heftigen Wettbewerb, worum man die Chinesen bittet«, sagt Vann Van Diepen. Wenn man Druck auf die Chinesen in einer Sache ausübe, könne es schwieriger werden, auf einem anderen Feld zu kooperieren. »Am Ende müssen die Leute mit den hohen Gehaltsstufen entscheiden, wie man all die konkurrierenden Themen ausbalanciert.«

Das US-Außenministerium wird 2006 von Condoleezza Rice geführt, einer engen Vertrauten von Präsident Bush. »Sie erklärt mir die Außenpolitik so, dass ich sie verstehe«, soll der Präsident einmal über die ehemalige Stanford-Professorin gesagt haben. Rice hat ihm zuvor bereits als nationale Sicherheitsberaterin gedient. Sie gilt als politische Hardlinerin und trägt den Spitznamen »stählerne Magnolie«. Rice teilt Bushs religiös geprägte Weltsicht und seine Entschlossenheit im Kampf gegen den islamischen Extremismus. Der Iran ist nach ihren Worten ein »Vorposten der Tyrannei« und »die vielleicht größte Bedrohung der USA«. Trotz aller Partnerschaft, trotz aller wirtschaftlichen Verflechtungen – Condoleezza Rice entscheidet sich dafür, den Druck auf China in der Causa Karl Lee zu erhöhen.

Am 7. März 2007 geht eine Depesche an die US-Botschaft in Peking, die Rice persönlich abzeichnet. Die Außenministerin beklagt darin, dass die USA schon seit 18 Monaten wegen Limmt und anderer Fälle mit der chinesischen Regierung im Austausch seien. Doch eine Antwort, wie Peking künftige Exporte von Rohstoffen und Technologie für das iranische Raketenprogramm verhindern wolle, habe man bislang nicht bekommen. Stattdessen, schreibt Rice, hätten die Chinesen mitgeteilt, 98 Prozent der übermittelten Informationen seien falsch, und die Amerikaner um Namen, Adressen und Telefonnummern der Firmen gebeten.

Nun aber seien die Vereinigten Staaten an weitere Informationen zu den Aktivitäten von Karl Lee gelangt. Die Außenministerin bittet ihre Diplomaten in Peking, chinesischen Regierungsvertretern ein sogenanntes Non-Paper zu übergeben – also ein Papier, das keines ist. Diese Wortschöpfung aus der Welt der Diplomatie bezeichnet ein Arbeitsdokument ohne Briefkopf, Stempel oder Unterschrift, das nicht als offizielles Schriftstück in die Akten eingehen soll. Solche Papiere kommen vor allem bei politisch heiklen Themen zum Einsatz, zum Beispiel wenn eine Seite Argumente in eine Diskussion einbringen möchte, zu denen sie sich nicht offiziell bekennen will.

In ihrem Non-Paper aus dem März 2007 bittet Rice die chinesische Regierung, die Amerikaner über den Stand der Ermittlungen zu unterrichten. Sie führt diverse Lieferungen kritischer Materialien auf, die Karl Lee trotz der laufenden chinesischen Untersuchungen tätigen konnte. Gleichzeitig weist sie die Chinesen auf neue Bestellungen hin, die Karl Lee in Kürze abarbeiten werde. In ihrem Non-Paper benutzt Rice mehrmals die Formulierung »wie Sie sich erinnern werden«, die in Diplomatensprache klarmacht: Langsam sind wir genervt.

Mittlerweile ist der Iran in der amerikanischen Prioritätenliste ganz nach oben gerückt. Der neue Präsident, Mahmud Ahmadinejad, wird von manchen westlichen Medien bereits als »der Irre von Teheran« bezeichnet. Ahmadinejad verbreitet absurde antisemitische Verschwörungstheorien und leugnet den Holocaust. Auf einer Anti-Israel-Konferenz im Jahr 2005 in Teheran ruft er dem Publikum zu, dass das »Besatzerregime in Jerusalem aus den Geschichtsbüchern getilgt werden« müsse. Eine staatliche iranische Nachrichtenagentur macht daraus: »Israel muss von der Landkarte ausradiert werden« – ein Zitat, das um die Welt geht.

Ahmadinejad kündigt an, dass sein Land Uran anreichern

werde, den Grundstoff für eine Atombombe. Die CIA kommt damals zu dem Schluss: In fünf, höchstens zehn Jahren ist Teherans Bombe fertig.

Das wollen die USA mit aller Macht verhindern. Die Zeitungen berichten bereits über amerikanische Pläne für einen Angriff auf den Iran. Militärs in den Kommandozentralen seien dabei, Ziele zu identifizieren. Im US-Außenministerium arbeitet man unterdessen daran, die wichtigste ausländische Quelle Teherans für Raketenkomponenten mit diplomatischen Mitteln

auszutrocknen: Karl Lee. Seine iranischen Kunden werden in einer Resolution des UN-Sicherheitsrats als die Verantwortlichen für das Raketenprogramm aufgeführt. Auch China unterzeichnet diese Resolution.

Im August 2008 berichtet der Geschäftsträger der US-Botschaft in Peking seinen Kollegen in Washington von einem Treffen mit einem Herrn namens Zhang Yan. Dieser ist im Außenministerium für Rüstungskontrolle zuständig und versichert seinem amerikanischen Gesprächspartner, China halte sich streng an alle internationalen Normen. »Vielleicht sind Sie nicht glücklich mit der Geschwindigkeit und den Ergebnissen unserer Ermittlungen«, zitiert ihn der US-Diplomat in seinem Bericht an die Zentrale in Washington. »Aber es ist uns ernst, und wir sind aufrichtig.« Die chinesische Seite freue sich darauf, den Amerikanern die Ergebnisse ihrer Bemühungen mitzuteilen.

Wenige Tage später – die Amerikaner warten noch immer auf eine Antwort – ist Gefahr im Verzug. Den US-Geheimdiensten liegen Informationen vor, dass neue Lieferungen unmittelbar bevorstehen. Außenministerin Rice weist ihre Diplomaten an, die chinesischen Offiziellen zu alarmieren. Sie sollen mit allen Mitteln verhindern, dass diese Materialien in den Iran gelangen.

Empfänger ist die Shahid Bagheri Industrial Group – eine der zentralen Firmen des iranischen Raketenprogramms, seit 2006 mit UN-Sanktionen belegt. Diesmal geht es um 15 Tonnen Wolframpulver, außerdem Grafit und Wolframkupfer – Material für

Raketenspitzen, Antriebskomponenten und Strahlruder. Das Geschäft habe ein Mann eingefädelt, dessen Büro nur einen Kilometer Luftlinie entfernt von der US-Vertretung in Peking liegt: der Militärattaché der iranischen Botschaft. Die erste Lieferung könnte schon in wenigen Tagen erfolgen.

Chinas Diplomaten beschwichtigen und versichern den Amerikanern, dass ihre Behörden seit 2003 vier Grafitlieferungen von Limmt in den Iran abgefangen und »etliche Versuche« illegaler Exporte unterbunden hätten. Mittlerweile hätten sie Limmt jegliche Art von Grafitexporten verboten, dem Unternehmen die Geschäftslizenz entzogen und es bestraft. Zhang Yan, der zuständige Beamte aus dem Außenministerium, spricht von einem »alten Fall«, den vor den Amerikanern bereits die Israelis und die Briten in Peking zur Sprache gebracht hätten. Die Botschaft der Chinesen: Das Karl-Lee-Problem ist gelöst.

Doch das ist es offenbar keineswegs, als wir mehr als ein Jahrzehnt später in Vann Van Diepens Wohnzimmer sitzen. »Das größte Mysterium ist, warum ihn die Chinesen nach all den Jahren weiter gewähren lassen«, sagt der ehemalige Spitzenbeamte und zuckt frustriert mit den Schultern. Er kann sich nicht erklären, warum es die chinesische Regierung über einen derart langen Zeitraum zulässt, öffentlich als Beschützerin eines kriminellen Geschäftsmannes gebrandmarkt zu werden, der auch Pekings offizielle Politik unterläuft.

Einen möglichen Grund dafür finden wir in den Wikileaks-Depeschen. Der chinesische Diplomat Zhang Yan erwähnt darin ein wichtiges Detail: Bei Karl Lee handle es sich um einen ehemaligen Regierungsbeamten. Dieser sei in die Privatwirtschaft eingestiegen und habe dabei seine alten Verbindungen genutzt.

13. MYSTERIÖSE TODESFÄLLE IM IRAN

Ausgerechnet die Vereinigten Staaten haben den Iran dem Traum von einer Atombombe nähergebracht. Als der Schah noch an der Macht und sein Land ein Partner der USA ist, bauen die Amerikaner im Norden Teherans, dort, wo man schon die Berge sieht und der Smog der Großstadt allmählich verschwindet, einen Fünf-Megawatt-Forschungsreaktor. Waffenfähiges Uran liefern sie gleich mit. Unter Freunden hilft man sich eben. Dass der Schah offenkundig eine Atombombe bauen will, stört damals niemanden.

1975 beginnen zwei deutsche Firmen, Siemens und AEG, nahe der Stadt Buschehr am Persischen Golf mit dem Bau zweier weiterer Reaktoren. Als der Schah 1979 gestürzt wird, sind beide noch nicht fertig. Die deutschen Arbeiter verlassen damals fluchtartig das Land. Was zurückbleibt, sind Bauruinen, die im Iran-Irak-Krieg mehrmals bombardiert werden.

Anfang der Achtzigerjahre holen die neuen Machthaber die Pläne für ein iranisches Atomprogramm wieder hervor. Die Stadt Isfahan, in der Mitte des Landes gelegen, soll das neue Zentrum der Bemühungen werden. Nach außen ist die Botschaft der Ayatollahs klar: Der Iran baue ein ziviles Programm auf, um das Land mit billigem Strom zu versorgen, ein Bestreben, das auch die Internationale Atomorganisation IAEA zunächst unterstützt.

In Wahrheit hat die Regierung jedoch einen anderen Plan: das Kräftegleichgewicht mit dem Erzfeind Israel herzustellen, der schon seit Ende der Sechzigerjahre im Besitz einer Atombombe ist – auch wenn das Land dies bis heute nicht offiziell bestätigt. Gleichzeitig würden Atomwaffen abschreckend wirken gegen Nachbarn wie den Irak.

1992 kommt die CIA laut *New York Times* zu dem Schluss, dass der Iran bereits 2000 die ersten Atombomben fertiggestellt haben könnte. Anfang der Neunzigerjahre beobachtet der BND erstmals verdächtige Einkäufe, unter anderem über Scheinfirmen in Deutschland. Nach und nach, so die Analyse des deutschen Auslandsgeheimdienstes, versucht der Iran, an Technologie zum Bau der Bombe zu gelangen.

In dieser Zeit reist der bereits erwähnte pakistanische Ingenieur Abdul Qadir Khan nach Teheran, der in den Niederlanden Zentrifugen mitentwickelt und später die zugehörigen Konstruktionszeichnungen gestohlen hat. Zentrifugen werden benötigt, um Uran anzureichern – entweder für die zivile Nutzung, wie zum Beispiel in der Medizin, in Kernkraftwerken oder eben für eine Atombombe.

Vereinfacht gesagt funktionieren die Anreicherungsanlagen wie gigantische Salatschleudern: Sie beschleunigen gasförmiges Uranhexafluorid so lange, bis sich schwere Isotope an ihrer Außenwand sammeln und leichte Isotope im Zentrum verbleiben. Je mehr leichte Isotope zusammenkommen, umso »angereicherter« ist das Uran. 3,5 Prozent des Isotops 235 reichen für eine Kernreaktion, etwa 20 Prozent für medizinische Zwecke, etwa zur Behandlung von Tumoren. Für eine Atombombe sind 90 Prozent nötig.

Zentrifugen sind also der Schlüssel zum Bau einer Atombombe – und der Mann aus Pakistan hat die Pläne. Wie bereits beschrieben, kopiert er sie, baut sich ein geheimes Netzwerk an Zulieferern auf und bietet die Pläne zum Verkauf an. Den Libyern, den Nordkoreanern – und eben den Iranern. Später sagt er: »Der Iran war an der Bombe interessiert, und weil der Iran ein islamisches Land ist, haben wir es unterstützt.«

Regelmäßig fliegt AQ Khan damals in den Iran. Am Kaspischen Meer wohnt er in einer Villa, und wenn er das Land verlässt, dann mit Koffern voller Geld. So jedenfalls berichtet es später ein Überläufer. In einem Vorort Teherans wird eine Uhrenfabrik in ein Forschungszentrum umfunktioniert, in Natans, 220 Kilometer südöstlich der Hauptstadt, entsteht derweil ein unterirdischer Atomkomplex.

In den Neunzigerjahren fallen dem israelischen Geheimdienst die Konstruktionszeichnungen einer Shahab 3 in die Hände: einer 16 Meter langen Rakete mit 1,2 Meter Durchmesser, die das iranische Militär – vermutlich mithilfe russischer Experten – nach einem nordkoreanischen Modell entwickelt hat. Sie kann bereits in ihrer frühen Form mehr als tausend Kilometer weit fliegen. Israel rückt damit in Reichweite. Und den Plänen zufolge, die dem Mossad vorliegen, soll der Sprengkopf so umgebaut werden, dass er eine Atombombe tragen kann.

2002 macht die radikale iranische Oppositionsgruppe der Volksmudschaheddin öffentlich, was in Geheimdienstkreisen längst gemutmaßt wird: dass in einem sogenannten Schwerwasserreaktor in der Provinzhauptstadt Arak Plutonium gewonnen und in Natans Uran angereichert wird, in Zentrifugen, gebaut nach AQ Khans Plänen. Auch UN-Inspekteure kommen 2003 zu dem Schluss, dass der Iran in der Lage ist, Uran anzureichern. 2004 testet der Iran schließlich eine überarbeitete Shahab-3-Rakete mit neuartiger Spitze – die Filmaufnahmen des Starts werden wenig später von Fachleuten auf der ganzen Welt auf jedes noch so kleine Detail untersucht, das Aufschluss über den Stand der iranischen Entwicklungen geben könnte. »Was ich habe fliegen sehen, ist der Prototyp für einen atomaren Sprengkopf«, sagt damals der US-Raketenexperte Charles P. Vick. Kurz darauf wird bekannt, dass der Iran auch in dem Dorf Fordo in der Nähe der Stadt Ghom Uran anreichern will. Der *Spiegel* schreibt: »In Teheran, Natans und Fordo werden die Einzelteile präpariert, geordnet und bereitgelegt – die Urananreicherung, das Zündersystem sowie die Raketentechnik, mit der die Bombe zu ihrem Ziel geflogen würde.«

Eine iranische Rakete braucht nur 13 Minuten nach Tel Aviv. Ein nuklearer Angriff würde Israel wahrscheinlich zerstören.

Wer danach noch am Leben wäre, würde dies vermutlich nicht lange bleiben, Israel wäre aufgrund des atomaren Fallouts unbewohnbar. Der frühere Mossad-Chef Meir Dagan brachte diese neue Gefahr wie folgt auf den Punkt: Ein atomar aufgerüsteter Iran sei »die größte Bedrohung Israels seit der Staatsgründung«.

Und so beginnt eine Art Schattenkrieg. Mit allen Mitteln versuchen Israels Geheimdienst und Militär zu verhindern, dass der Iran an Atombomben und Raketentechnik gelangt. Es ist ein Krieg, der auf vielen Schlachtfeldern geführt wird. Und in dem viele Menschen ins Fadenkreuz geraten.

Im Januar 2007 stirbt der erste iranische Nuklearexperte – Ardeshir Hosseinpour. Er kommt in der Urankonversionsanlage Isfahan unter nie restlos aufgeklärten Umständen ums Leben.

Im Januar 2010 wird der Physiker Masoud Alimohammadi in Teheran durch eine ferngezündete Bombe getötet. Zehn Monate später klebt ein Motorradfahrer in Teheran eine Magnetbombe an das Auto des Wissenschaftlers Majid Shahriari. Der damals 43-Jährige kommt bei der Explosion ums Leben. Ein weiterer Wissenschaftler wird im Juli 2011 mit einem Kopfschuss regelrecht hingerichtet. Und 2012 stirbt der Chemiker Mostafa Ahmadi Roshan, damals Abteilungsleiter in der Urananreicherungsanlage Natans. Ein Attentäter brachte im Vorbeifahren einen magnetischen Sprengsatz an seinem Auto an.

Aber die Israelis nehmen nicht nur die iranischen Spezialisten ins Visier – sondern auch all jene, die diesen behilflich sind. Sie versuchen, Zulieferer zu unterwandern, warnen befreundete Geheimdienste vor verdächtiger Fracht und sabotieren Lieferungen. Und so ist es kaum verwunderlich, dass sie sehr früh auf Karl Lee aufmerksam werden und versuchen, gegen ihn vorzugehen – durch diplomatischen Druck in Peking und über Robert Morgenthau und seine New Yorker Staatsanwälte, die sie mit Informationen füttern.

Gleichzeitig führt Israel einen weltweiten PR-Krieg: Agenten versorgen regelmäßig Journalisten und Politiker anderer Länder mit Details zum Raketen- und Atomprogramm des Iran. Sie laden zu Gesprächen in Botschaften und Konsulate auf aller Welt, halten Vorträge, legen Dossiers auf den Tisch – um dann aus dem Raum zu verschwinden, damit man sie ungestört durchsehen und abschreiben kann. Laut übereinstimmenden Berichten von *Spiegel* und *New York Times* soll der Mossad auch hinter den Enthüllungen zur Existenz des Schwerwasserreaktors Arak 2002 stecken, wo der Iran heimlich Plutonium anreicherte. Angeblich haben die Agenten des israelischen Auslandsgeheimdienstes die Informationen zusammengetragen und iranischen Oppositionellen zugespielt. Das Kalkül: Die Vorwürfe erscheinen glaubwürdiger, wenn sie von einer iranischen Gruppe kommen und nicht vom Geheimdienst des Erzfeinds. Ähnlich verhält es sich mit Morgenthau: Einem amerikanischen Staatsanwalt wird eher Gehör geschenkt als einem Nachrichtendienst.

Als uns diese Strategie klar wird, fragen wir uns: Könnte es im Fall der ominösen Website whoislifangwei.com ähnlich gelaufen sein? Steckt vielleicht auch hinter dieser und den zugehörigen Karl-Lee-Facebook-Gruppen der israelische Geheimdienst? Ist vielleicht das der Grund, warum alle Spuren zu den Hintermännern ins Nichts führen und all unsere Kontaktversuche ohne Erfolg bleiben?

Längst haben wir aufgehört zu zählen, wie oft wir die Website whoislifangwei.com schon besucht haben, wie oft wir uns durch die Unterseiten geklickt und dem pixeligen Konterfei des Chinesen in die Augen geblickt haben. Es müssen etliche Hundert Male gewesen sein, und doch bleibt die Seite ein Rätsel. Wer richtet eine eigene Website für einen Waffenhändler ein, der hochgefährlich ist, den aber niemand kennt?

Wer macht sich die Mühe, aufwendige Karl-Lee-Karikaturen und Animationen zu produzieren und über Monate regelmäßig neue Details zu veröffentlichen: auf Englisch, auf Arabisch, auf Chinesisch?

Wir wollen verstehen, wie diese Welt der Trickser und Täuscher funktioniert, welche Strategien sie anwenden und wer hinter der Seite steckt. Wir schreiben Experten auf aller Welt an, bitten sie um Telefonate und Videogespräche, schildern unser Interesse, stellen Fragen über Fragen. Irgendwann erklärt sich schließlich ein Mann zu einem Treffen bereit, von dem wir uns tatsächlich Aufklärung versprechen: Er ist einer der weltweit führenden Cyberexperten, hat einst an sensibler Stelle für eine Regierung gearbeitet und ist das, was man einen »Cyberkrieger« nennen könnte. Zu seinen Spezialitäten gehört das Enttarnen sogenannter Botnetze: Das sind Netzwerke von Computern, die Kriminelle heimlich mit Schadsoftware infiziert haben und ohne Wissen ihrer Besitzer zum Versand von Spamnachrichten, für Cyberangriffe oder Onlinebetrug nutzen. Wenn jemand herausfinden kann, wer oder was hinter whoislifangwei.com steckt, dann dieser Mann. Hoffen wir jedenfalls.

Wir machen uns also auf die Reise an einen geheimen Ort. Bis zum Treffpunkt sind es ein Flug in eine andere Zeitzone und eine längere Autofahrt. Gegen Abend kommen wir an – in einem Restaurant, in dem er für uns reserviert hat. Dort sitzen wir nun – und warten, eine geschlagene Stunde lang. Wir beobachten die Kellner und studieren die Speisekarte. Unser Mann schätzt offenbar gehobene Küche und perfekten Service.

Dann tritt jemand durch die Tür, kommt direkt auf uns zu, begrüßt uns, entschuldigt sich – wir müssten verstehen, das allgemeine Verkehrschaos in der Stadt und dann auch noch ein Fußballspiel mit Tausenden Fans. Er bestellt Thunfisch mit Erdnüssen und Kräutern auf Blattsalat. Dann kommt er auch schon zur Sache und fragt, ob wir ihm mehr über unser Rechercheprojekt erzählen könnten.

In unseren E-Mails waren wir sehr vorsichtig, aber jetzt wird klar: Wenn wir ihm nicht mehr verraten, wird er auch nichts erzählen. Also berichten wir ihm: von der Website, die plötzlich auftauchte, wenige Wochen nachdem unsere Recherche begonnen hatte. Und wir erzählen ihm von all den Dingen, die uns komisch vorkommen: dass wir die echten Personen hinter den Facebook-Profilen nicht finden können. Dass die Zeiten, zu denen das Twitter-Profil aktiv ist, nicht zu jemandem passen, der in Deutschland lebt, sondern eher zur amerikanischen Ostküste. Oder dass es für ein Uniprojekt untypisch wäre, wenn Studenten Gif-Animationen anfertigen, die ein Schwein mit Karl-Lee-Kopf zeigen, das seine Hose runterlässt.

»Das klingt nach einer faszinierenden Geschichte«, sagt der Mann.

Ob er die Seite sehen möchte? »Unbedingt!« Wir reichen ihm ein Handy, er scrollt ein bisschen, blickt auf und grinst. »Das sind keine Studenten«, sagt er. Was er vor sich habe, sehe viel mehr aus wie das Werk von Profis. Profis? Ja, von Programmierern im Auftrag eines Staates. Das furzende Schwein und all die anderen Inhalte – es könnte sich um eine Info-Operation handeln. Er tippt auf die Israelis oder die Amerikaner.

Israels Armee ist berüchtigt für ihre Cyberkrieger. Die wohl berühmteste Einheit heißt »Unit 8200« oder auf Hebräisch: »Yehida Shome Matayim«. Tausende Rekruten – die meisten zwischen 16 und 21 Jahre alt – dringen in gegnerische Computersysteme, Handys und Mobilfunknetze ein, spähen, lauschen und greifen an. So sollen Mitglieder der Einheit 8200 das syrische Luftabwehrsystem infiltriert und sabotiert haben, damit Kampfflugzeuge einen Gebäudekomplex bombardieren konnten, in dem sich nach israelischen Erkenntnissen ein Atomreaktor befand.

Der wohl bekannteste Erfolg, der Unit 8200 zugeschrieben wird, ist Stuxnet: jener Computerwurm, der nach 2007 AQ Khans Zentrifugen zu Hunderten platzen ließ. Ein Einsatz, der jahrelange Vorbereitung erforderte – und einen starken Partner, in diesem Fall die USA.

Den Amerikanern waren etliche Zentrifugen eines bestimmten Typs – Experten sprechen von: P-1 – in die Hände gefallen, nachdem der libysche Diktator Gaddafi sein Atomprogramm aufgegeben hatte. Zentrifugen des Typs, der im Iran verwendet wird.

Und so baut der israelische Geheimdienst damals in der Negevwüste, im Dimona-Komplex, wo Israel seine eigenen Atombomben produziert, die Zentrifugenanlagen der Iraner nach. Israels Geheimdienst hat längst herausgefunden, dass die Geräte mit einer Siemens-Software gesteuert werden, die mit Microsoft Windows läuft. Und genau hier soll Stuxnet – jenes Programm, das der Chaos Computer Club einen »digitalen Bunkerbrecher« nennt – ansetzen.

Das Programm soll mehrere Sicherheitslücken ausnutzen, Antivirenprogramme umgehen und dann die Zentrifugen scheinbar wahllos beschleunigen und abbremsen, bis sie bersten. Danach soll Stuxnet seine Spuren verwischen.

Damit der digitale Sprengkopf seine Wirkung entfalten kann, muss er aber erst einmal in die iranische Atomanlage gelangen. Offenbar ist dabei – bewusst oder unbewusst – ein iranischer Mitarbeiter behilflich. »Es stellt sich heraus, dass es immer einen Idioten gibt, der nicht viel über den USB-Stick in seiner Hand nachdenkt«, erklärt später ein Insider der *New York Times*, die in einem langen Artikel die Hintergründe nachzeichnet.

2008 bersten in Natans die ersten Zentrifugen. Die Iraner wissen anfangs nicht, was passiert. Sie feuern Angestellte, bauen Überwachungskameras auf. Doch immer mehr Geräte zerbrechen. Die Israelis entwickeln Stuxnet derweil weiter. Der Computerwurm soll noch wirkungsvoller werden, noch mehr Zentrifugen sollen zerstört und das Atomprogramm noch weiter zurückgeworfen werden.

Dafür gehen Israels geheime Programmierer offenbar auch mehr Risiken ein – und das hat seinen Preis. Im Sommer 2010 bricht der Wurm aus, er befällt aus bis heute nicht restlos geklärten Gründen nicht nur Computer in Natans, sondern auch anderswo. Plötzlich sind auch PCs in anderen Ländern betroffen, und so erfährt schließlich die Weltöffentlichkeit von dem Cyberangriff.

Später finden IT-Experten heraus, dass Stuxnet auf jedem infizierten Rechner einen Hinweis hinterlässt: Er speichert den Wert »19790509« in der sogenannten Registry ab – der Datenbank, in der Windows-Rechner alle systemrelevanten Informationen sichern. Jeder Computer, der diese Zahlenfolge in seiner Registry hat, wird nicht erneut infiziert. So soll wohl verhindert werden, dass sich der Wurm unkontrolliert ausbreitet – und am Ende womöglich Computer auf aller Welt, im schlimmsten Fall sogar im Heimatland seiner Urheber, befällt. Spezialisten mutmaßen, dass es sich bei der Stuxnet-Prüfsumme 19790509 um eine Art Chiffre handelt, denn die Zahl ergibt rückwärts gelesen ein Datum: 9. Mai 1979. Es ist der Tag, an dem in Teheran ein jüdischer Unternehmer hingerichtet wurde. Ihm wurde vorgeworfen, ein israelischer Spion zu sein.

Zufall? Oder Provokation?

Viele der jungen Mitarbeiter der Unit 8200 haben vor ihrer Tätigkeit ein Schulungsprogramm für Hackerüberflieger durchlaufen. In der Unit 8200 arbeiten sie oft wie in Start-ups, sie suchen kreative Lösungen in kleinen Teams – manchmal mit jugendlichem Humor.

Die Machart der Karl-Lee-Seite, die Karikaturen, das furzende Schwein, all das würde durchaus zu israelischen Cyberkriegern passen, erklärt uns der Experte. Und dann ist da auch noch ein Detail, das uns auf dem Youtube-Profil von Zhang Zengbo aufgefallen ist, dem angeblichen Studenten aus Heidelberg, der hinter der Website stecken soll und für uns nicht erreichbar ist. Auf dem Profil hat wer auch immer ein Video eines iranischen Raketenbunkers veröffentlicht. Es ist ein Zusammenschnitt, bei dem Karl Lees Gesicht als Dauerlogo eingeblendet ist und den jemand mit Discomusik unterlegt hat. Wir lassen das Lied durch eine Musikerkennungssoftware laufen, und siehe da: Es ist ein Track eines DJs aus Tel Aviv.

Ist das vielleicht ein Signature-Code, den israelische Programmierer versteckt haben?

Und wenn ja: Was würde das bedeuten?

Haupt- und Nachspeise sind längst aufgegessen, und draußen ist es dunkel, als wir die große Frage stellen: Warum? Nur mal angenommen, es wären tatsächlich die Israelis, womöglich sogar Einheit 8200 – was wäre das Ziel? Was würde ihnen eine Seite wie whoislifangwei.com bringen?

Unser Gegenüber, der hier namenlos bleibende Cyberexperte, beugt sich nach vorn. Er wirkt dabei etwas amüsiert – vielleicht wegen unserer unbedarften, naiven Fragen, aber auch, weil man ihm anmerkt, wie sehr ihn selbst all das fasziniert: diese klandestine Hackerwelt, wo sich Nerdtum, Kreativität und knallharte staatliche Interessen treffen.

Er wartet, bis der Kellner wieder außer Hörweite ist, und senkt die Stimme: Ein mögliches Motiv sei Einschüchterung. Wenn Karl Lee die Seite anschaut, soll er wissen: Wir haben dich im Blick, bei allem, was du machst. Eine ähnliche Vermutung hat auch schon Aaron Arnold geäußert. Doch der Cyberexperte nennt noch ein zweites Motiv: Überwachung. Überprüfen, wer auf die Seite geht und sich für das Thema interessiert – allen voran natürlich: Karl Lee selbst. Über eine solche Website lasse sich dann gezielt Schadsoftware auf seinen Rechner aufspielen.

Und nicht nur auf seinen, auch auf die Computer deutscher Journalisten zum Beispiel, die zu Karl Lee recherchieren.

Jetzt wirkt unser Gesprächspartner noch amüsierter – vermutlich, weil er sieht, wie wir zu grübeln anfangen, denn wir haben die Website unzählige Male aufgerufen, mit sämtlichen Rechnern und Smartphones, die wir nutzen.

Der Experte verspricht uns jedenfalls, sich die Sache genauer anzusehen. Eines aber macht er klar: Sollte sich der Verdacht erhärten, dass es die Israelis sind, werde er die Finger davonlassen. Mit einer Cyberweltmacht will er sich offenbar nicht anlegen.

14. EXPORTEURE DES TODES

»Der Tod ist ein Meister aus Deutschland« heißt es in Paul Celans düsterem Gedicht »Todesfuge«, und auch wenn die NS-Zeit inzwischen lange zurückliegt – in Sachen Präzisionswaffen und Technik ist dieses Land noch immer führend. Und traditionell haben Firmen aus Deutschland wenig Berührungsängste mit fragwürdigen Regimen – insofern ist es kaum überraschend, dass deutsche Unternehmen auch in den Plänen von Karl Lee eine Rolle spielen.

Nicht nur der Bundesnachrichtendienst, auch die Geheimdienste anderer westlicher Länder bekommen nach der Jahrtausendwende immer mehr Hinweise, dass der Iran an einer Atombombe arbeitet – und an Raketen, die es braucht, um nukleare Sprengköpfe ins Ziel zu bringen. Waren es einst Fachleute aus der Sowjetunion und Nordkorea, die den iranischen Konstrukteuren halfen, hat das Land mittlerweile Hunderte Experten selbst ausgebildet. Die besten Spezialisten bringen aber nichts, wenn ihnen das Material fehlt. Und so registrieren westliche Geheimdienste, wie Einkäufer der Regierung in Teheran versuchen, im Ausland Maschinen und Bauteile zu beschaffen.

Ein Land steht ganz besonders im Fokus der iranischen Einkäufer: die Bundesrepublik Deutschland.

Deutschland löst 2003 die USA vorübergehend als Exportweltmeister ab und ist bekannt für seine zahlreichen Hochtechnologiefirmen, die etwa Pumpen, Ventile, Werkzeugmaschinen, Messinstrumente und Anlagen herstellen. Es sind Gerätschaften, die man für den Bau von Autos oder für die Chemieindustrie benutzen kann, aber eben auch zur Produktion von Raketen, chemischen Waffen oder Atombomben. Gleichzeitig gilt Deutschland damals wie heute als ein Land mit lückenhaften Rüstungsexportregeln. Seit Jahrzehnten landet deutsche Technologie immer wieder in Händen von Regimen, die damit zweifelhafte Absichten verfolgen.

Von einem besonders erschreckenden Fall erfährt die Welt bereits 1989. Damals deckt die *New York Times* auf, dass deutsche Firmen in den Bau einer Giftgasanlage für den libyschen Diktator Muammar al-Gaddafi involviert sind. Die internationale Empörung ist groß. Von »Auschwitz im Wüstensand« schreibt die *New York Times*: »Man könnte meinen, dass diese Generation von Deutschen, die sich der Schuld ihrer Väter an der Vergasung von Millionen von Unschuldigen vor nicht allzu langer Zeit bewusst ist, besonders empfindlich auf die Aussicht reagieren würde, dass ein terroristischer Staat heute an der Ermordung von Zivilisten durch Gas beteiligt ist.«

Aber immer wieder ignorieren deutsche Unternehmen internationale Embargos und Sanktionen, immer wieder stellen sie den Profit über die Moral. Sie bauen Giftgasanlagen für Syriens Diktator Hafiz al-Assad und für Saddam Hussein, der die Massenvernichtungswaffe gegen die eigene Bevölkerung einsetzt und damit Tausende Kurden ermordet.

Wenn überhaupt, dann fallen die Strafen für die »Exporteure des Todes« – so der Titel eines deutschen Enthüllungsbuches aus dem Jahr 1990 – milde aus. Bei der deutschen Justiz und der Bundesregierung ist das Problembewusstsein damals wenig ausgeprägt: Als die *New York Times* über Gaddafis Giftgasanlagen und die Rolle der Deutschen berichtet, ist für den ehemaligen Bundeswirtschaftsminister Martin Bangemann (FDP) der Fall klar: reiner »Konkurrenzneid« der Amerikaner.

Doch der internationale Druck, ganz besonders aus den USA und Israel, zeigt irgendwann auch in Deutschland Wirkung. Seit den Neunzigerjahren schauen die deutschen Behörden genauer hin, wenn Anfragen aus problematischen Weltregionen bei der Industrie eingehen. Es ist besonders die Spionageabwehr der deutschen Inlandsgeheimdienste, also des Bundesamtes und der Landesämter für Verfassungsschutz, die unzählige Lieferungen verhindert. Nach Nordkorea, Syrien, Pakistan und vor allem: in den Iran, das aktivste Land im Bereich »Proliferation«, wie Fachleute den Verkauf von Gütern nennen, mit denen am Ende der Bau einer Atomrakete ermöglicht werden soll. Das Regime in Teheran geht jeden denkbaren Weg, um an Bauteile für sein Raketen- und Atomprogramm zu kommen. Nicht nur einmal entdecken deutsche Geheimdienste in iranischen Propagandafilmen über Nuklearanlagen oder Rüstungsparaden Bauteile aus Deutschland. Wie sie in den Iran gelangt sind, lässt sich oft nicht restlos klären.

Der Verfassungsschutz versucht vorzubeugen – mit einem speziellen Programm, das sich direkt an deutsche Firmen richtet: Die Beamten verfassen Merkblätter, damit Unternehmen nicht versehentlich sensible Technologie an fragwürdige Kunden ausliefern. Warnzeichen sind demnach, wenn Zwischenhändler ohne Grund eingeschaltet werden, wenn hohe Vorauszahlungen eingehen, ungewöhnlich üppige Provisionen oder Barzahlungen angeboten werden und wenn Kunden nicht an Service- oder Garantieleistungen interessiert sind. Dann raten die Experten des Inlandsgeheimdienstes den Unternehmen zur Vorsicht.

Die deutschen Dienste gehen auch aktiv auf Firmen zu und bieten Aufklärung an. Der Großteil der Unternehmen sei kooperativ, heißt es aus Behördenkreisen. Schließlich sehen auch die Firmen selbst die Gefahr, obskuren Beschaffern aufzusitzen und am Ende in Schwierigkeiten zu geraten. Von 2019 bis 2022 führten Beamte mehr als 300 solche »Sensibilisierungsgespräche« mit deutschen Unternehmensvertretern.

Doch trotz aller Bemühungen: Die iranischen Geheimdienste sind in Deutschland bis heute höchst aktiv. Regelmäßig sprechen in Berlin israelische und amerikanische Diplomaten vor – mit Hinweisen darauf, wie deutsche Firmen angeblich das Regime in Teheran unterstützen. Und immer wieder kommt es seit der Jahrtausendwende zu Durchsuchungen, Ermittlungsverfahren und auch zu Festnahmen.

2004 stellen die Behörden fest, dass der Iran in Deutschland ein Beschaffungsnetzwerk für Uranzentrifugenteile unterhält – es kommt zu Verhaftungen in Baden-Württemberg und Hessen. Zwei Jahre später wird ein iranischer Diplomat dabei erwischt, wie er Komponenten für das Urananreicherungsprogramm seines Landes bei einem Spezialunternehmen in Bayern beschaffen will. Die Behörden erklären den Mann, der für das iranische Generalkonsulat in Frankfurt arbeitet, zur unerwünschten Person. Er muss Deutschland verlassen.

Seit 2008 dürfen deutsche Schwerlaster – jene Lastwagen also, die Raketen transportieren können – nicht mehr in den Iran exportiert werden.

2009 verurteilt das Oberlandesgericht Koblenz einen Geschäftsmann zu sechs Jahren Haft und einer Geldstrafe in Höhe von mehr als 700.000 Euro, weil er Grafit in den Iran exportiert hat, das den Richtern zufolge für Mittel- und Langstreckenraketen eingesetzt werden kann.

Um an Technik und Know-how aus Deutschland zu gelangen, sollen die Iraner dem Verfassungsschutz zufolge außerdem einen Kaufmann aus Nordrhein-Westfalen erpresst haben, eine Pumpe für Atomanlagen zu liefern. Der Mann, der aus dem Iran stammt, soll von iranischen Agenten bedroht worden sein: Es sei besser für seine Verwandtschaft im Iran, wenn er das Gerät liefere.

Manchmal erfolgen Bestellungen unter dem Deckmantel der Forschung. Gleichzeitig versuchen iranische Akteure Praktikanten, Studenten und Wissenschaftler über Austauschprogramme an deutschen Hochschulen und in Unternehmen unterzubringen – meist unter dem Vorwand, Einblicke in die Fahrzeugindustrie zu erhalten. Das so gewonnene Wissen lässt sich aber oft auch für die Reichweitensteigerung von Raketen nutzen.

Weil die deutschen Behörden – und auch die Unternehmen – inzwischen besser aufpassen, weichen die iranischen Behörden immer häufiger aus: Sie versuchen, den Empfänger zu verschleiern, etwa durch vermeintlich unverdächtige Kunden im Ausland, durch Tarnfirmen und Strohmänner. Die Routen führen hauptsächlich durch drei Länder: die Vereinigten Arabischen Emirate, die Türkei und China.

Vor allem die Volksrepublik sei in diesem Zusammenhang ein großes Problem, heißt es aus deutschen Geheimdienstkreisen. Das Land ist einer der wichtigsten Handelspartner aller großen Industrienationen, und der Export dorthin ist grundsätzlich möglich – nur dann nicht, wenn klar ist, dass die Ware am Ende im Iran oder in Nordkorea landen wird. Doch das lässt sich leicht verschleiern, und die chinesischen Behörden kooperieren so gut wie nie mit ihren westlichen Kollegen, wenn es darum geht, den Weiterexport in diese Staaten zu verhindern.

Im August 2020 verurteilt das Landgericht Würzburg den Geschäftsführer eines Aschaffenburger Maschinenherstellers sowie seine engste Mitarbeiterin. Eine Firma aus Teheran wollte zuvor bei dem Unternehmen eine Maschine kaufen, die besonders schwere Bauteile mit einem Gewicht bis zu 3,7 Tonnen vermessen kann. Die Aschaffenburger Firma beantragte daraufhin eine Exportgenehmigung beim zuständigen Bundesamt für Wirtschaft und Ausfuhrkontrolle, kurz Bafa. Doch die Behörde lehnte den Antrag ab. Die Käuferfirma sei als Beschaffungsunternehmen für das iranische Trägertechnologieprogramm bekannt, teilt das Bafa dem Unternehmen mit.

Dem Geschäftsführer war das offenbar egal. Vielleicht hatte er auch damit gerechnet, denn sein Unternehmen hatte sogar in einer Verkaufspräsentation damit geworben, dass seine Maschine zum Vermessen von Raketenteilen geeignet sei.

Nach Auffassung der Richter fasst der Geschäftsführer, der aus China stammt, nun folgenden Plan: Sein Unternehmen soll die Maschine zunächst an den chinesischen Mutterkonzern verkaufen, der die Aschaffenburger Firma kurz zuvor übernommen hat. Dann kann sein iranischer Kontaktmann, der schon länger im Visier der deutschen Behörden ist, seine Bestellung einfach in China aufgeben. Tatsächlich wird die Maschine von Aschaffenburg zum Hamburger Hafen transportiert, nach China verschifft und von dort in den Iran geliefert.

Wenig später fliegt ein Techniker der deutschen Firma in den Iran, um die Maschine in Betrieb zu nehmen. Der Mann räumt später in einer Vernehmung ein, er habe bei seinem Besuch etliche Sicherheitsschleusen passieren müssen. Das Gelände sei streng bewacht gewesen und habe nach militärischer Nutzung ausgesehen. Vermessen wollten die Iraner nach seinen Angaben sogenannte Halbschalen mit einem Gewicht von 2,5 Tonnen – Teile, die üblicherweise beim Raketenbau verwendet werden. Der Techniker bleibt unbescholten, doch seinen Chef verurteilt das Landgericht Würzburg zu zwei Jahren und neun Monaten Haft, dessen engste Mitarbeiterin zu einem Jahr und sechs Monaten.

Immer wieder unterbinden die Behörden seit der Jahrtausendwende solche Dreiecksgeschäfte zwischen Deutschland, China und dem Iran – Geschäfte, bei denen auch Karl Lee mitmischen will.

Amerikanische Beamte erhalten beispielsweise Hinweise darauf, dass im Juni 2009 der führende iranische Feststoffraketenhersteller, die Shahid Bagheri Industrial Group, Informationen über eine Spezialmaschine der deutschen Firma Brabender GmbH & Co. KG beschaffen will – und zwar durch das zwischengeschaltete Unternehmen M/S SEL Trade Limited. Auch Angebote für Pumpen der deutschen Firmen Mahr GmbH und Oerlikon Barmag ließen die Iraner offenbar schon einholen.

Im August 2009 bringt die Shahid Bagheri Industrial Group Interesse zum Ausdruck, bei der deutschen Firma Oerlikon Barmag eine Pumpe zu kaufen. Erwerben soll sie eine Firma in China: Dalian Sunny Industries – hinter der Karl Lee steht. Aber die Amerikaner bekommen Wind davon und warnen die deutschen Behörden, dass die Teile für die Produktion von Raketensystemen verwendet werden könnten. Am Ende kommt das Geschäft offenbar nicht zustande.

Wie genau dieser und andere Fälle abgelaufen sind, welche Rolle die Geheimdienste dabei spielten und wie die deutschen Unternehmen reagiert haben, all das lässt sich kaum rekonstruieren. Egal, wen wir für diese Recherche ansprechen – sobald wir das Gespräch auf Karl Lee und mögliche Ankäufe durch seine Firmen für den Iran bringen, gehen alle Rollläden herunter.

Auch die Spur des Geldes führt von Karl Lee geradewegs nach Europa, und zwar – wie so oft – zu Banken in Deutschland und der Schweiz. Männer und Frauen, die bei Geldhäusern, Finanzdienstleistern und Behörden arbeiten, berichten uns hinter vorgehaltener Hand, dass beispielsweise bei der Schweizer Großbank UBS zeitweise 17-mal der Name Li Fangwei beziehungsweise Karl Lee in der Kundendatenbank auftaucht. Mehrere Firmen, die laut westlichen Behörden mit ihm in Verbindung stehen, hatten den Hinweisen zufolge zeitweise ein Konto bei der Schweizer Bank – die Bankverbindungen könnten demnach beim Verkauf von Raketenbauteilen in den Iran genutzt worden sein. Die UBS teilt uns dazu lediglich mit: »Wie üblich kommentieren wir allfällige Kundenbeziehungen nicht.«

Und auch die Deutsche Bank spielt für Li Fangweis Geschäfte offenbar eine wichtige Rolle: Als 2007 eine seiner Firmen versucht, Grafit und Wolframkupfer an die Shahid Bagheri Industrial Group zu schicken, und die US-Außenministerin Condoleezza Rice ihre Diplomaten in Peking anweist, den Handel zu stoppen, ist als Bank im Hintergrund das größte deutsche Geldhaus tätig.

Die Deutsche Bank taucht so gut wie jedes Mal auf, wenn wir zu dubiosen Geschäften, Korruption oder Geldwäsche recherchieren. Kaum eine Affäre, kaum ein Skandal, kaum ein schmutziges Geschäft, an dem die Deutsche Bank nicht beteiligt war. Einst war sie das Sinnbild für die Deutschland AG, für das Wirtschaftswunder, für den Aufstieg der Bundesrepublik. »Doch mit der Zeit haben zu viele Mitarbeiter den Blick dafür verloren, was gesetzlich noch legal und moralisch noch legitim ist – und was eben nicht«, schreibt die *Süddeutsche Zeitung* 2020. Tatsächlich haben Trader mit obskuren Finanzprodukten gehandelt, haben Berater Hunderten Kunden beim Gründen und Verwalten von Briefkastenfirmen geholfen – und so taucht die Deutsche Bank ebenso in den Luxemburg-Leaks auf wie in den Offshore-Leaks, den Panama Papers, den Paradise Papers und den Pandora Papers.

Bis heute musste die Bank bereits mehr als 20 Milliarden Euro an Strafen zahlen. 2017 sieht sich die Bank genötigt, in überregionalen deutschen Zeitungen ganzseitige Anzeigen zu schalten, um für die Verfehlungen des Hauses um Entschuldigung zu bitten: »Das Verhalten der Bank entsprach nicht unseren Standards und war inakzeptabel.«

Bei unseren Recherchen stoßen wir auch im Zusammenhang mit Karl Lee auf Zahlungsströme, die über die Deutsche Bank abgewickelt wurden. Es handle sich um willkürliche und krumme Zahlungen, mal von internationalen Großbanken, dann wieder von Konten bei kleinen Provinzbanken, erzählt uns ein Insider.

Schon 2008 weist das US-Außenministerium seine Diplomaten in Deutschland an, in der Sache Druck auf die deutschen Behörden auszuüben. Eine geheime Depesche an die Botschaft in Berlin enthält einen Sprechzettel für US-Diplomaten, die in deutschen Ministerien vorstellig werden. Die Deutsche Bank sei in die Abwicklung einer Zahlung zwischen Karl Lees Firma Limmt und einem iranischen Raketenhersteller involviert gewesen. »Wir bitten Sie dringend, sicherzustellen, dass die Deutsche Bank AG Frankfurt oder andere deutsche Finanzinstitute keine Beziehungen zur chinesischen Firma Limmt unterhalten.« Banken oder Unternehmen, die an Transaktionen im Namen von Limmt beteiligt seien, könnten unwissentlich das iranische Raketenprogramm unterstützen.

Auch den New Yorker Staatsanwälten um Robert Morgenthau fallen solche Zahlungen auf. Aus Tausenden E-Mails und Überweisungsunterlagen, die sie für ihre Ermittlungen auswerten, geht hervor: Karl Lee wickelt viele seiner Geschäfte in Euro ab – und zwar ganz besonders, seit die US-Regierung 2004 erstmals Sanktionen gegen ihn verhängt hat. Die Zahlungen laufen über das deutsche Finanzzentrum Frankfurt. Morgenthau schickt deshalb seine Staatsanwälte nach Deutschland.

»Wir hatten ein Dossier zusammengestellt«, erinnert sich Morgenthaus früherer Mitarbeiter Adam Kaufmann. Die New Yorker Ermittler arbeiten sich damals in deutsches Recht ein und listen genau auf, wann welche deutschen und europäischen Banken in welche Zahlungsströme involviert sind. Ihre Idee: Sie wollen deutsche Ermittler auf Karl Lee ansetzen – so ähnlich, wie es der Mossad einst mit ihnen selbst gemacht hat.

In Bonn treffen sie eine Vertreterin der Bundesanwaltschaft und eine Gruppe von Ermittlern des Bundeskriminalamts. Sie erklären den Beamten, welche Rolle Karl Lee spielt, und übergeben ihnen ein Dossier. »Es fühlte sich wie ein produktives Meeting an«, erzählt Kaufmann, »sie stellten die richtigen Fragen.« Die deutschen Ermittler nehmen die Amerikaner mit zum Abendessen, es gibt Bratwurst und Bier, und als ihre deutschen Kollegen längst gegangen sind, versacken die US-Staatsanwälte in einem Biergarten am Rheinufer. »Der Trip hat uns definitiv Spaß gemacht.« Nur gebracht hat er nichts. Ermittlungen wie in den USA seien in Deutschland gegen Karl Lee niemals eingeleitet worden, sagt Adam Kaufmann – zumindest hätten er und seine Kollegen nichts davon mitbekommen.

Stimmt das wirklich? Die deutschen Behörden schweigen dazu. Das Bundeskriminalamt teilt uns auf Anfrage mit, man äußere sich grundsätzlich nicht dazu, ob bestimmte Ermittlungsverfahren geführt werden oder wurden. Auch von der Bundesanwaltschaft heißt es, die Behörde gebe keine Auskunft darüber, ob sie gegen eine bestimmte Person Ermittlungen geführt habe oder mit einem bestimmten Sachverhalt befasst gewesen sei.

Jedenfalls fließt – das wird uns von einem Insider glaubhaft versichert – Karl Lees Geld tatsächlich bis mindestens 2019 auch über Konten bei der Deutschen Bank. Überweisungen gehen demnach auf Konten von Dalian Zenghua und Success Move Limited ein – einer seiner Offshorefirmen, die wir in den Panama Papers gefunden haben. Die Deutsche Bank will sich auf Nachfrage »aus rechtlichen Gründen« nicht zu »tatsächlichen oder potenziellen Kundenbeziehungen« äußern.

15. OFFENSIVE GEGEN KARL LEE

An diesem Vormittag wehen in Washington noch mehr amerikanische Flaggen als sonst, und durch die Straßen knattern schwere Harleys. Es ist das Wochenende vor dem Memorial Day, an dem die Amerikaner die Gefallenen ihrer zahlreichen Kriege ehren. Die Hauptstadt bereitet sich auf die traditionelle Parade am Montag vor, und Zehntausende Biker sind in die Stadt gekommen, um mit dem Lärm ihrer Maschinen die Regierung an ihre toten Kameraden und an jene US-Soldaten zu erinnern, die in Kriegsgefangenschaft geraten sind.

Ein paar Gehminuten vom Weißen Haus entfernt, treffen wir Thomas Countryman. Wir sind vor einem Bürogebäude verabredet, das an diesem Samstag so gut wie verlassen ist. Er nimmt uns im Aufzug mit nach oben in den elften Stock, wo die Arms Control Association ihre Büros hat – eine Lobbyorganisation, die sich für bessere Abrüstungskontrollen und weniger Massenvernichtungswaffen in der Welt einsetzt. Countryman ist Vorstandsvorsitzender dieser Vereinigung.

Er bittet uns an einen Konferenztisch, bringt uns Kaffee, zupft sein Sakko zurecht und setzt sich. Countryman hat einen schneidenden Verstand – das merkt man schon nach ein paar Sätzen. Er spricht druckreif, wählt seine Worte sorgsam und präzise.

Es ist nicht lange her, da war er einer der ranghöchsten US-Diplomaten – bis ihn Donald Trump von einem Tag auf den anderen feuern lässt. Countryman ist damals gerade unterwegs zu einer Abrüstungskonferenz in Jordanien, als er zurückbeordert wird, was im Außenministerium und darüber hinaus für Entsetzen sorgt. Denn er gilt als einer der fähigsten und erfahrensten Beamten. Anfang der Achtzigerjahre beobachtet Countryman Jugoslawiens langsamen Zerfall als Mitarbeiter der US-Botschaft in Belgrad aus nächster Nähe, später ist er in Kairo, Athen,

Rom und bei den Vereinten Nationen in New York stationiert. Er dient als US-Verbindungsmann zur UN-Kommission, die das irakische Waffenprogramm untersucht, und ist beim Nationalen Sicherheitsrat zuständig für den Nahen Osten und Südasien.

2011 nominiert ihn der demokratische US-Präsident Barack Obama für das Amt des Assistant Secretary of State for International Security and Nonproliferation. Fünfeinhalb Jahre hat er diesen Posten inne. Als stellvertretender Staatssekretär ist Countryman Chef einer Abteilung mit mehr als 250 Mitarbeitern, deren Mission er im Gespräch mit uns so beschreibt: »Dafür zu sorgen, dass die gefährlichsten Waffen der Welt nicht in die Hände der gefährlichsten Staatsführer der Welt geraten.« Oder noch drastischer: »Das Risiko für einen nuklearen Holocaust zu reduzieren.«

Countryman ist im Frühjahr 2019 – im Gegensatz zu vielen anderen – sofort zu einem Gespräch mit uns über Karl Lee alias Li Fangwei bereit. Er habe sich auf unser Treffen extra vorbereitet, sagt er, habe alte Unterlagen studiert und mit früheren Kollegen gesprochen, um seine Erinnerung an der einen oder anderen Stelle aufzufrischen.

Schon kurz nach seiner Nominierung 2011, noch bevor ihn der Senat in seinem Amt bestätigt, hört Countryman zum ersten Mal von Karl Lee – unter anderem von Vann Van Diepen, dessen Vorgesetzter Countryman damals wird. Van Diepen und seine Kollegen haben Li Fangwei als den wichtigsten ausländischen Lieferanten für das iranische Raketenprogramm identifiziert. Doch alle Bemühungen der Amerikaner laufen ins Leere – egal, ob vonseiten der Justiz, des Außenministeriums oder der Geheimdienste. »Es wurde klar, dass wir die Verpflichtung hatten, mehr Druck auszuüben, um die chinesische Regierung dazu zu bringen, Herrn Li zu stoppen«, sagt Countryman.

Ob in Peking oder Washington, am Rande von Konferenzen der Vereinten Nationen in Genf, Wien oder New York – wann immer der Topdiplomat einem hochrangigen Chinesen begegnet, bringt er das Thema Karl Lee zur Sprache. Doch wie in den Jahren zuvor beißen sich die Amerikaner an den Chinesen die Zähne aus.

Die Gespräche laufen immer gleich ab: »Sie sind gute Diplomaten«, sagt Countryman. »Sie hören zu, und das ist die wichtigste Qualität eines Diplomaten.« Dann jedoch fingen die Chinesen meistens an, nach den Quellen der US-Informationen zu fragen, obwohl ihnen klar sein müsste: An dieser Stelle geht es nicht weiter, denn schließlich wollen die Amerikaner nicht ihre Informanten in Gefahr bringen. »Ich habe immer geantwortet, dass die chinesische Regierung alle Möglichkeiten hat, die Dinge, die wir ihnen erzählen, selbst zu verifizieren, und dass es nicht unsere Aufgabe sei, Belege zu liefern, die vor einem chinesischen Gericht verwendet werden können.«

In der Tat wäre es eine Leichtigkeit für die chinesische Führung, herauszufinden, was Karl Lee mit seinem Firmennetzwerk anstellt. Die Schiffe, die seine Waren in den Iran bringen, legen in chinesischen Häfen ab, seine Produktionsanlagen stehen auf chinesischem Boden. Und China ist ein Überwachungs- und Polizeistaat, die Sicherheitsbehörden verschaffen sich, wenn sie es für nötig erachten, jederzeit Zugang zur Kommunikation und zu Geschäftsunterlagen. Mitarbeiter werden verhört, festgenommen und verurteilt – die Gerichte unterstehen in China letztlich der Kommunistischen Partei. Die Macht des Apparats ist allumfassend – wenn das System sich einig ist. Deutlich schwieriger wird es hingegen, wenn Li Fangwei mächtige Beschützer und Unterstützer im Apparat hat und jene Beamten, die aufklären wollen, Angst haben.

Countryman und seinen Leuten schwant damals: Die chinesischen Diplomaten, mit denen sie zu tun haben, können wenig gegen den Waffenhändler ausrichten. »Es ist vermutlich schwierig für einen mittleren Beamten in der chinesischen Regierung, gegen jemanden wie Karl Lee vorzugehen, der Geld, zahlreiche Anwälte und Verbindungen hat«, glaubt Countryman. Offenbar ist der Geschäftsmann aus Dalian eine Nummer zu groß – und Vetternwirtschaft im Apparat ist sehr verbreitet.

Bevor Xi Jinping 2012 an die Macht kommt und eine weitreichende Antikorruptionskampagne startet, bei der Hunderttausende Kader ihre Posten verlieren, gehört Bestechung zum Alltag und wird völlig offen praktiziert. Vor den Ministerien in Peking gibt es damals spezielle Läden, in denen man Schweizer Uhren, jahrzehntegereiften Whiskey oder teure Parfüms kaufen kann – als Geschenk für die Beamten. Zum Geschäftsmodell dieser Läden gehört es, den Schnaps, die Zigarren und goldenen Füllfederhalter wieder in Zahlung zu nehmen, denn was soll ein Beamter mit zehn Rolex-Uhren oder ein nicht rauchender Staatsdiener mit einem Kistchen Cohibas?

Die Amerikaner beschließen damals, einen neuen Weg zu versuchen. Sie wollen ganz oben Druck ausüben und den Fall Karl Lee zur Chefsache machen. Der Präsident der Vereinigten Staaten soll persönlich in der Sache intervenieren – und er tut es tatsächlich. Barack Obama spricht das Thema gegenüber der chinesischen Führung an. Der mächtigste Mann der Welt beschwert sich über Karl Lee.

Vor allem in Obamas erster Amtszeit ist man in Washington noch überzeugt, dass sich China wandelt und immer weiter öffnet. Als er im Herbst 2008 gewählt wird, liegen die Olympischen Sommerspiele in Peking erst wenige Wochen zurück. Journalisten aus aller Welt haben ein neues China gesehen: ein Land, dessen Wirtschaft brummt, in dem Kultur und Sport sich entwickeln. Die Politik wird folgen, ist man sich damals noch sicher.

Und tatsächlich bewegt sich die chinesische Regierung ein wenig, erzählt Countryman: Sie verschärft ihre Exportregeln und stellt zusätzlich Leute für die Kontrollen ein. Bestraft haben die Chinesen Karl Lee nach eigenen Aussagen schon zuvor, das jedenfalls haben sie amerikanischen Diplomaten versichert, wie wir aus den Wikileaks-Depeschen wissen. Angeblich haben die chinesischen Behörden immer wieder Waren beschlagnahmt, die Karl Lees Firmen exportieren wollten. Aber all das hat keinerlei Effekt auf seine Aktivitäten. Er liefert einfach weiter – und offenbar in immer größerem Umfang.

»Die chinesische Regierung hat gezeigt, dass sie die Autorität und die Mittel hat, jeden aus dem Geschäft zu nehmen, den sie aus dem Geschäft nehmen will«, sagt Countryman. Also bleibt nur der Schluss: Die Regierung will nicht. Irgendjemand von ganz oben hält – aus welchem Grund auch immer – seine schützende Hand über Karl Lee, davon ist Countryman überzeugt.

Der Frust in der US-Regierung nimmt indes zu. Seit Robert Morgenthaus Anklage in New York sind fünf Jahre vergangen – ohne Ergebnis. Die Sanktionen gegen Karl Lee und seine Firmen zeigen kaum Wirkung, und all die diplomatischen Depeschen und Gespräche laufen ins Leere. In Washington reift die Überzeugung, dass gegen Karl Lee nur eine Aktion helfen kann, wie es sie noch nie gegen einen Waffenhändler gegeben hat.

Das Weiße Haus beraumt eine Reihe von Sitzungen an, ein großes Karl-Lee-Brainstorming aller US-Behörden, die in irgendeiner Weise mit dem Chinesen zu tun haben. Die Treffen finden im Eisenhower Executive Office Building statt, einem historischen Bürogebäude direkt neben dem Weißen Haus, das formal zum Regierungssitz gehört. Vertreter von CIA, NSA, FBI, von Justiz-, Außen- und Finanzministerium überlegen, was sie zu einem koordinierten Schlag gegen Karl Lee beitragen können. Immer wieder treffen sich Spitzenbeamte und Geheimdienstanalysten, um einen Plan auszuarbeiten, den sie intern »Karl Lee Blitz« nennen: den Mehrfrontenkrieg gegen den chinesischen Geschäftsmann. Mit einer nie da gewesenen Kombination aus Öffentlichkeitsarbeit, juristischer Verfolgung, weiteren Sanktionen und diplomatischem Druck will die US-Regierung Karl Lee das Handwerk legen.

Am 29. April 2014 ist es so weit: Das US-Justizministerium

verkündet, dass Karl Lee vor einem Bundesgericht angeklagt wird. Finanz- und Handelsministerium verhängen Sanktionen gegen eine Reihe weiterer Tarnfirmen und gegen Unternehmen, die Karl Lee beliefert hat. Gleichzeitig gibt das FBI bekannt, dass fast sieben Millionen Dollar eingefroren werden, die Karl Lees Unternehmen zugeordnet werden konnten, und es hebt den Mann aus Dalian auf eine Ebene mit den schlimmsten Schwerverbrechern und Terroristen des Planeten: An diesem Tag veröffentlicht die Ermittlungsbehörde das Wanted-Poster mit Karl Lees Gesicht in einer englischen Version, einer chinesischen und einer auf Farsi. Das FBI setzt fünf Millionen Dollar für Hinweise aus, die zu seiner Ergreifung führen.

»Die chinesische Regierung reagiert meistens nicht auf Druck«, sagt Countryman. »Aber manchmal reagiert sie, wenn man sie an den Pranger stellt.« Vor allem das wollen die Amerikaner mit ihrem Karl-Lee-Blitz erreichen. Schließlich sei China ständiges Mitglied des UN-Sicherheitsrats, und wenn ein chinesischer Geschäftsmann mit Wissen der Regierung immer wieder Resolutionen des Gremiums verletze, für die auch Peking gestimmt hat, dann werde das Land seiner Verantwortung als Mitglied der internationalen Staatengemeinschaft nicht gerecht.

Doch der Plan geht nicht auf.

Am Tag danach tritt ein Sprecher des chinesischen Außenministeriums vor die Presse. Er wird gefragt, ob China wisse, wo sich Karl Lee aufhalte, und ob ihn die Regierung an die Vereinigten Staaten ausliefern werde. Man habe die Berichte zur Kenntnis genommen, sagt der Sprecher und holt zu einer Tirade gegen die US-Regierung aus: China sei entschieden dagegen, dass die Vereinigten Staaten ihre eigenen Gesetze dazu verwenden, um einseitig Sanktionen gegen chinesische Firmen oder Individuen zu verhängen. Was die amerikanische Seite getan habe, trage nichts zu einer Lösung bei und beschädige die Zusammenarbeit, gerade wenn es darum gehe, die Verbreitung von Massenvernichtungswaffen einzudämmen. China nehme jede Verletzung seiner Exportkontrollgesetze sehr ernst, und die US-Regierung solle mit ihren unrechtmäßigen Schritten aufhören und auf den Pfad der Zusammenarbeit zurückkehren.

Die chinesische Regierung stellt sich schützend vor Karl Lee. Aber warum?

16. CHINAS GROSSES SPIEL

Man sieht sie schon von Weitem, die iranische Botschaft im Pekinger Diplomatenviertel. Wo sich sonst Funktionsbau an Funktionsbau reiht, erhebt sich die Vertretung der Islamischen Republik Iran am Ufer des Liangmahe wie ein persischer Palast aus dem späten Mittelalter: ein Monument der Macht mitten in der chinesischen Hauptstadt, wo zwar etliche Prunkbauten stehen, aber eher keine ausländischen. Hier aber: 8000 Quadratmeter, abgeschirmt von einer Mauer, die Fenster klein wie Schießscharten, dafür ein mächtiges Portal mit einem Hufeisenbogen. Dahinter befinden sich vier miteinander verbundene Höfe mit Wasserbecken und Springbrunnen, dazu ein Lichthof für die Residenz des Botschafters und einer für sein Schwimmbad, ein weiterer für die Kanzlei und schließlich der Besucherhof. Wie oft wohl mag Li Fangwei in dieser persischen Trutzburg gesessen haben, um Deals zu verhandeln und Lieferungen zu vereinbaren?

Um die chinesisch-iranischen Beziehungen zu verstehen, muss man zurückgehen in die Achtzigerjahre. Schon damals, als der Iran und der Irak im Ersten Golfkrieg gegeneinander Krieg führen, stehen Washington und Peking im Nahen Osten auf unterschiedlichen Seiten. Die Vereinigten Staaten, wie auch die Sowjetunion, unterstützen Saddam Hussein. China ist hingegen einer der wichtigsten Waffenlieferanten Teherans. »Es gab einen sehr intensiven Austausch zwischen den beiden Staaten«, sagt Angela Stanzel. Sie ist eine der führenden deutschen China-Expertinnen. Stanzel kennt das Land nicht nur als Wissenschaftlerin, sie hat auch fast zehn Jahre in der Volksrepublik gelebt – als Kind war ihr Vater deutscher Botschafter in Peking, und später kam sie zum Studium wieder.

Stanzel arbeitet für die Stiftung Wissenschaft und Politik (SWP). Die Forschungseinrichtung wurde Anfang der Sechzigerjahre von einem ehemaligen Mitarbeiter des Bundesnachrichtendienstes ins Leben gerufen, als die Kubakrise die Welt an den Rand eines Atomkriegs brachte. Der Gründer und seine Kollegen waren der Meinung, die junge Bundesrepublik brauche eine außenpolitische Denkfabrik nach amerikanischem Vorbild, die der Politik Analysen liefert.

Heute ist die Stiftung einer der führenden Thinktanks Europas. Einen Großteil ihres Budgets erhält die SWP vom Bundeskanzleramt, sie berät Politiker und Regierungsmitarbeiter in Berlin, aber auch Vertreter der Europäischen Union, der NATO und der Vereinten Nationen. Angela Stanzel ist für Einschätzungen zur chinesischen Außenpolitik verantwortlich.

Bei Stanzel hat unser Google-Alarm angeschlagen: Schon am Anfang unserer Recherchen haben wir ihn eingerichtet – wann immer ein neuer Eintrag mit den Worten »Li Fangwei« im Internet erscheint, erhalten wir seither eine E-Mail.

Diesmal macht uns der Alarm auf einen Aufsatz der Wissenschaftlerin aufmerksam. In dem Text erklärt sie, wie die Interessen Chinas und der USA im Nahen Osten kollidieren und wie die Führung in Peking versucht, den amerikanischen Einfluss zurückzudrängen. Eines der chinesischen Instrumente im Ringen der Supermächte ist: Karl Lee – so sieht es Angela Stanzel.

»Schon in den Achtzigerjahren unterstützte China das iranische Atomprogramm«, sagt sie. Die US-Regierung dagegen verhängt nach der Islamischen Revolution 1979 und der Geiselnahme von 52 Diplomaten in der amerikanischen Botschaft in Teheran durch Ajatollah-treue Studenten Sanktionen gegen den Iran. Im Krieg ermöglichen die Vereinigten Staaten dem irakischen Diktator Saddam Hussein, dem Todfeind der iranischen Mullahs, mit Geheimdienstinformationen Luftschläge und Schlachten zu planen. Nach Ende des Kriegs weiten die USA in den Neunzigerjahren ihre Sanktionen gegen Teheran aus, China jedoch liefert weiter wichtige Komponenten für das iranische

Raketenprogramm. Instabilität im Nahen Osten ist der Regierung im Fernen Osten offenbar ganz recht.

Als von 2002 an allerdings Schritt für Schritt ans Licht kommt, dass das Regime in Teheran heimlich an Atomwaffen arbeitet, ändert Peking seine offizielle Politik. Die Waffenexporte hätten daraufhin »rapide abgenommen«, sagt Stanzel, denn eine offene Unterstützung des iranischen Raketen- und Atomprogramms sei nicht mehr zu vereinbaren gewesen mit Chinas Bekenntnis zu internationalen Rüstungskontrollverträgen. Außerdem hätte die chinesische Führung damit Länder wie Israel, die Vereinigten Arabischen Emirate oder Saudi-Arabien irritiert – die Feinde des Iran in der Region, mit denen Peking beste Wirtschaftsbeziehungen unterhält.

Nachdem sich der Iran weigert, sein Atomprogramm einzustellen, beschließt der UN-Sicherheitsrat 2006 weitreichende Sanktionen – mit Chinas Stimme. Doch im Gegensatz zu anderen Mitgliedern des Sicherheitsrats halten sich chinesische Firmen nicht ernsthaft an die Sanktionen. Während sich europäische Unternehmen vom iranischen Markt zurückziehen, steigen die chinesischen Exporte in das Land sprunghaft an, vor allem Maschinen und Industriegüter werden aus China importiert. Von 2003 bis 2014 verneunfacht sich der chinesisch-iranische Handel. Auch Karl Lee kann sein Grafit, seine Elektroden und Messinstrumente liefern.

Ist das der Grund für Chinas Führung, Karl Lee zu schützen – um den Handel mit dem Iran auszubauen?

Im Laufe unserer Recherche haben wir viele mögliche Theorien gehört, warum der chinesische Geschäftsmann unantastbar ist: dass er viel Geld hat, dass er sich gute Anwälte leisten kann, dass er hochrangige Kader schmiert, dass er seine Verbindungen als Nachfahre eines Armeehelden nutzt und ebenso seine Beziehungen als ehemaliger Beamter. Doch all die Theorien sind nur unter einer Voraussetzung plausibel: dass Karl Lee zwar vielleicht nicht im direkten Auftrag, aber doch im Interesse der chinesischen Regierung handelt, als Akteur in einem gewaltigen Balanceakt, dessen Ziel es ist, die Beziehungen zu Teheran auszubauen, ohne gleichzeitig die anderen Länder im Nahen Osten allzu sehr zu provozieren.

Zwei Maximen haben in den vergangenen Jahrzehnten die chinesische Außenpolitik geprägt. Erstens: das Prinzip der territorialen Integrität und der Nichteinmischung. Im Fall des Iran bedeutet das: Peking darf sich nicht in die Streitigkeiten in der Region einmischen, sondern soll gute Beziehungen zu allen Ländern pflegen, um seinen Einfluss im Nahen Osten auszubauen. In Saudi-Arabien oder Israel goutiert man Pekings Entscheidung, den Iran zu sanktionieren. Dass aber ausgerechnet chinesische Unternehmen davon am meisten profitieren, hat mit der zweiten Grundüberzeugung der chinesischen Außenpolitik zu tun: Moral? Werte? Gesetze? Beziehungen? All das zählt nicht, sondern Geschäfte, Deals und krumme Abmachungen.

Die Welt ist für Peking ein Basar. Wenn irgendwo ein Diktator eine Autobahn in seinem Land wünscht, beginnen chinesische Bautrupps wenig später mit dem Teeren. Nachfragen zur Finanzierung, der Umwelt oder gar nach Menschenrechten stellt niemand, vorausgesetzt, der Preis stimmt. Für die Schnellstraße gibt es im Gegenzug dann vielleicht die Schürfrechte für eine Kupfermine oder die Genehmigung, auf Hunderten Quadratkilometern Soja für den chinesischen Markt anzubauen. In der Volksrepublik wird gerne von Win-win-Möglichkeiten gesprochen, die es zu finden gilt. Wobei es eigentlich um Win-win-win geht, denn die Führung in Peking schließt oft nur dann Vereinbarungen, wenn der Vorteil für China überwiegt.

Im Nahen Osten geht es Peking dabei um Öl – fast die Hälfte der Energieimporte stammt aus der Region – und um Aufträge für chinesische Firmen. Vor 15 Jahren sind das vor allem Exportgeschäfte, wie Karl Lee sie macht; heute stehen Infrastrukturprojekte im Vordergrund. Die »Neue Seidenstraße« heißt das Herzensprojekt von Chinas Staats- und Parteichef Xi Jinping.

Überall in der Welt sollen chinesische Unternehmen bauen. Es kursiert die Zahl von 1000 Milliarden Dollar, die China investieren will. Was in der Propaganda nach einem herzensguten Plan klingt, dient in Wahrheit dazu, die chinesische Wirtschaft zu sanieren.

Das Wachstumsmodell der Volksrepublik ist nämlich schon vor Jahren an seine Grenzen gestoßen. Damit die Wirtschaftsleistung Jahr für Jahr steigt, investiert der Staat selbst, in Straßen, neue Flughäfen und das dichte Schnellbahnnetz. Die Folge: Schulden über Schulden. Allein die Staatsbahn hat Verbindlichkeiten in Höhe von umgerechnet knapp einer Billion Euro angehäuft. Durch die Seidenstraßen-Initiative sollen weitere Märkte für chinesische Konzerne entstehen, natürlich auch im Iran. Wie diese Aufträge zustande kommen, ist meistens intransparent. Gut denkbar, dass die chinesischen Behörden sich bei einem Rüstungsgeschäft ahnungslos stellen, um einen viel größeren Seidenstraßen-Deal einzufädeln.

Mit Beginn der UN-Sanktionen 2006 habe die chinesische Regierung »ein doppeltes Spiel« begonnen, sagt Angela Stanzel von der Stiftung Wissenschaft und Politik. Auf internationaler Bühne stellt sich Peking gegen den Iran, um sich als verantwortungsvolle Weltmacht zu präsentieren. Hinter den Kulissen aber habe Peking weiterhin »verdeckte militärische Unterstützung« geleistet – durch Karl Lee und seine staatlich tolerierten Exporte. Was vor 15 Jahren vor allem wirtschaftliche Gründe hatte, gewinnt zunehmend geopolitisch an Bedeutung.

Stanzels Forschung zeigt: Peking hat ein strategisches Interesse an der Aufrüstung des Iran. Sie hat Regierungsdokumente ausgewertet und chinesische Außenpolitik-Experten befragt. In Peking gewinnen demnach Stimmen an Einfluss, die den Iran militärisch stärken wollen, um die USA im Nahen Osten beschäftigt zu halten. Shi Yinhong, Professor für Internationale Beziehungen an der Renmin-Universität in Peking und einer der wichtigsten außenpolitischen Berater des Staatsrates, sagt zum

Beispiel: »Washingtons stärkeres Engagement im Nahen Osten kommt Peking zugute und verringert Washingtons Fähigkeit, China gezielt unter Druck zu setzen.«

Die Strategen in Peking machen folgende Gleichung auf: Ein stärkerer Iran erzeugt Unruhe im Nahen Osten, und ein unruhiger Naher Osten bindet die Aufmerksamkeit der Vereinigten Staaten. Das wiederum bedeutet, dass die Amerikaner sich weniger auf Chinas Hinterhof konzentrieren können – den Indopazifik. Oder anders formuliert: Ein amerikanischer Flugzeugträger, der im Persischen Golf den Iran in Schach halten muss, ist ein Flugzeugträger weniger, der beispielsweise Taiwan im Falle einer chinesischen Invasion zu Hilfe kommen kann. China wolle deshalb »alle Wege nutzen, um gegen die USA zu sticheln und sie abzulenken«, sagt Stanzel. Die heimliche militärische Kooperation zwischen Peking und Teheran habe System, Karl Lee sei zwar der prominenteste, aber bei Weitem nicht der einzige derartige Fall.

Auch andere Unternehmen, die nicht mit Karl Lee in Verbindung stehen, wurden von den Vereinigten Staaten wegen Unterstützung des iranischen Raketenprogramms sanktioniert. Außerdem haben chinesische Firmen etliche Millionen in die Aluminium-, Kupfer- und Stahlindustrie des Iran investiert – also in Wirtschaftszweige, die für den Raketenbau von großer Bedeutung sind. Einem Bericht der Nachrichtenagentur *Reuters* zufolge hat eine Tochterfirma eines staatseigenen chinesischen Unternehmens eine Raffinerie mit aufgebaut, die von den iranischen Revolutionsgarden zur Produktion von Aluminiumpulver für das Raketenprogramm genutzt wurde.

Die verdeckte militärische Zusammenarbeit umfasst offenbar auch eine Kooperation der Geheimdienste beider Länder, denn als von 2010 an in China reihenweise amerikanische Agenten verschwinden und hingerichtet werden, decken gleichzeitig die Behörden in Teheran ein Spionagenetzwerk der Amerikaner in ihrem Land auf. Offenbar ist es dem iranischen Geheimdienst gelungen, in das Kommunikationssystem der CIA einzudringen – mit chinesischer Hilfe, wie amerikanische Beamte vermuten.

Seit Xi Jinpings Amtsantritt als Parteichef 2012 ist Chinas Außenpolitik aggressiver und selbstbewusster geworden. Xi sieht sein Land auf Augenhöhe mit den USA – in einer Welt, in der es nur noch zwei Supermächte gibt. Das Ziel Pekings, sagt Angela Stanzel, sei es, die Vereinigten Staaten zu überholen – wirtschaftlich, aber auch militärisch.

Dabei nimmt der Iran eine Schlüsselrolle ein, als der erbittertste Feind der USA in der erdölreichsten Region der Welt.
Während sich China und die Vereinigten Staaten entfremden, nähern sich Teheran und Peking seit mehreren Jahren an. Trotz der Sanktionen des UN-Sicherheitsrats kauft China dort Rohöl ein und baut Eisenbahnstrecken. Mittlerweile arbeiten die Streitkräfte beider Länder auch offen zusammen. Sichtbar wird das erstmals 2016, als zwei chinesische Kriegsschiffe im Persischen Golf gemeinsam mit den iranischen Seestreitkräften eine Militärübung durchführten – im selben Jahr übrigens, in dem Xi Jinping zu einem Staatsbesuch nach Teheran reist.

In Peking sprächen die chinesischen Strategen von der »Irankarte«, wenn es um die Beziehungen zwischen Peking und Washington gehe, sagt Stanzel. Falls sich die Spannungen zwischen den beiden Supermächten weiter verschärfen sollten, falls es eines Tages tatsächlich zu einem offenen Konflikt kommen sollte, könnte China diese Karte ausspielen. Dann könnte Peking den Iran mühelos in seine Reihen bringen und vielleicht sogar zum Bündnispartner erklären – wohl auch dank Karl Lees Vorarbeit.

17. ES REGNET RAKETEN

Wir sind unterwegs zum Münchner Flughafen – diesmal nicht zwei Stunden vor Abflug wie sonst, sondern vier. Denn an diesem Nachmittag starten wir vom »PITA-Terminal«, wie es manche Vielflieger nennen. PITA steht in diesem Fall nicht für Fladenbrot, sondern für *pain in the ass.* Reisende sollten viel Zeit einplanen, denn die Sicherheitsmaßnahmen sind extrem.

Der Grund ist die erste vereitelte Flugzeugentführung in Deutschland. Drei arabische Terroristen versuchten 1970 am Flughafen München-Riem, eine Maschine der israelischen Fluggesellschaft El Al zu kapern. Der 32-jährige Passagier Arie Katzenstein warf sich auf eine Handgranate, bevor diese explodierte, und verhinderte ein noch größeres Blutbad. Er starb, elf weitere Passagiere wurden verletzt. Auf dem 1992 eröffneten neuen Münchner Flughafen »Franz Josef Strauß« gibt es deswegen einen gesonderten Abfertigungsbereich für Flüge nach Israel.

Der Weg zu Terminal F, wie es offiziell heißt, führt durch einen langen Tunnel. Wir passieren unzählige Automatiktüren, unter den Augen von Polizisten mit Maschinengewehren und schusssicheren Westen. Auf der Galerie über der Gepäckaufgabe patrouillieren bewaffnete israelische Sicherheitsleute. Während wir warten, lesen wir auf dem Handy die jüngsten Meldungen aus Israel. Vor wenigen Tagen haben militante Palästinenser mehrere Raketen auf Wohngebiete gefeuert. Das israelische Militär attackierte daraufhin Posten der radikalislamischen Hamas mit Kampfjets und Panzern. Seither herrscht Waffenruhe – fragt sich nur, wie lange. Seit Jahrzehnten greift eine Seite die andere an, mal radikale Palästinenser Israel, dann wieder das israelische Militär Ziele im Gazastreifen oder dem Westjordanland.

Schon länger sind wir mit der israelischen Botschaft in Berlin in Kontakt, mit dem israelischen Außenministerium, mit dem Verteidigungsministerium. Wir haben Israels Botschafter getroffen, seine Sprecherinnen und Sprecher – dazu Leute, die mutmaßlich für den israelischen Geheimdienst arbeiten. Israels Behörden sind in Sachen Öffentlichkeitsarbeit Profis: Sie sind verschwiegen, wenn es um die Aktivitäten des Mossad geht, etwa um die Morde an iranischen Wissenschaftlern, die dem Geheimdienst zugeschrieben werden. Wenn es aber um das Treiben feindlicher Länder oder Organisationen geht, zum Beispiel um den Iran, Syrien oder die Hamas, sind sie mitteilsam. Das israelische Militär hat schon seit 2009 einen eigenen Twitter-Kanal – in mittlerweile sieben Sprachen postet dort die PR-Abteilung der Streitkräfte Videos, Fotos und sogar Memes über gelungene Einsätze. Israels Botschaften organisieren derweil Hintergrundgespräche, in denen man viel erfährt, aus denen man aber wenig offiziell zitieren darf. Auch wir wurden bei früheren Recherchen schon zu solchen Treffen eingeladen. Bei einem dieser Gespräche hat uns ein Botschaftsmitarbeiter ein Dossier mit offenkundigen Geheimdienstinformationen hingelegt und augenzwinkernd den Raum verlassen.

Wir glauben, dass wir in Israel beste Chancen haben, an weitere Informationen über Karl Lee zu kommen. Denn der Mossad hat den chinesischen Geschäftsmann schon lange im Visier. Wie bereits erwähnt, waren die Israelis und die Briten vor etwa 20 Jahren die Ersten, die sich noch vor den Amerikanern in Peking über Karl Lee beschwerten. Und schließlich war es ein Mossad-Chef, der die New Yorker Staatsanwälte um Robert Morgenthau überhaupt erst auf Karl Lee ansetzte und ihnen entscheidende Hinweise gab. Von den amerikanischen Ermittlern wiederum fanden die Informationen dann ihren Weg zur CIA. Im Büro von Adam Kaufmann, einem der damaligen Staatsanwälte, hängt noch heute eine Plakette des US-Geheimdienstes: Dank für die Hilfe im Fall Karl Lee.

Die Strategie scheint klar: Israels Geheimdienste stechen regelmäßig Informationen durch, wenn es ihnen nutzt. Und im

Fall Karl Lee dürfte es ihnen nutzen: Je mehr über ihn berichtet wird, je mehr er im Fokus der Weltöffentlichkeit steht, umso schwerer dürfte es ihm fallen, sich weiter zu verstecken und Geschäfte mit dem Iran zu tätigen.

Wir steigen also ins Flugzeug mit ein paar Terminen im Kalender und einer vagen Hoffnung, wie oft bei solchen Recherchen. Denn eines haben wir im Laufe der Zeit gelernt: Wenn es um sensible Themen geht, hassen die meisten Gesprächspartner E-Mails und Anrufe, seien sie verschlüsselt oder nicht – das gilt für Geheimdienstmitarbeiter, für Rechtsanwälte, Offiziere und auch für israelische Beamte. Persönliche Treffen sind der Schlüssel. Daher nun unser Trip nach Israel. Wenn wir erst mal den entscheidenden Personen gegenübersitzen, sollte das alles ein Selbstläufer werden – hoffen wir.

Von Tel Aviv geht es nach Norden, erst entlang an der Küste, dann hinein ins Landesinnere, vorbei an Nazareth und am See Genezareth. Die Straße verläuft zwischen hohen, dichten Laubbäumen. Während wir uns über Serpentinen in die Golanhöhen schlängeln, kreist ein Militärhubschrauber am Himmel. Bunker, Panzer und Panzerattrappen ziehen am Fenster vorbei, Minenwarnschilder und eine Ansammlung weißer Quader – ein Übungsgelände für den Häuserkampf.

Wir sollen am Fuß des Berges Hermonit warten, an einem Denkmal für gefallene Soldaten der 7. Panzerbrigade, die hier besonders viele Männer verlor. Verabredet sind wir mit einem Sprecher des israelischen Militärs, Jonathan Conricus. Als wir ankommen, steigt er sofort aus seinem Wagen. Er ist hochgewachsen, muskulös, hat einen festen Händedruck, wache Augen und ein breites Kinn. Ein Mann wie eine Actionfigur. Begleitet wird er von einem jungen PR-Spezialisten namens Ben Rosner, der einst für eine Agentur in New York Volkswagen im Dieselskandal zur Seite stand. Nun ist er bei den israelischen Streitkräften für die Betreuung ausländischer Journalisten zuständig – und unterstützt Jonathan Conricus, das Sprachrohr des Militärs für das Ausland. Er wird immer dann vorgeschickt, wenn es heikel wird.

Denn Conricus ist kampferfahren und weltgewandt. Seine Kindheit hat er in Schweden verbracht, später diente er in einer Brigade der israelischen Armee an der Grenze zum Gazastreifen. »Ich mag es, Dinge in die Luft zu jagen«, sagte Conricus einmal in einem Interview, deshalb habe die Infanteriebrigade perfekt zu ihm gepasst. Diese bekämpft vor allem Terroristen der Hamas und beschäftigt zahlreiche Spezialisten zur Sprengung von
160 Terrortunneln.

Der Treffpunkt auf 1200 Metern Höhe war Conricus' Vorschlag. Er und seine Berater wissen um die Wirkung dieser Kulisse. Hier oben hat die israelische Armee vor Jahrzehnten einen Beobachtungsposten errichtet, eine Festung aus massiven Betonwänden mit Unterständen und Schützengräben. Und genau vor dieser Szenerie will Conricus mit uns über die Bedrohung durch iranische Raketen sprechen. Der Posten ist das Sinnbild eines Staates, der sich seit seiner Gründung gegen Angreifer wehren muss. Kleine rostige Rohre ragen wie Schnorchel aus dem Boden. Sie deuten auf eine viel größere Bunkeranlage unter der Erde hin. Kabel liegen herum und Müll. Auf den ersten Blick scheint es, als hätten die Israelis den Posten längst aufgegeben. Und so soll es vermutlich auch wirken.

Plötzlich taucht aus einem der Schützengräben ein Soldat in Tarnkleidung auf, dann ein zweiter, insgesamt ein halbes Dutzend Männer. Sie grüßen Conricus ehrfürchtig, offenbar bekommen sie nicht so häufig Besuch aus dem Hauptquartier. Conricus führt uns eine Treppe hinauf, auf eine betonierte Plattform mit Panoramablick.

Im Westen senkt sich gerade die Sonne über den Golanhöhen. Sie taucht alles in rötlich goldenes Licht. Im Norden erhebt sich eine mehr als 2800 Meter hohe Bergkette, während sich im Osten ein gigantisches, kaum besiedeltes Tal ausbreitet. Hier verlaufen auf engstem Raum gleich mehrere jahrzehntealte Konfliktlinien.

Schon die Frage, auf wessen Staatsgebiet wir gerade stehen, ist umstritten. Für die Israelis ist klar: auf ihrem. Sie eroberten die Golanhöhen 1967 im Sechstagekrieg und annektierten sie 1981. Seitdem betont die syrische Regierung bei jeder Gelegenheit, sie wolle das Gebiet »durch alle zur Verfügung stehenden Mittel« zurückgewinnen. Auch für die Vereinten Nationen, die Europäische Union, Russland oder China gehören die Golanhöhen bis heute zu Syrien. Lediglich die US-Regierung unter Präsident Donald Trump hat das Felsplateau 2019 als israelisches Territorium anerkannt. Die UN, die EU und die Arabische Liga kritisierten diesen Schritt scharf.

Das beeindruckende Bergmassiv im Norden ist ebenfalls hochumstrittenes Gebiet. Dort erhebt sich der große Bruder des Hermonit, der Hermon. Den Südhang besetzte und annektierte Israel nach dem Sechstagekrieg gleichzeitig mit den Golanhöhen. Das Areal ist wegen seiner Höhe strategisch von großer Bedeutung, die Israelis nennen es »die Augen des Staates«. Von dort aus beobachtet der Militärgeheimdienst Israels Feinde in Syrien und im Libanon, während gleich nebenan jeden Winter Hunderttausende Touristen Israels einziges Wintersportgebiet nutzen.

Den Gipfel und die Ostseite des Berges kontrolliert die syrische Armee, der Westen und Norden des Massivs gehören zum Libanon. Von dort aus feuerte die Hisbollah in den vergangenen Jahren immer wieder Raketen auf Israel. Am Südhang des Hermon beginnt die »Alphalinie«, wie sie Jonathan Conricus nennt – die israelische Grenze, die durch einen hundert Kilometer langen Zaun gesichert ist, der bis Jordanien verläuft. Dahinter kann man die »Bravolinie« erahnen, die syrische Grenze.

Seit 2014 ist es wieder ruhig, zumindest an der Oberfläche. »Aber hier geschieht mehr, als das Auge sehen kann«, sagt Conricus. Von hier aus horchen und spähen die Israelis nach Syrien und in den Libanon. Diese wiederum spionieren in die Gegenrichtung. Auf dem Berg im Südosten, der aussieht wie ein schlafender Elefant, betreiben die Syrer ihre wichtigste Abhöranlage –

die Syrer und »die anderen«, sagt Conricus. Soll heißen: die Iraner – neben Russland Syriens wichtigste Verbündete.

Conricus deutet auf die Bergkette im Norden: »Was man dort sieht, ist wie ein Highway. Ein Schmuggel-Highway für den Iran«, sagt er. Meist fahren die Konvois im Westen des Landes los und passieren dann einen Checkpoint nach dem anderen. Vom Iran aus geht es durch den Irak, durch Syrien über die Grenze in den Libanon. Manchmal starten die Fahrzeugkolonnen auch in Damaskus, mit Waren, die zuvor von iranischen Fluggesellschaften in die syrische Hauptstadt transportiert wurden. Die Ladung: ganze Raketen, Raketenteile und Maschinen für deren Herstellung. Mehr als 200 solche Konvois haben israelische Kampfflugzeuge in den vergangenen Jahren angegriffen.

Die Raketen sind für den bewaffneten Arm der libanesischen Hisbollah bestimmt. Seit ihrer Gründung in den Achtzigerjahren verfolgt die Miliz vor allem ein Ziel: den Kampf gegen Israel.

Schon jetzt habe die Hisbollah rund 120.000 Raketen in ihrem Arsenal, erzählt Conricus. Doch es handle sich fast ausschließlich um »dumme« oder »statistische Raketen«, wie er sie nennt. Sie funktionieren in etwa wie Silvesterraketen. Ihre Reichweite ist gering, und wenn sie einmal abgefeuert sind, besteht keine Möglichkeit mehr, ihre Flugbahn zu verändern. Diese Raketen sind potenziell tödlich, doch extrem ungenau – ähnlich wie die Geschosse der Hamas im Gazastreifen.

Seit einigen Jahren aber versucht die Hisbollah, über Teheran an größere und vor allem an hochpräzise Raketen zu kommen. Dass der Iran über solche Geschosse verfügt, demonstrierten Teherans Militärs am Vormittag des 8. September 2018 auf eindrucksvolle und brutale Weise. Damals kam im Nordirak, in einer Stadt namens Koya, die Führung einer Partei der iranischen Kurden zusammen, die aus dem Exil für die Unabhängigkeit der kurdischen Minderheit im Iran kämpft. Gleichzeitig stiegen in 220 Kilometern Entfernung im Nordosten des Iran mehrere Raketen auf. Um 10.45 Uhr schlugen sieben Raketen in das Hauptquartier der Partei ein. Das Gebäude wurde fast völlig zerstört und ein Großteil der Parteiführung getötet oder verletzt.

Der Angriff versetzte Analysten in Washington und Tel Aviv in Aufruhr. Bei einer internationalen Konferenz zum Thema Raketenabwehr in London im Februar 2019 präsentierte der israelische Analyst Uzi Rubin eine Reihe von Satellitenbildern der Attacke. Rubin gilt als Vater des israelischen Raketenabwehrsystems und wird in seiner Heimat wie ein Held verehrt. Am Beispiel Koya zeigte Rubin seinen Kollegen aus Großbritannien, den USA und anderen verbündeten Ländern, dass die neue Generation iranischer Raketen mit Navigationssystemen für »punktgenaue Präzision« ausgestattet ist. Damit würden die zerstörerischen Effekte vervielfacht, warnte Rubin.

Dass die Iraner an der Treffgenauigkeit ihrer Raketen arbeiten, ist lange bekannt, doch dass sie derart präzise treffen, haben viele Experten nicht für möglich gehalten. Seit dem Angriff von Koya ist klar: Iranische Raketen können ihre Sprengköpfe über Hunderte Kilometer auf wenige Meter genau ins Ziel tragen – dank Li Fangweis Hilfe, denn nach Erkenntnissen der Amerikaner hat er Steuerungskomponenten für Hunderte Raketen an den Iran geliefert.

Schon 2013 stellte der israelische Militärgeheimdienst fest, dass der Iran die verbündete Hisbollah im Libanon mit Präzisionsraketen ausstatten will. Doch die Geschosse sind mehrere Meter lang – die Gefahr, dass die Fahrzeuge entdeckt werden, ist groß. Viele Konvois kommen »in Schwierigkeiten«, wie Armeesprecher Conricus es ausdrückt. Soll heißen: Der Militärgeheimdienst kann sie orten, und israelische Kampfjets bombardieren die Fahrzeuge.

Also veränderten die Hisbollah und der Iran ihre Strategie. Fortan versuchten sie, direkt im Libanon Präzisionsraketen herzustellen. Ab 2016 errichteten sie dafür Fabriken, unter anderem in der Hauptstadt Beirut. Statt großer Raketen schmuggeln sie Steuerungskomponenten in das Land – Aufrüstungspakete, die bereits existierende »dumme« Geschosse in Präzisionsraketen verwandeln. In solchen Paketen werden auch Gyroskope verbaut – und die wiederum hat Karl Lee massenhaft an den Iran geliefert.

Das israelische Verteidigungsministerium weiß, dass wir zu dem mysteriösen Chinesen recherchieren. Seit Wochen sind wir deswegen in Kontakt mit den Sprechern des Militärs.

Jetzt ist der entscheidende Moment gekommen. Jetzt könnte Conricus auspacken und uns erzählen, was Israel über Karl Lee weiß. Wir würden ihn damit nicht zitieren dürfen, das ist uns klar, »im Hintergrund« – »on background« – werden solche Gespräche genannt. Und Israel ist ein Meister im Streuen von Informationen.

Umso größer ist unsere Enttäuschung: Zu Karl Lee möchte Conricus nichts sagen. Wir bohren nach, erklären, was wir seinen Kollegen und Kolleginnen geschildert haben: dass wir schon seit Monaten zu Karl Lee recherchieren, neue Spuren haben und angesichts der Bedrohung Israels durch iranische Raketen hoffen, dass israelische Behörden uns mit ein paar Details hier und ein paar Antworten dort weiterhelfen können.

Aber Conricus bleibt hart. »Das ist eine sehr sensible Angelegenheit, es geht um Geheimdiensterkenntnisse.« Mehr will er nicht sagen. Was für ein Reinfall.

Da haben wir diesen Trip nun wochenlang geplant, haben die israelische Botschaft, das israelische Außenministerium und gefühlt ein Dutzend Sprecher und Sprecherinnen umgarnt, und dann das: Wir stehen auf den Golanhöhen und zu Karl Lee – nichts.

Wie viel Israel über die iranischen Beschaffungswege wisse, wolle er nicht offenlegen, erklärt Conricus. Was er einzig sagen könne: »Wir haben im Blick, wo sie ihre Teile kaufen und wer sie ihnen liefert.« Jeder, der zur Bedrohung Israels beitrage, sei im Visier. Egal, wo er sich verstecke.

18. DER FEUERRING UM ISRAEL

Der »Falke« öffnet die Tür: Yaakov Amidror, ehemaliger General der israelischen Streitkräfte, bekannt für sein aufbrausendes Temperament und seine dezidierten Ansichten. Wir blicken in ein freundliches Gesicht mit weißem Vollbart. Amidror gilt als tiefreligiös, er trägt Kippa und bittet uns herein in sein Häuschen etwas nördlich von Tel Aviv. Bei unserem Besuch in der israeli- schen Botschaft in Berlin hieß es, ein Gespräch mit ihm könnte sich lohnen. Also nehmen wir Platz in Yaakov Amidrors Wohnzimmer voller Antiquitäten.

Amidror und Israels späterer Ministerpräsident Benjamin Netanyahu haben sich Ende der Sechzigerjahre kennengelernt, während ihrer gemeinsamen Zeit beim Militär. Dort wird Amidror zum Fallschirmjäger ausgebildet, während des Sechstagekriegs kämpft er im Gazastreifen und auf den Golanhöhen. Danach macht er eine steile Karriere und bringt es bis zum Leiter der Analyseabteilung des Militärgeheimdienstes.

Als Netanyahu ihn 2011 zu seinem Sicherheitsberater und zum Vorsitzenden des Nationalen Sicherheitsrates beruft, löst das in weiten Teilen von Israels politischer Linker einen Aufschrei aus. Seine Berufung sei »gefährlich«, warnen Amidrors Kritiker in einem Brief. In den Jahren zuvor wurde er nicht müde, Israels Abzug aus dem Gazastreifen 2005 als Fehler zu bezeichnen und einen erneuten Einmarsch in das Palästinensergebiet zu fordern. Außerdem machte er immer wieder mit Äußerungen Schlagzeilen, die ihm seine Kritiker nun vorhalten: etwa dass säkulare Juden nichts anderes seien als hebräisch sprechende Nicht-Juden und dass einem Soldaten, der sich nicht traue, nach vorne zu stürmen, in den Kopf geschossen werden solle. In seiner Zeit als Sicherheitsberater ist Amidror Israels Kontaktmann nach Washington für die Verhandlungen über das iranische Atomprogramm. Und tatsächlich erfüllt er schon kurz nach seinem Amtsantritt die Befürchtungen seiner Kritiker, als er bei einer Versammlung von Israels Diplomaten einen Botschafter vor allen anderen zusammenstaucht, weil er meint, einen Hauch von Kritik an der Siedlungspolitik der Regierung vernommen zu haben: Israels Botschafter sollten gefälligst Israel repräsentieren oder kündigen und in die Politik gehen.

Auch wenn es seltsam klingen mag, aber uns stimmt all das optimistisch. Bei seiner Vita muss Amidror mit dem Fall Karl

Lee vertraut sein, und er dürfte mehr als ein Motiv haben, mit uns darüber zu sprechen. Wir wollen von ihm mehr über Israels Rolle in der Sache wissen: Wann wurden die Behörden erstmals auf Karl Lee aufmerksam? Wie genau kam es zum Entschluss, die Staatsanwälte in New York auf den chinesischen Geschäftsmann aufmerksam zu machen? Und weiß er vielleicht, welche aktuellen Erkenntnisse Israels Behörden zu Karl Lees Aktivitäten haben?

Vor einem solchen Treffen kann man so etwas nicht fragen, oder es wäre jedenfalls nicht sonderlich klug. Wenn man ein potenziell unangenehmes Thema vorher auf den Tisch legt, verringert man die Chancen, dass man überhaupt einen Termin bekommt.

Unsere Taktik ist also: langsam zu unserem eigentlichen Thema hinzuleiten.

Dann sitzt Amidror vor uns – und sobald wir auf Teheran zu sprechen kommen, verfinstert sich seine Miene. Derzeit werde versucht, einen »Feuerring« um Israel zu ziehen, erklärt er uns. Wer dahinterstecke, sei eindeutig: »Der Iran, der Iran und nochmals der Iran.« Und zwar über seine Verbündeten und Stellvertreterarmeen im gesamten Nahen Osten:

Die Hisbollah im Libanon, an der Nordgrenze Israels, sei nichts anderes als »Teherans langer Arm« und werde mit den besten Waffensystemen ausgestattet. Gleichzeitig entstehe in Syrien eine mit Raketen aufgerüstete »iranische Kriegsmaschine«.

Dazu kämen Milizen im Irak, die Huthi-Rebellen im Jemen, die Hamas und der Islamische Dschihad im Gazastreifen. Sie alle würden vom Iran unterstützt und zum Teil auch kontrolliert. Sie seien Teil der iranischen Bemühungen, Israel einzukreisen – für stetige Angriffe aus allen Himmelsrichtungen und womöglich: den einen tödlichen Schlag.

Das Feuer dieses Rings, wie ihn Amidror beschreibt, bestand bislang vor allem aus den bereits erwähnten »dummen« Raketen, die nicht sehr treffsicher sind. Solange davon nicht Hunderte gleichzeitig auf Israel abgefeuert würden, könne der Iron Dome sie abfangen, sagt Amidror – das Raketenabwehrsystem, das in den vergangenen Jahren vielen Israelis das Leben gerettet hat. Die Kosten dafür sind allerdings hoch: Schätzungen zufolge liegt der Preis für eine Abfangrakete zwischen 20.000 und 100.000 Dollar. Zehntausende Raketen abzufangen, ist Amidror zufolge schon allein wirtschaftlich unmöglich.

Und damit nicht genug: Die Raketen der Iraner und ihrer Verbündeten werden laut Amidror immer präziser. Einige könnten mittlerweile auf wenige Meter genau ihre Ziele treffen. Für ein derart kleines Land wie Israel, in dem kritische Infrastruktur nicht vielfach vorhanden ist, kann das fatale Folgen haben. Ein präziser Raketenangriff auf die »Kirya« zum Beispiel – das Verteidigungsministerium samt Militärhauptquartier im Herzen Tel Avivs – könnte seinem Land einen schweren Schlag versetzen, sagt Amidror.

Die Ziele für ihre Präzisionsraketen jedenfalls haben Israels Feinde bereits ausgewählt. Die Hisbollah zeigte schon einmal in einem Youtube-Video mit hebräischen Untertiteln und martialischer Musik Satellitenbilder mit genauen Koordinaten: das Militärhauptquartier, mehrere Stützpunkte der Luftstreitkräfte, eine Ölraffinerie und Israels Atomreaktor in Dimona. In einem anderen Video aus dem Jahr 2016 erklärt Hisbollah-Führer Hassan Nasrallah, der Libanon habe längst »eine Atombombe«. Es sei zwar keine Atombombe im eigentlichen Sinne, aber ein gezielter

Raketenangriff auf einen Ammoniaktank im Hafen der nordisraelischen Stadt Haifa hätte denselben verheerenden Effekt wie ein atomarer Sprengkopf.

General Amidror redet sich in seinem Wohnzimmer immer mehr in Rage. Er wurde nur einen Tag nach der israelischen Unabhängigkeitserklärung geboren, sein ganzes Leben schon ist seine Heimat bedroht. Seit Jahren sehe die Welt tatenlos zu, wie der Iran immer bessere Raketen baue und sie an Israels Feinde verteile. Die Vereinten Nationen, die EU und auch Deutschland ließen es zu, sagt Amidror, dass die Hisbollah Raketen in libanesischen Wohnvierteln lagere und so die dortige Zivilbevölkerung in Gefahr bringe. Was aber werde passieren, wenn Israel sich selbst verteidige, diese Raketenlager zerstöre und dabei viele Libanesen ums Leben kämen? »Natürlich werden die Europäer und die Vereinten Nationen dann Israel verurteilen«, schimpft Amidror. Stellenweise wirkt es fast, als habe er nur darauf gewartet, dass deutsche Journalisten in sein Wohnzimmer kommen und er sich diese mal richtig zur Brust nehmen kann. Was habe Deutschland denn in seiner Zeit als Mitglied des UN-Sicherheitsrats dagegen unternommen, blafft er uns an. Wie oft habe sich Deutschland eingemischt? »Fragt eure Vertreter bei den Vereinten Nationen«, fordert er uns auf, und er hebt die Stimme: »Nichts haben sie getan.«

»Wir können den anderen nicht vertrauen«, sagt Amidror. Israel müsse sein Schicksal selbst in die Hand nehmen. »Deshalb waren die Gründer unseres Staates klug, als sie sagten: Israel muss sich selbst aus eigener Kraft verteidigen können.«

Jetzt, denken wir, haben wir den richtigen Moment erreicht, um zu Karl Lee überzuleiten. Amidror ist gerade sehr klar, entschieden und direkt. Also lenken wir das Gespräch auf Karl Lee und seine Rolle als Lieferant des Iran.

Und an dieser Stelle wird unser Gegenüber plötzlich sehr einsilbig. Ausgerechnet über jenen Mann, den Israel erst ins Visier der amerikanischen Justiz brachte, will er nicht sprechen. Partout nicht.

Wir sind überrascht und bald noch frustrierter als am Tag zuvor auf den Golanhöhen. Wir bohren, haken nach und versuchen es nach einer kurzen Pause mit ein paar unverfänglichen Fragen wieder. Doch Amidror bleibt bei seiner Linie – mit einer, insbesondere für den ehemaligen Leiter einer Geheimdienst-Analyseabteilung, eigenartigen Begründung: Er könne sich leider nicht gut an Namen erinnern.

Es klingt wie eine Ausflucht, wahrscheinlich ist es auch eine. Aber beweisen können wir das natürlich nicht. Es ist ein deprimierendes Gespräch, und leider bleibt es nicht unser einziges
dieser Art.

In den darauffolgenden Tagen treffen wir in Bürogebäuden, in Cafés und Restaurants etliche hochrangige Geheimdienstmitarbeiter und Spionageexperten. Da ist zum Beispiel die ehemalige Leiterin der Analyseabteilung des Mossad, Sima Shine. Sie war von 2003 bis 2007 auf diesem Posten, also genau in jener Zeit, als der Geheimdienst auf Karl Lee aufmerksam geworden war, als die US-Regierung erstmals Sanktionen gegen ihn verhängte und die israelische Regierung in Peking intervenierte. Doch als wir sie auf Karl Lee ansprechen, wirkt es, als würde sie zum ersten Mal von dem Chinesen hören. Oder Tal Inbar, einer der renommiertesten Raketenexperten des Landes, dem auch beste Verbindungen zum Mossad nachgesagt werden. Wir glauben, in seinem Gesicht ein süffisantes Lächeln zu erahnen, als wir Karl Lee erwähnen. Als wir nachfragen, weicht er aus. Zumindest einige unserer Gesprächspartner lassen durchblicken, dass sie wissen, wen wir meinen. Ihre Reaktionen reichen von wissendem Nicken über hochgezogene Augenbrauen, wenn Karl Lees Name fällt, bis hin zu unflätigen Beschimpfungen des chinesischen Geschäftsmannes. Ein »Bastard« sei er – sagt uns ein früherer Mossad-Chef.

Öffentlich aber will sich seltsamerweise keiner dazu äußern. Nicht das Verteidigungsministerium, nicht der Mossad, einfach niemand. Sosehr wir auch nachbohren, sosehr wir drängen und betteln – nichts.

Dabei sind Israels Behörden normalerweise weniger zurückhaltend, wenn es um den Iran geht. Der langjährige Ministerpräsident Benjamin »Bibi« Netanyahu etwa ließ keine Gelegenheit aus, um mit dem sprichwörtlichen Finger gen Teheran zu zeigen. 2012 zog er während einer Rede vor der UN-Vollversammlung eine Cartoon-ähnliche Zeichnung mit den Umrissen einer Bombe hervor und markierte mit dickem Filzstift eine »rote Linie«, ab der Israel den Iran angreifen würde. Ein paar Jahre später wedelte er bei der Münchner Sicherheitskonferenz mit dem

Teil einer angeblich abgeschossenen iranischen Drohne herum. Kritiker spotteten über seine »Bibi-Show«, aber kaum jemand zweifelte daran, dass er es ernst meinte.

Im April 2018 berichtet er der Weltöffentlichkeit von einem neuen Coup: In einer der wohl gewagtesten Aktionen in der Geschichte des Mossad haben Agenten dem Iran sage und schreibe 55.000 Seiten Geheimdokumente entwendet.

Israels Auslandsgeheimdienst hatte zuvor – wohl durch abgehörte Telefonate und mitgelesene E-Mails – erfahren, dass der Iran sämtliche Dokumente zu seinem Atomprogramm an einem zentralen Ort sammelt und so vor den Inspektoren der IAEA versteckt, die regelmäßig das Land besuchen. Angeblich wissen weniger als ein Dutzend Menschen – darunter der oberste Führer Ali Khamenei – von dem Versteck. Der Mossad spürte es dennoch auf.

Und so dringen in den Morgenstunden des 31. Januar 2018 mehrere israelische Agenten auf das Gelände eines unscheinbaren Lagerhauses in einem Vorort von Teheran vor. Die Männer sind gut informiert, offenbar hat ein Insider ihnen genau erklärt, was sie erwartet: 32 Tresore, gefüllt mit Dokumenten und CDs. Einige Safes tasten die israelischen Agenten nicht an, andere – so rekonstruiert es später die *New York Times* – öffnen sie mithilfe von Brennlanzen, die sich innerhalb kurzer Zeit durch den Stahl fressen. Vor allem auf schwarze Ordner haben sie es offenbar abgesehen: das besonders heikle Material. Nach etwa zwei Stunden machen sich die Israelis mit einer halben Tonne Dokumenten und 163 CDs wieder davon.

Ziel erreicht. Mission accomplished.

Zurück in Israel, übersetzen, analysieren und sezieren Spezialisten die Beute. Am 30. April 2018 tritt Benjamin Netanyahu vor die Presse, enthüllt zuerst ein Regal voller erbeuteter Ordner, dann eine Wand mit CDs. »Iran lied«, der Iran hat gelogen, steht während seiner Ausführungen auf einer großen Leinwand hinter ihm zu lesen. Ihm zufolge belegen die gefundenen Dokumente, dass das Land seine Pläne, eine Atombombe zu bauen, nie aufgegeben hat. Anders als bislang bekannt, sei 2003 das iranische Atomprogramm nicht eingestellt worden, sondern lediglich verlangsamt – und im Geheimen fortgesetzt. Eine treibende Kraft sei ein Mann namens Mohsen Fakhrizadeh. Vergessen Sie diesen Namen nicht, fordert der Ministerpräsident seine Zuhörer auf.

Mithilfe von Experten aus Pakistan und anderswo plane Teheran eine solche Bombe, die nötigen Bauteile seien beschafft – und auch schon getestet worden. Das Ziel: fünf atomare Sprengköpfe zu bauen, so zerstörerisch wie die Hiroshimabombe, nur viel kleiner. Denn sie sollten in die Spitze einer Shahab-3-Rakete passen.

An dieser Stelle macht Netanyahu eine kurze Pause. »Und ich muss Sie wohl nicht daran erinnern, dass der Iran die Reichweiten seiner Raketen ständig erhöht.« Die Shahab 3 fliege schon mindestens tausend Kilometer, die Raketen vom Typ Ghadr 1H kämen immerhin 1650 Kilometer weit, die Ghadr 1F sogar 1950 Kilometer.

Er zeigt auf das Bild einer Shabab 3 und sagt: »Sie können Riad erreichen.« Dann deutet er auf eine Ghadr 1H: »Tel Aviv.« Schließlich kommt er zur Ghadr 1F, der Rakete mit dem weitesten Radius: »Moskau.« Und der Iran arbeite an Raketen, die noch viel weiter fliegen könnten.

Nach allem, was wir wissen, dürfte genau jener Mann, dem

wir nun schon seit vielen Monaten hinterherrecherchieren, dabei eine wichtige Rolle spielen: Karl Lee.

Es ist seltsam: Israels Behörden veröffentlichen geheimes Material, Netanyahu präsentiert es der Weltöffentlichkeit in PowerPoint-Präsentationen, später dürfen es ausgewählte Journalisten sogar anschauen. Auch bei uns in München landen Dutzende Seiten davon – samt ungeschwärzten Namen iranischer Experten, Fotos von angeblichen Fertigungsstätten und Blaupausen. Über den Mann, der mit seinen Materiallieferungen den Bau der Raketen überhaupt erst ermöglicht, spricht in Israel jedoch niemand.

Warum ist das so?

Nach unserer Rückkehr telefonieren wir unsere Quellen ab, schicken ihnen Nachrichten, fragen sie nach ihrer Einschätzung. Und tatsächlich hören wir bald eine sehr plausible Theorie, warum in Israel niemand öffentlich über Karl Lee spricht. Sie lautet: Es liegt nicht nur daran, dass es sich um eine laufende Operation handelt – sondern vor allem daran, dass Israel es sich nicht mit China verscherzen will – ja: nicht verscherzen kann!

Man muss ein wenig ausholen, damit sich diese Theorie entfaltet: China baut bekanntlich seit Jahren seinen Machtbereich aus, nicht nur in Asien, in Afrika, in Lateinamerika, im Mittleren Osten, sondern auch im Nahen Osten – auch in Israel. Für Tel Aviv ist das Land nach den USA der zweitwichtigste Handelspartner. Und obwohl China wichtigster Abnehmer von iranischem Öl ist und sogar gerade mit Teheran vereinbart hat, für die kommenden 25 Jahre zusammenzuarbeiten, ist die Supermacht in Fernost für die Israelis kein Feind. China ist für Israel nicht einmal ein Gegner, sondern viel eher ein wichtiger Partner, mit dem man sich arrangieren sollte und dem man besser nicht auf die Füße tritt.

Besonders deutlich wurde dieses Verhältnis vor einigen Jahren in der »Bank-of-China-Affäre«, die in Israel hohe Wellen schlug. Der Fall ist für uns besonders interessant, weil er viele Parallelen zum Fall Karl Lee aufweist.

Die Affäre nimmt ihren Anfang in der ersten Hälfte der Zweitausenderjahre, just in jener Zeit also, in der auch der chinesische Geschäftsmann erstmals auf dem Radar der Geheimdienste auftaucht. Damals stellen israelische Experten fest, dass die Bank of China – eine der vier größten staatlichen Banken – eine Schlüsselrolle bei der Finanzierung palästinensischer Terrororganisationen spielt. Nach den Erkenntnissen der Ermittler fließt Geld aus dem Iran und Syrien über die Bank of China sowohl an die Hamas als auch an den Islamischen Dschihad. Es sind die Jahre der Zweiten Intifada, des palästinensischen Aufstands, und Israel wird gerade erschüttert von einer verheerenden Serie von Selbstmordattentaten.

Was kann Israel tun? Geheimdienstmitarbeiter reisen 2005 in offizieller Mission nach China. Im Gepäck haben sie Kontonummern und Daten verdächtiger Überweisungen, wie die *New York Times* später schreibt. Das Ziel: Sie wollen die Chinesen dazu bringen, die Zahlungen zu unterbinden.

Es ist exakt das gleiche Muster wie bei Karl Lee: In beiden Fällen sprechen die Israelis zunächst bei der Regierung in Peking vor, wie im Fall Karl Lee aus den bereits erwähnten Wikileaks-Depeschen hervorgeht. Und in beiden Fällen lässt Peking die Israelis abblitzen.

Also beschließt man in Tel Aviv, es über einen Umweg zu versuchen: die USA. In Sachen Karl Lee treten die Israelis an Robert Morgenthau und seine Staatsanwälte heran. Im Fall der Bank of China tut sich der Umweg über die USA durch einen tragischen Todesfall auf. Am 17. April 2006 zündet ein Selbstmordattentäter seinen Sprengstoffgürtel am Eingang eines Schawarma-Restaurants in Tel Aviv. Es ist eines der schwersten Attentate der Zweiten Intifada: Elf Menschen sterben, 70 weitere werden verletzt. Unter den Todesopfern ist auch ein 16-jähriger Jugendlicher aus Florida, der mit seiner jüdischen Familie für die Pessach-Tage nach Israel gereist ist, um dort eines der wichtigsten jüdischen Feste zu begehen.

Weil durch seinen Tod ein US-Bürger betroffen ist, bietet der Fall die Gelegenheit, in den Vereinigten Staaten gegen die Bank of China wegen Terrorfinanzierung vorzugehen. Das staatliche Finanzinstitut unterhält in den USA etliche Filialen. Die israelische Regierung drängt die Eltern des Opfers – so schreibt es die *New York Times* –, gegen die Bank of China zu klagen. Regierungsvertreter versprechen der Familie, sie mit belastendem Material und einem wichtigen Zeugen zu versorgen: einem ehemaligen Mossad-Agenten, der an der israelischen China-Mission im Jahr zuvor beteiligt war.

Die Eltern entscheiden sich, zu kooperieren – wie etwa 20 weitere israelisch-amerikanische Familien, die Angehörige bei Terroranschlägen in Israel verloren haben. So kommt es zum »möglicherweise bedeutendsten Fall von Terrorfinanzierung«, der je in der Welt-Finanzhauptstadt New York eingereicht wurde, wie die *Jerusalem Post* schreibt.

Doch die Geschichte nimmt eine erstaunliche Wendung.

2013 plant Israels Regierungschef Netanyahu einen wichtigen Besuch: Er will für fünf Tage nach China reisen, mit dem neuen chinesischen Präsidenten Xi Jinping sprechen und Abkommen zur wirtschaftlichen Zusammenarbeit unterzeichnen. Plötzlich aber steht der prestigeträchtige Besuch auf der Kippe, und zwar, als die Chinesen eine Bedingung für engere Beziehungen stellen: Die israelische Regierung soll die Terrorprozesse gegen die Bank of China nicht weiter unterstützen.

Der Besuch findet statt. Der Empfang für Israels Regierungschef in Peking, für seine Familie und eine große Wirtschaftsdelegation im Mai 2013 fällt ausgesprochen freundlich aus.

Für den ehemaligen Mossad-Agenten Uzi Shaya hingegen, der den Terroropfern mit seiner Aussage helfen will, wird es ungemütlich. Zunächst lässt man ihm ausrichten, dass er bitte zu der Sache schweigen solle. Später wird er darauf erneut hingewiesen – mit Nachdruck, bei einem mehrstündigen Aufenthalt in Polizeigewahrsam. Die israelische Regierung untersagt ihm schließlich sogar die Aussage, mit Verweis auf die »nationale Sicherheit«.

Der Regierung schlägt daraufhin eine Welle der Empörung entgegen – von Familien und Opferverbänden, von Kommentatoren und von den Amerikanern. Sie habe sich dem »Diktat« Chinas untergeordnet, vor wirtschaftlichem Druck kapituliert, und sie schütze den Iran. Sie habe israelische Terroropfer betrogen und mit den USA ihren engsten strategischen Partner verraten – im gemeinsamen Kampf gegen den Terror und im Konflikt mit dem neuen Rivalen China.

Das Verfahren gegen die Bank of China in New York wird 2015 nach neun Jahren eingestellt, weil es nicht genügend Zeugen gibt. Dass darüber in Israel niemand öffentlich spricht, ist nicht verwunderlich. Seit Benjamin Netanyahus fünftägigem China-Besuch erlebt der Handel zwischen den beiden Ländern einen rasanten Aufschwung. Firmen aus der Volksrepublik beteiligen sich an Kraftwerken und an Israels blühender Start-up-Szene. Sie bauen in Haifa einen neuen Containerhafen und sind lange Zeit im Rennen bei der Ausschreibung für eine neue U-Bahn-Linie in Tel Aviv. Still und heimlich übernehme Peking die kritische Infrastruktur des Landes, warnen Sicherheitsexperten.

In den Hafenanlagen könnten die Chinesen Überwachungstechnik installieren und von dort aus Schiffsbewegungen ausspionieren, befürchten besonders die Amerikaner. Deren sechste Flotte ankert regelmäßig in Haifa, und auch Israels atomwaffenfähige U-Boote liegen dort. Bei Tel Avivs neuer U-Bahn fürchteten Kritiker, im Falle eines Zuschlags könnten die Chinesen Abhörtechnik einbauen. Die Röhren verlaufen direkt vorbei am Hauptquartier der israelischen Streitkräfte und des Inlandsgeheimdienstes Shin Bet.

Am Ende dieser für uns neuen Theorie steht die Folgerung, dass die Israelis es vorziehen, China auf keinen Fall öffentlich anzugehen, auch nicht im Fall Karl Lee. Das haben wir nach unseren Gesprächen mit Sicherheits- und Geheimdienstexperten verstanden. Die Beziehungen zu China sind einfach zu sensibel und zu wichtig zugleich – Israel ist mittlerweile zu abhängig vom neuen Partner in Asien.

19. AUGE IN AUGE MIT CHINAS AUSSENMINISTER

Ein Vormittag im Februar 2020: Polizeihubschrauber kreisen am Himmel, Tausende schwer bewaffnete Polizisten haben ihre Posten bezogen, auf den Dächern liegen Scharfschützen in Stellung. Die Stadt befindet sich wie jedes Jahr um diese Zeit im Ausnahmezustand – es ist Sicherheitskonferenz in München.

Vom Flughafen rauschen Konvois mit schwarzen Limousinen heran. Eine nach der anderen hält in der Sperrzone vor dem Bayerischen Hof, einem traditionsreichen Luxushotel in der Altstadt, nicht weit vom Marienplatz. Präsidenten und Minister steigen aus den gepanzerten Wagen, Geheimdienstchefs, hochrangige Militärs und Vertreter der Rüstungsindustrie. Über die Jahre ist die Konferenz zum Stelldichein der internationalen Sicherheitspolitik geworden.

1963 trafen sich hier zum ersten Mal Politiker aus aller Welt, um über Kriege und Krisen zu diskutieren und – so zumindest die offizielle Lesart – sie zu verhindern. Damals hieß die Veranstaltung noch martialisch »Wehrkundetagung«, gegründet hatte sie der frühere Wehrmachtsoffizier und spätere Widerstandskämpfer Ewald-Heinrich von Kleist-Schmenzing. Anfangs kamen einige Dutzend Politiker und Diplomaten, darunter Henry Kissinger und Helmut Schmidt. Heute sind es mehr als 500 Teilnehmer, die zur »Munich Security Conference« anreisen, um zu diskutieren, zu streiten und zu verhandeln.

Wir sind nicht zum ersten Mal als Journalisten bei dieser Veranstaltung. Doch auf uns wirkt sie jedes Jahr aufs Neue wie ein weltpolitischer Fiebertraum. Durch die verwinkelten Gänge des Bayerischen Hofs schieben sich Staatschefs, Scheichs und Potentaten mit ihren Delegationen. Bodyguards mit Knopf im Ohr bereiten ihnen den Weg, vorbei an Milliardären, Unternehmenslenkern und hochdekorierten Offizieren.

In kürzester Zeit spazieren Facebook-Chef Mark Zuckerberg, US-Außenminister Mike Pompeo und der ukrainische Präsident Wolodymyr Selenskij an uns vorbei. Die damalige Vorsitzende des US-Repräsentantenhauses, Nancy Pelosi, und der Investor George Soros verschwinden nacheinander in einem Gang, aus dem gerade Russlands Außenminister Sergej Lawrow kommt.

Auf der großen Bühne im Ballsaal geht es in diesem Jahr vor

allem um den schwindenden Einfluss des Westens. Der vielleicht noch wichtigere Teil der Konferenz aber läuft hinter verschlossenen Türen ab: In den Hinter- und Nebenzimmern treffen sich Regierungschefs, Außenminister und Sicherheitsberater – auch aus verfeindeten Lagern –, um informell und ohne Protokoll miteinander zu sprechen. Sogar Gespräche zwischen den USA und dem Iran soll es hier in den vergangenen Jahren gegeben haben.

Gleichzeitig finden im Hotel an diesem Wochenende unzählige Hintergrundrunden statt. Einzelne Delegationen oder Denkfabriken laden dafür kleine, handverlesene Runden von Journalisten, Politikern oder Sicherheitsberatern ein. Oft geht es darum, Argumente und Botschaften zu platzieren, die sich später in den Medien wiederfinden sollen – etwa als drei hochrangige US-Beamte vor Journalisten sämtlicher deutschen Leitmedien davor warnen, beim Aufbau des neuen Mobilfunkstandards 5G auf den chinesischen Konzern Huawei zu setzen. Das Unternehmen könnte im Auftrag der Führung in Peking geistiges Eigentum stehlen, Netzwerke sabotieren und Daten für chinesische Geheimdienste sammeln, so die US-Vertreter. Spione aus der Volksrepublik seien hochaktiv: In den USA seien mittlerweile in 80 Prozent aller Fälle von Wirtschaftsspionage chinesische Akteure involviert.

Der amerikanische Spitzenbeamte, der das sagt, heißt John Demers. Als deutscher Journalist würde man mit ihm unter normalen Umständen kaum ins Gespräch kommen. Er ist der stellvertretende US-Generalstaatsanwalt, zuständig für die nationale Sicherheit der Vereinigten Staaten. Hier aber, bei der Sicherheitskonferenz, können wir ihn einfach ansprechen. Apropos China, fragen wir ihn nach seiner Veranstaltung, was ist eigentlich mit Karl Lee? Warum ist der noch immer auf freiem Fuß?

Demers lacht. »Weil wir ihn nicht finden können«, sagt er. Und die CIA hinzuschicken und ihn einfach mitzunehmen, sei keine Option. Deswegen müssten die US-Behörden abwarten, zum Beispiel bis einmal ein Flugzeug mit Karl Lee an Bord notlandet – in einem mit den USA verbündeten Land.

Eine ehrliche Antwort – oder nur eine ehrlich klingende Antwort? Dass jeder hochrangige Sicherheitsexperte der USA Karl Lee auf dem Schirm hat, ist inzwischen keine Überraschung mehr.

Wir sprechen an diesem Wochenende mit Experten für Rüstungskontrolle, für Raketen und mit Wissenschaftlern, die zu Chinas wachsendem Einfluss im Nahen Osten forschen. Der eigentliche Grund aber, warum wir bei dieser Konferenz sind, heißt Wang Yi. Er ist Chinas Außenminister und soll am Samstag um 11.45 Uhr auf der Hauptbühne sprechen, hoffentlich davor oder danach auch mit uns.

Immer wieder sind US-Diplomaten seit Mitte der Zweitausenderjahre in seinem Ministerium wegen Karl Lee vorstellig geworden. Immer wieder haben sie darum gebeten, Li Fangweis Geschäfte mit dem Iran zu unterbinden. Doch seit eineinhalb Jahrzehnten lassen die Chinesen sämtliche Bemühungen der Amerikaner ins Leere laufen. Die Vereinigten Staaten werfen der Regierung in Peking vor, gegen internationale Abkommen zur Rüstungskontrolle und gegen die von ihr selbst mit auf den Weg gebrachten UN-Sanktionen gegen den Iran zu verstoßen, indem sie Karl Lee schützt.

Die Vorwürfe sind heftig. Doch was sagt die chinesische Führung dazu? Einer der wichtigsten Grundsätze im Journalismus entspricht in etwa dem »audiatur et altera pars« vor Gericht, was so viel bedeutet wie »man höre auch die andere Seite«. Im Journalismus heißt das: Wenn wir jemandem Vorwürfe machen, bekommt derjenige immer die Möglichkeit, zu diesen Vorwürfen Stellung zu nehmen. Wir haben deshalb im Vorfeld der Konferenz eine offizielle Anfrage an die chinesische Botschaft in Berlin geschickt und um ein Interview mit dem Außenminister gebeten. Nicht einmal eine Absage haben wir erhalten.

Aber wir wollen die Chance nutzen, den Außenminister direkt nach Karl Lee zu fragen – vor laufender Kamera, denn parallel zu diesem Buch arbeiten wir auch an einer Fernsehdokumentation. Wir gehen zwar davon aus, dass er uns einfach stehen lässt – so wie es auch regelmäßig deutsche Politiker tun. Warum sollte sich Wang Yi ernsthaft auf eine Diskussion einlassen, in der China vermutlich nicht sonderlich gut aussehen wird? Wenn es aber irgendwo den Hauch einer Chance gibt, das offizielle China mit Karl Lee zu konfrontieren, dann hier, auf der Münchner Sicherheitskonferenz.

In den Tagen zuvor haben wir den Plan des Hotels genau studiert. Wir haben uns die Ein- und Ausgänge des Saals angesehen, in dem der Außenminister sprechen wird, und haben Polizisten und Sicherheitsleute gelöchert: Wann und wo kommt seine Wagenkolonne an? Welchen Weg wird er wohl zur Bühne nehmen? Welche Möglichkeiten hat er, den Saal zu verlassen?

Ein Kollege wird die Fragen stellen, die wir beantwortet haben möchten. Als ehemaliger Gastwissenschaftler an der Washingtoner Georgetown University sollte Wang Yi gut genug Englisch können, um unsere Fragen zu verstehen: warum er Karl Lee alias Li Fangwei nicht stoppen lässt und warum die chinesische Regierung den Geschäftsmann beschützt.

Während auf der Hauptbühne gerade Frankreichs Präsident Emanuel Macron die Schwäche des Westens beklagt und hinter uns Österreichs damaliger Kanzler Sebastian Kurz vorbeihuscht, warten wir im Foyer. Bei jeder Wagenkolonne schnellt unser Puls nach oben. Vor dem Eingang: ein Schwarm aus Kofferträgern und Sicherheitsleuten. Kameras sind auf die Limousinen gerichtet.

Irgendwann geht eine Wagentür auf – und es ist so weit. Wang Yi steigt aus, durchquert den Schwarm und schreitet staatsmännisch in das Foyer. Um seinen Nacken liegt ein purpurroter Schal. Sein Adlatus braucht keine Aufforderung, er greift automatisch nach dem Schal des Ministers, als dieser wortlos und mit starrem Blick nach vorne im Gehen seinen Mantel ablegt. Manchmal zeigt sich Macht in den kleinen Details.

Während Wang Yis Rede postieren wir uns am Bühnenrand – genauer gesagt am vorderen linken Eck des Podiums. Unsere Vorrecherche hat ergeben: Hier wird er später vorbeikommen, egal, welche der beiden Ausgangstüren er nimmt.

Wang Yi hält seine Rede auf Chinesisch. Er spricht über dieses neue Virus namens Corona. Wie die meisten hier im Saal haben wir im Februar 2020 nicht die leiseste Ahnung, was da auf die Welt zurollt. Die globale Pandemie ist noch weit weg.

Uns beunruhigt in diesem Moment eher, dass die chinesischen Delegationsmitglieder beginnen, uns zu mustern, und dass sie versuchen, die Namen auf unseren Akkreditierungen abzulesen. Sie diskutieren, telefonieren, und wir sehen, wie einer von ihnen dezent auf eine Tür auf der anderen Seite der Bühne deutet. Dort geht es zur Küche, so viel wissen wir. Doch was, wenn es dort einen Hinterausgang gibt? Stehen wir vielleicht doch auf der falschen Seite?

Während Wang Yis rhythmisch-melodisches Chinesisch durch den Raum schallt, schleichen wir uns mit unserem Kollegen auf die andere Seite des Saals. Nach gut 20 Minuten brandet der Schlussapplaus auf. Dann geht alles ganz schnell. Der Minister und sein Tross verschwinden durch die Küchentür – und wir hinterher: vorbei an verdutzt dreinblickenden Kellnern und Sicherheitsleuten in den Saal nebenan. Dort schüttelt der Außenminister diverse Hände. In einem günstigen Moment drängt sich unser Kollege dazwischen und fragt ihn direkt nach Li Fangwei. Der Minister lässt sich die Fragen von seiner Dolmetscherin übersetzen, schüttelt den Kopf und antwortet auf Chinesisch. »Diese Anschuldigungen sind unbegründet«, übersetzt die Dolmetscherin. Wang Yi klopft unserem Kollegen auf die Schulter und zieht lächelnd ab.

Ein einziger Satz – und doch viel mehr, als wir uns von diesem Tag erhofft hatten. Der Außenminister Chinas hat die Vorwürfe der Amerikaner im Fall Karl Lee zurückgewiesen. Und was für uns noch interessanter ist: Als der Name Li Fangwei fiel, wusste er sofort, wovon wir sprechen.

Draußen vor dem Hotel steigt Wang Yi in seine Limousine. In dem Moment, als sich die Tür schließt, ist sein Lächeln verschwunden. Durch die verspiegelte Scheibe sehen wir kurz in sein Gesicht. Mit eisigem Blick sagt er etwas zu seinem Mitarbeiter. Er wirkt verärgert. Die Wagenkolonne rauscht davon.

Einer von uns hat kurz darauf eine Nachricht von der Veranstaltungsleitung auf dem Handy – mit einer dringenden Rückrufbitte: Die Kollegen hätten es gerade ein bisschen übertrieben. In der Küche, beim chinesischen Außenminister.

20. TRUMPS TRUMPF

Die Schlagzeilen, die von der Münchner Sicherheitskonferenz 2020 um die Welt gehen, drehen sich vor allem um ein Thema: die Rivalität zwischen Washington und Peking. US-Präsident Donald Trump hat zwei seiner wichtigsten Kabinettsmitglieder nach München geschickt, Außenminister Mike Pompeo und Verteidigungsminister Mark Esper, und beide haben eine gleichlautende Botschaft: Die größte Bedrohung für die Vereinigten Staaten und für die westliche Welt ist China.

Nach dem Kalten Krieg war man in Europa und den Vereinigten Staaten gut 25 Jahre lang von der Grundformel »Wandel durch Handel« überzeugt: Ein sich wirtschaftlich öffnendes China werde sich auch politisch unweigerlich anpassen müssen, mit freier Presse und unabhängigen Gerichten. Und dann sei da ja auch noch das Internet, das kein Staat der Welt werde kontrollieren können – so dachte man lange. 2001 wird China daher in die Welthandelsorganisation aufgenommen, im selben Jahr werden die Olympischen Sommerspiele 2008 nach Peking vergeben – jede Menge Vorschusslorbeeren.

Aber das Land entwickelt sich anders als gedacht. Spätestens seit Xi Jinping 2012 zum Parteichef aufsteigt und im Frühjahr 2013 zum Staatspräsidenten bestimmt wird, schottet sich China von Jahr zu Jahr stärker ab. Aus Angst um ihre Macht schüren Xi und seine Leute den Nationalismus im Land: Der Todfeind seien die USA und der dekadente Westen. Ein neuer Kalter Krieg zieht herauf.

So sehen es auch die Gäste aus Washington: In Europa werde viel über die Herausforderungen durch Russland diskutiert, sagt US-Verteidigungsminister Esper zu Beginn seiner Rede, zwei Stunden bevor Chinas Außenminister Wang Yi auf dieselbe Bühne tritt. Er aber wolle sich an diesem Vormittag auf jenes Land konzentrieren, das dem Pentagon die größten Sorgen bereite. Chinas Kommunistische Partei bewege sich unter Xi Jinping noch schneller als in der Vergangenheit in die falsche Richtung – mehr interne Repression, mehr räuberische Wirtschaftspraktiken und, was ihn am meisten beunruhige: eine aggressivere militärische Haltung. Die internationale Gemeinschaft müsse endlich aufwachen, ruft Esper den Zuschauern im Saal zu. »Wir zweifeln zwar oft an der Transparenz und Ehrlichkeit Pekings«, sagt er, »doch wenn es um ihre Sicherheitsziele

geht, sollten wir die chinesische Regierung beim Wort nehmen.« Bis 2035 wolle sie die militärische Modernisierung des Landes abschließen, bis 2049 strebe sie die Vorherrschaft in Asien an – als die überragende globale Militärmacht.

China und die USA sind auf direktem Kollisionskurs.

Am späten Nachmittag, als es draußen schon dämmert, nimmt auf dem Podium in der Dachgartenlounge des Bayerischen Hofes ein älterer Herr in beigefarbenem Anzug und schwarzen Turnschuhen Platz. Es ist der Harvard-Professor Graham Allison, ein ehemaliger US-Regierungsberater und viel zitierter Politikwissenschaftler. Sowohl in Washington als auch in Peking ist er ein geschätzter Gesprächspartner, wenn es darum geht, die Motive der jeweils anderen Seite zu verstehen. Allison hat ein Buch über die Beziehungen beider Länder geschrieben, das er auf der Sicherheitskonferenz vorstellt. Die Übersetzung des Buchtitels lautet: »Für den Krieg bestimmt« – ohne Fragezeichen.

Neben Allison sitzt ein Mann, den viele Amerikaner als Helden verehren: der ehemalige CIA-Direktor und Vier-Sterne-General David Petraeus, der im letzten Irakkrieg eine entscheidende Rolle gespielt hat. Als Moderator der Veranstaltung befragt Petraeus vor ein paar Dutzend Zuhörern den Harvard-Professor, während draußen langsam die Dächer der Münchner Altstadt im Dunkeln verschwinden.

Wer die Beziehungen zwischen den USA und China im 21. Jahrhundert verstehen wolle, sollte weit zurück in die Geschichte schauen, empfiehlt Graham Allison. Die Konkurrenz zwischen der etablierten Supermacht USA und der aufstrebenden Supermacht China erinnere an die Phase vor dem Peloponnesischen Krieg, der im fünften Jahrhundert vor Christus das antike Griechenland verwüstet hat und über den der griechische Historiker Thukydides schrieb: »Es waren Athens Aufstieg und die Angst, die dieser in Sparta hervorrief, die einen Krieg unvermeidbar machten.« Allison spricht deshalb von der Thukydides-Falle, wann immer sich eine etablierte Macht durch eine aufstrebende bedroht sieht.

Für sein Buch hat er in der Geschichte nach Beispielen für eine solche Konstellation gesucht. 16-mal ist er in den vergangenen 500 Jahren fündig geworden, und seine Analyse fällt wenig ermutigend aus: In zwölf Fällen kam es zum Krieg – und zwar meist nicht, weil eine der Mächte dies beabsichtigte, sondern weil durch einen eher unbedeutenden Vorfall eine unheilvolle Spirale in Gang gesetzt wurde, weil die eine Macht meinte, sie müsse Härte zeigen, und die andere noch härter darauf reagierte. Das wohl verheerendste Beispiel dafür: der Erste Weltkrieg, der durch ein Attentat auf den österreichischen Thronfolger in Sarajevo ausgelöst wurde. Das Ereignis schaffte es damals laut Allison zunächst nicht einmal auf die Titelseiten in London oder New York, doch binnen fünf Wochen waren sämtliche europäischen Großmächte in einen Krieg verwickelt, der am Ende 17 Millionen Menschen das Leben kostete.

Wird es so auch einmal mit den USA und China laufen? Ein vermeintlich kleiner Konflikt, ein Cyberangriff vielleicht oder ein Zwischenfall mit zwei Kriegsschiffen im Südchinesischen Meer, der einen verheerenden Krieg auslöst? Einen Krieg, den niemand in Peking oder Washington will, weil jedem klar ist, dass dieser in einer Katastrophe enden könnte, wenn zwei Atommächte direkt aufeinanderprallen.

Auch wenn Donald Trump nicht gern liest – sein damaliges Umfeld im Weißen Haus kennt die düstere Studie. Zu Beginn von

Trumps Präsidentschaft wird Graham Allison sogar eingeladen, um Mitarbeiter des Nationalen Sicherheitsrats darüber zu unterrichten. Ob die US-Regierung daraus allerdings die richtigen Schlüsse zieht, ist eine andere Frage. Trump belegte 2018 Waren aus China mit Strafzöllen. Und in Kanada wird die Finanzchefin des chinesischen Netzwerkausrüsters Huawei festgenommen, weil ihr Unternehmen trotz aller Sanktionen mit dem Iran Geschäfte gemacht haben soll. Trumps Diplomaten machen – wie auf der Münchner Sicherheitskonferenz – Druck auf befreundete

Staaten, chinesische Firmen beim Ausbau ihrer Handynetze außen vor zu lassen. Und dann schickt Trump auch noch Kriegsschiffe ins Südchinesische Meer und Militärausbilder nach Taiwan. Statt Spannungen abzubauen, nutzt die Trump-Regierung jede Gelegenheit, um den Druck auf Peking zu erhöhen.

Dafür ist auch der Fall Karl Lee perfekt geeignet. Kein Wunder, dass Donald Trumps Außenpolitiker nach dem verpufften Karl-Lee-Blitz der Obama-Regierung das Thema wieder hochziehen. Den Anfang macht im November 2018 Christopher Ford, der Nachfolger von Thomas Countryman, als Vizestaatssekretär im Außenministerium für die Nichtverbreitung von Massenvernichtungswaffen: Li Fangwei unterstütze weiterhin die Bemühungen des Iran, noch bessere Raketen zu entwickeln, sagt er bei einer Veranstaltung der konservativen Denkfabrik Heritage Foundation in Washington. Karl Lee habe im Laufe seiner Karriere den Iran mit Komponenten ausgestattet, die bei der Entwicklung von Raketen mit größerer Genauigkeit und Reichweite helfen. In seiner Rede, die das US-Außenministerium in Auszügen auf Twitter verbreitet, wirft er der chinesischen Regierung vor, keine wirksamen Maßnahmen zu ergreifen, um Karl Lees Aktivitäten einzudämmen.

Es ist eine Anklage. Oder besser gesagt: die Ouvertüre zu einer Anklage.

Denn schon im Januar 2019 veröffentlicht das US-Außenministerium Fotos eines Treffens von Spitzendiplomaten am

Rande einer Konferenz der fünf offiziellen Atommächte in Peking. Die Bildbeschreibung ist eine Kampfansage: »Bei ihren Gesprächen mit ihren Amtskollegen in China forderte Staatssekretärin Thompson die Chinesen auf, dabei zu helfen, Li Fangwei (auch bekannt als Karl Lee) vor Gericht zu stellen.« Es folgt der zweite Teil der Anklage: »Der Iran ist in hohem Maße von Li Fangwei abhängig, der die iranischen Militärprogramme seit Anfang 2000 unterstützt. Li beschafft den Großteil der Materialien und Ausrüstung für das ballistische Raketenprogramm des Iran.« Das FBI suche weiterhin nach Möglichkeiten, ihn dafür vor Gericht zu bringen.

Es folgen neue Sanktionen gegen Karl Lee, sein Unternehmen, sämtliche Untereinheiten oder Tochterfirmen. Sie alle können nicht mehr in Dollar handeln, amerikanischen Unternehmen sind jegliche Geschäfte mit ihnen untersagt.

Doch das geht beinahe unter, denn Trumps Regierung verhängt in diesen Monaten viele Sanktionen: gegen Syrien, Kuba, Russland, Nordkorea und Venezuela. Es sind so viele, dass Experten von einem regelrechten »Flächenbombardement« sprechen. Und Amerikas Journalisten stumpfen entsprechend ab. Längst vermelden die Zeitungen neue Sanktionen nur noch in den Randspalten.

Im Fall Karl Lee will das Weiße Haus aber die volle Aufmerksamkeit. Möglichst viele Menschen sollen von den Sanktionen gegen den chinesischen Waffenhändler erfahren. Und so schlagen Trumps Mitarbeiter einen ungewöhnlichen Weg ein. Sie laden Jeff Stein, einen der renommiertesten Journalisten, wenn es um Amerikas Geheimdienste geht, ins Weiße Haus ein. Jeff Stein war einst selbst Nachrichtendienstoffizier beim US-Militär, er diente in Vietnam, wurde ausgezeichnet, später hat er für die *Washington Post* gearbeitet. Bis heute ist er Mitglied in der Association of Former Intelligence Officers, einem Klub für Geheimdienstveteranen. Als der Anruf aus dem Weißen Haus kommt, ist er bereits 75 Jahre alt und schreibt für das Nachrichtenmagazin *Newsweek* eine Kolumne zu Geheimdienstthemen, den »Spytalk«.

»Sie haben mich kontaktiert und zu einem Gespräch eingeladen«, erinnert sich Stein. »Das war schon sehr ungewöhnlich.« Denn normalerweise ist er es, der um Gespräche bittet, nicht umgekehrt. Im Old Executive Office Building neben dem Weißen Haus, in dem rund fünf Jahre zuvor die US-Regierung unter Präsident Obama ihren Karl-Lee-Blitz vorbereitete, trifft Stein auf mehrere Beamte, die ihm ausführlich über Karl Lee berich-

ten: über seine Firmen, seine Exporte – und vor allem die Gefahr, die von ihm ausgehe.

Stein hört zu, stellt einige Nachfragen; zurück im Büro, spricht er mit seinen Quellen über den geheimnisvollen Chinesen. Im Mai 2019 veröffentlicht er einen Artikel in *Newsweek*. Er zitiert darin einen namentlich nicht genannten US-Beamten, der Peking regelrecht droht: Die Sanktionen seien nur »der erste Schuss einer gut durchdachten, methodischen Kampagne, die wir gegen China betreiben werden«. Die amerikanische Regierung wolle Peking davon überzeugen, dass es – falls China als verantwortungsbewusste Nation angesehen werden möchte – viel einfacher sei, Karl Lee zu stoppen oder gar an die USA auszuliefern, damit er für seine Verbrechen geradestehen könne. Andernfalls werde Washington die Kosten weiter in die Höhe treiben, in Form von »politischem, diplomatischem und wirtschaftlichem Schmerz«.

Im Juni 2019 verkündet Vizestaatssekretär Christopher Ford bei einer Anhörung im Kongress, China sei weltweit die wichtigste Quelle für Materialien und Komponenten für die Produktion von Raketen und Massenvernichtungswaffen und der »Poster Boy« dieser »unglücklichen Tatsache« sei Karl Lee.

Kurz darauf reisen wir nach Washington. Wir wollen Christopher Ford treffen. Vorausgegangen sind monatelange E-Mail-Wechsel mit der Presseabteilung des US-Außenministeriums. Immer wieder haben wir angefragt, Termine anvisiert und wieder verschoben, bis wir schließlich die finale Bestätigung für unser Interview mit dem Spitzendiplomaten bekommen haben.

Es soll an einem Montagmorgen stattfinden. Unser Flug geht am Samstag zuvor. Doch am Freitag um 22.11 Uhr empfangen wir eine E-Mail des US-Außenministeriums, die wie ein Schlag in die Magengrube wirkt.

Christopher Ford werde doch nicht für uns zur Verfügung stehen, schreibt uns die Presseabteilung, wegen eines »Terminkonflikts«. Aber man habe hochrangigen Ersatz gefunden. Statt Christopher Ford werde uns Donald Trumps Sonderbeauftragter für den Iran, Brian Hook, ein Interview geben – mit einer »kleinen Anpassung«, was das Thema angehe: Brian Hook werde uns zu den historischen Elementen der Beziehungen zwischen den USA und dem Iran Auskunft geben, auf Fragen zu Karl Lee könne er jedoch nicht eingehen.

Wir fluchen eher selten. In diesem Moment aber stoßen wir Begriffe aus, die wir hier besser nicht wiedergeben.

Wir versuchen alles, versuchen in Washington, wo es zu diesem Zeitpunkt später Nachmittag ist, jemanden telefonisch zu erreichen. Wir fragen, ob wir den Termin noch einmal verschieben können.

Nein.

Ob nicht doch zumindest Brian Hook über Karl Lee sprechen kann.

Nein.

Warum er nicht will.

Das könne man uns nicht sagen.

Da sei nichts zu machen.

Wir fliegen trotzdem hin. Die Frist, um unsere Flüge zu stornieren, ist ohnehin verstrichen.

Ankunft in Washington, am Außenministerium der Vereinigten Staaten, einem großen graugelben Klotz aus Kalkstein. Eine Mitarbeiterin aus der Pressestelle nimmt uns in Empfang. Wir passieren die Sicherheitsschleuse, werden vorbeigeführt an einem Saal mit offener Tür, in dem gerade Henry Kissinger eine Rede zum 230-jährigen Bestehen des Außenministeriums hält, und kommen schließlich in dem Raum an, in dem das Interview stattfinden soll. Es ist ein perfekt ausgeleuchtetes Fernsehstudio, das vom Außenministerium selbst betrieben wird, mit nachgebildeten antiken Säulen und der Attrappe eines Fensters, das so aussieht, als sei im Hintergrund Washington im Abendlicht zu sehen.

Dann kommt er auch schon: Brian Hook, gut gelaunt, mit federnden Schritten. Kurz zuvor war er noch in Marokko, in Israel

und Jordanien, wie er uns erzählt, und am selben Tag müsse er noch weiter nach Saudi-Arabien, zu einer mehrtägigen Nahosttour »mit Jared« – Donald Trumps Schwiegersohn Jared Kushner. Auch wenn er nicht viel Zeit habe – er freue sich sehr, uns zu sehen, sagt er.

Auf den ersten Blick wirkt Hook nicht unbedingt wie ein typischer Repräsentant der Trump-Regierung: verbindlich, aufgeräumt und freundlich. Aber, und das wird sofort klar, er ist ultrahart in der Sache. Wir nehmen Platz, und es folgt eine Druckbetankung mit Anti-Iran-Rhetorik, 25 Minuten Schwarz und Weiß, ohne Zwischentöne: dass der Iran Terrorismus exportiere, den Nahen Osten destabilisiere, Europa und die Vereinigten Staaten bedrohe und dass gegen das Regime in Teheran nur eine Strategie helfe – maximaler Druck.

Aber was ist mit China? Und mit Karl Lee?

Wir sind Tausende Kilometer geflogen, und auch wenn uns die Pressestelle aufgefordert hat, nicht nach ihm zu fragen – wir tun es trotzdem. Brian Hooks Antwort ist kurz: »Ich habe keinen Kommentar zu Karl Lee, nein, ich habe keine neuen Informationen, die ich Ihnen mitteilen könnte.«

Dann ist das Interview zu Ende.

Wir sind ratlos. Für jemanden wie Brian Hook müsste unsere Frage doch eine Steilvorlage sein, um gegen Iraner und Chinesen zugleich vom Leder zu ziehen? Woher kommt diese plötzliche Zurückhaltung der Amerikaner?

Eine Antwort darauf finden wir auch nach unserer Rückkehr erst einmal nicht. Alles, was wir bekommen, ist eine Andeutung. Eine unserer Quellen, die mit der Angelegenheit vertraut ist, sagt uns: Der plötzliche Rückzieher komme daher, dass »etwas im Gange« sei. Mehr allerdings, sagt uns die Quelle, könne sie uns leider auch nicht verraten.

21. JAGEN WIE DIE KROKODILE

Der Tod lauert am Wasserloch. Dort, wo Giraffen und Wildschweine, Zebras und Gazellen ihren Durst stillen, warten die Leoparden und Löwen. Versteckt hinter Büschen, geduckt hinter Hügeln, harren sie aus, bis ihre Opfer die letzte Vorsicht vergessen. Sobald durstige Tiere nach Tagen ohne einen Tropfen Flüssigkeit zu trinken beginnen, schlagen die Jäger zu.

Ein ähnliches Prinzip nutzen auch Hacker.

Sie präparieren Websites, von denen sie wissen, dass ihre Opfer sie immer wieder aufsuchen, mit Schadsoftware. Sobald eine derart modifizierte Seite angesurft wird, schlagen die Hacker zu: Sie spielen ihren Opfern – in der Regel unbemerkt – Schadsoftware auf und können damit deren Rechner ausspähen. Zwar geht es dabei anders als am Wasserloch in der afrikanischen Steppe in der Regel nicht um Leben und Tod, die Folgen von »Waterholing«, wie Experten den Trick nennen, können aber gravierend sein.

Waterholing-Angriffe gelten als selten. Meist werden sie genutzt, um eine ganz spezielle Zielgruppe in eine digitale Falle zu locken. Es kann sich bei den Opfern um Mitarbeiter einer bestimmten Branche handeln, die ausgespäht werden soll, oder um die Beschäftigten eines einzelnen Unternehmens, das die Hacker ins Visier genommen haben. Ein solcher Angriff kann sich aber auch gegen Journalisten richten, die sich für eine bestimmte Person interessieren – für einen Waffenhändler aus China zum Beispiel –, oder gegen Karl Lee selbst.

Denn wer kennt das nicht: sich mal eben selbst googeln? Und wer hat sich noch nicht dabei ertappt, auch mal unbekannte Seiten anzuklicken, sofern dort ein Treffer angezeigt wird?

Die mysteriöse Website whoislifangwei.com treibt uns noch immer um. Wir haben deshalb einen der weltweit führenden Cyberexperten getroffen, ihm die Homepage gezeigt – und er hat versprochen, sie sich genauer anzusehen. Als wir nach einiger Zeit nachhaken, schreibt er uns zurück, dass er sich nicht sicher sei, ob er diese Recherche fortführen wolle. Sollte sich der Verdacht erhärten, dass Israels Geheimdienste hinter der Seite stecken, werde er die Finger davonlassen, hat er schon bei unserem ersten Treffen gewarnt. Er bittet um etwas Bedenkzeit.

Wir hören nie wieder von ihm.

Sollte whoislifangwei.com ein Waterhole sein, womöglich ersonnen von israelischen Agenten, haben wir ein Problem, denn wir haben die Seite in den vergangenen Wochen Dutzende Male angesurft und durchgeklickt – die arabische, die englische und die chinesische Fassung.

Zwar haben unsere Virenscanner nicht angeschlagen, aber was heißt das schon?

Deswegen kontaktieren wir Thorsten Holz. Er ist IT-Sicherheitsforscher und Professor an der Ruhr-Universität Bochum. 2019 hat Holz zusammen mit einem Doktoranden auf unsere Bitte hin eine App namens »Fengcai« (»Sammelnde Honigbienen«) untersucht, die chinesische Grenzer ahnungslosen Touristen auf ihre Handys aufspielen. Ein Deutscher, der von Kirgistan nach China eingereist war, hatte uns für diese Recherche sein Handy überlassen.

Holz und seine Kollegen untersuchten die Software, um herauszufinden, was genau sie eigentlich kann. Das Ergebnis war erschreckend: Die App greift auf Informationen auf dem Smartphone zu, darunter Kontakte, Kalender, SMS, Standort oder Anruflisten, und überträgt diese an ein Rechenzentrum der Behörden. Außerdem sucht das Programm nach Dateien, die aus Sicht des chinesischen Apparats verdächtig sind – dazu gehören selbst harmlose religiöse Inhalte sowie Dateien mit Bezügen zu Taiwan oder Tibet, aber auch ein Song der japanischen Metalband »Unholy Grave«. Die Führung in Peking wollte uns diesen Umstand auf Anfrage damals nicht erklären.

Holz will uns auch diesmal helfen. Mit einem speziell für solche Untersuchungen ausgerüsteten Computer besucht er whoislifangwei.com, klickt sich durch die Unterseiten – und wartet. Er wartet, was auf seinem Rechner geschieht. Erkennen seine Analyseprogramme ungewöhnliche Prozesse, die im Hintergrund anlaufen? Werden ihm heimlich gefährliche Codes auf den Computer gespielt?

Fehlanzeige.

Doch was ist, wenn die Angreifer ihre Falle so maßgeschneidert haben, dass nur Chinesen hineintappen können? Zum Beispiel Karl Lee? Technisch wäre das relativ einfach, denn die Betreiber können in der Regel anhand der IP-Adresse erkennen, woher die Besucher ihrer Seite stammen.

Also schickt Holz einen präparierten Laptop nach Hongkong. Von dort bringen wir ihn nach Peking und verbinden ihn mit dem Internet: Mit Google Chrome, dem in China beliebtesten Browser, surfen wir die Website an. Dann mit Microsofts Edge-Browser, mit Mozilla Firefox. Danach schicken wir den Laptop zurück nach Bochum.

Thorsten Holz und seine Kollegen untersuchen ihn gründlich, finden aber nichts Ungewöhnliches. Was wir vor uns haben, ist also wahrscheinlich keine Falle – oder sie ist so raffiniert, dass selbst Experten wie Holz sie nicht entdecken. Was es aber ist und wer die Seite erstellt hat, sie pflegt und befüllt – den Antworten darauf sind wir nicht nähergekommen. Whoislifangwei.com bleibt ein Rätsel. Eines von vielen.

Wer sich mit Karl Lee befasst, stößt ständig auf neue Ungereimtheiten, die für sich genommen nichts Besonderes sind: Menschen verhalten sich nicht immer berechenbar, und Zufälle gibt es eben. Aber in ihrer Häufung verwundern sie.

Da wäre zum Beispiel die Sache mit der ersten Anklage gegen Karl Lee: Sie war noch geheim, da stellte ein Blog namens Proliferation Post bereits ein Dokument aus den Ermittlungsunterlagen ins Netz. Vier Jahre später veröffentlichte derselbe Blog das erste und bislang einzige bekannte Foto von Karl Lee: jenes verpixelte Bild, das später auf dem Most-wanted-Poster des FBI zu sehen ist. Ein Foto wohlgemerkt, das nach unseren Informationen von einer Passkopie stammt, an die US-Behörden gelangt sind. Wie aber kam es zur Proliferation Post, und wer steckt hinter dem Blog? Wer hatte ein Interesse daran, dass das Foto öffentlich wird?

Oder das bereits erwähnte Facebook-Profil eines Karl Lee aus Dalian. Es ging ausgerechnet zwei Tage nach der zweiten Anklage in den USA 2014 online.

Ja, das sei alles sehr seltsam, schreibt uns Aaron Arnold, jener ehemalige FBI-Analyst, der mit seinen Fragen und Hinweisen unsere Recherche angestoßen hat.

Ehrlich gesagt: Nach wie vor finden wir auch Arnold etwas – na ja – seltsam. Wir sind nun schon seit einigen Jahren mit ihm in Kontakt, haben ihn getroffen und immer wieder mit ihm telefoniert oder per Videochat gesprochen. Zwischenzeitlich hat er für die Vereinten Nationen gearbeitet, als Experte für das nordkoreanische Atomraketenprogramm, jetzt ist er für das britische Royal United Service Institute tätig – einen Thinktank, dem eine auffällige Nähe zu britischen Geheimdiensten nachgesagt wird. Aber ganz unabhängig davon, wo er gerade arbeitet, schickt er uns immer wieder neue Informationen, Hinweise und Rechercheideen.

Was also treibt ihn eigentlich an?

Will Arnold uns vielleicht im Auftrag von irgendjemandem manipulieren? Die Verbindungen der CIA zur Harvard-Universität, deren Mitarbeiter er bis heute ist und wo er zum ersten Mal Kontakt zu uns aufgenommen hat, sind bekannt. Die Hochschule war Teil des einstigen »Officer-in-Residence«-Programms der CIA: Der Geheimdienst schickte Agenten nach Harvard, um amerikanische Studenten für den Dienst anzuheuern und ausländische als Informanten in ihren Heimatländern anzuwerben. Zwar ist das offizielle Programm mittlerweile eingestellt, die CIA-Mitarbeiter kommen aber angeblich noch immer an die Universität. In der Regel, so viel ist bekannt, schreiben sie sich mit Wissen der Hochschule unter falschem Namen für die Mid-Career-Programme ein: für Studienprogramme also, die sich an Männer und Frauen richten, die schon einige Jahre in ihrem Job tätig sind. Wenn sie von ihren Mitstudenten nach ihrem Vorleben gefragt werden, erzählen sie, sie hätten zuvor beim US-Außenministerium gearbeitet. An der Kennedy School, der Harvard-Kaderschmiede für Politiker, Diplomaten und Geheimdienstmitarbeiter, hört man diese Antwort oft. Sehr oft.

Sind wir also ins Visier amerikanischer Behörden geraten, einfach, weil wir uns dort Seminare und Vorträge angehört haben? Ist Arnold schlicht eine Art Anwerber, der Journalisten für Geheimdienstarbeit einspannen will – damit sie gezielt bestimmte Themen in die Öffentlichkeit bringen und diesen Relevanz verleihen? Offiziell ist er neben seinen anderen Jobs bis heute »Associate«, also eine Art wissenschaftlicher Mitarbeiter, am Belfer Center for Science and International Affairs – einem Forschungsinstitut, das zur Kennedy School gehört. Zu den derzeitigen Fellows zählt der frühere CIA-Agent Rolf Mowatt-Larssen – mit ihm durfte Arnold im Januar 2018 in Tel Aviv Einblick in jene Geheimdokumente zum iranischen Atomprogramm nehmen, die der Mossad in Teheran erbeutet hatte. Zu den Ehemaligen des Belfer Centers gehören auch der ehemalige CIA-Vizechef Michael Morell und der ehemalige CIA-Direktor David Petraeus. Einer von Arnolds Vorgängern als Associate war der CIA-Agent Charles G. Cogan.

Sogar für Harvard und die Kennedy School ist das alles ein bisschen viel CIA – auch wenn Arnold versichert, für keinen Geheimdienst zu arbeiten.

Die Story vom chinesischen Waffenhändler, der den Iran beliefert, passt perfekt in das Narrativ der damaligen US-Regierung unter Donald Trump.

Kurz vor unserem ersten Treffen mit Arnold hat der damalige US-Präsident Teheran ein letztes Ultimatum gestellt, wenig später verkündet er tatsächlich den Ausstieg der USA aus dem Atomabkommen mit dem Iran, das Trump als desaströs, schrecklich und einseitig bezeichnet und dessen Abschluss ein Fehler gewesen sei. Der Präsident überzieht damals die iranische Führung mit einer ganzen Kaskade an Schuldzuweisungen: Das Regime sei mörderisch, heize Konflikte an, exportiere gefährliche Raketen und unterstütze Terrororganisationen. Hunderte Amerikaner habe es ermordet und gefoltert. Trotz Atomabkommen habe das Land weiter Raketen entwickelt, doch die Vereinigten Staaten würden es nicht zulassen, dass das iranische Regime amerikanische Städte bedrohe und Zugang zu den tödlichsten Waffen der Welt bekomme.

Während Trumps Vorgänger Barack Obama den Iran mit Diplomatie einhegen wollte, heißt Trumps Devise, wie uns bereits sein Iran-Sonderbeauftragter Brian Hook im Interview erklärt hat: maximaler Druck.

Der Iran ist für Trump die Wurzel allen Übels im Nahen Osten und darüber hinaus. Die langfristig größte Bedrohung für die Vereinigten Staaten aber ist – nach allem, was man weiß – in seiner Wahrnehmung ganz klar China. Als Aaron Arnold uns zum ersten Mal kontaktiert, sind die Nachrichten voll mit Meldungen zum aufziehenden Handelsstreit zwischen Washington und Peking. Doch im Konflikt der beiden Großmächte geht es nicht nur um Strafzölle auf Solarzellen, Waschmaschinen, Stahl oder Aluminium. Es geht auch um die massive Aufrüstung der US-Streitkräfte, die Anschaffung neuer Mini-Atomsprengköpfe, mit denen man einzelne Städte ausradieren kann, ohne ein ganzes Land unbewohnbar zu machen – all das ist eine Antwort auf die wachsende Bedrohung aus Peking.

Je mehr über den gefährlichen, den skrupellosen Karl Lee berichtet wird, je mehr Details seines rücksichtslosen Treibens an die Öffentlichkeit gelangen – desto besser für die US-Regierung. Die Geschichte vom bösen chinesischen Waffenhändler spielt

Washington perfekt in die Hände. Nur: Falls die USA hinter den Leaks über Li Fangwei stecken, warum sind all die US-Lautsprecher plötzlich so leise? Warum sagt Christopher Ford, jener Vizestaatssekretär im US-Außenministerium, der gefühlt im Wochenrhythmus über Karl Lee twitterte, unser Interview ab – und warum ist auch Brian Hook so schweigsam?

Was geht hier eigentlich vor sich?

22. AUF NACH HEILONGJIANG

Gewitter in Nordostchina. Eigentlich sollen wir an diesem Julitag 2021 um 6.15 Uhr von Peking mit Air China ins mehr als tausend Kilometer entfernte Qiqihar fliegen, kurz vor der russischen Grenze. Zum Verwaltungsgebiet der Stadt gehört Gannan, der Kreis, in dem Li Fangwei geboren wurde. Am Gate erst ein leises Knacken, dann eine Lautsprecheransage: »Wegen schlechten Wetters muss Flug CA1659 nach Qiqihar heute leider auf 14 Uhr verschoben werden. Wir bitten, die Unannehmlichkeiten zu entschuldigen.« Neue Landezeit: 15.55 Uhr. Wir beschließen, unsere Tickets verfallen zu lassen und am nächsten Tag zu fliegen, wieder um 6.15 Uhr.

Wegen acht Stunden Verspätung einen Flug absagen? In Deutschland würden wir so etwas nicht tun, in China aber ist das bei heiklen Recherchereisen fast essenziell. Die Volksrepublik ist ein Überwachungsstaat: Die Arbeitsbedingungen für Journalistinnen und Journalisten sind katastrophal. Was man in Europa oder den Vereinigten Staaten mit ein oder zwei Telefonaten klären kann, dauert in China wesentlich länger: 15 oder 20 Menschen muss man inzwischen oft kontaktieren, um überhaupt jemanden zu finden, der mit einem spricht. Und selbst diese Gesprächspartner ziehen es immer häufiger vor, dass ihre Namen nicht erscheinen, das Aufnahmegerät ausgeschaltet bleibt und keine Kamera läuft.

Der jährliche Bericht des Foreign Correspondents' Club of China, der Vereinigung der ausländischen Reporter im Land, liest sich wie eine dystopisch-orwellsche Erzählung. Die Korrespondentinnen und Korrespondenten berichten von Nachrichten auf ihren Handys, die plötzlich verschwinden, von Computern, die nicht mehr hochfahren, sobald die Kollegen an einem brisanten Thema arbeiten, und von Dateiordnern, die sich wie von

Geisterhand bewegen. Die Rede ist auch von Telefonaten, die bei brisanten Themen abbrechen oder bei denen plötzlich Aufnahmen von Fetzen des Gesprächs abgespielt werden, das man gerade eben geführt hat. Berichtet wird auch von gelöschtem Drehmaterial, beschlagnahmten Kameras, von Verhören und zeitweisen Festnahmen. China belegt derzeit auf der Rangliste der Pressefreiheit der Vereinigung Reporter ohne Grenzen Platz 175 von 180. Mehr als hundert Journalisten sind in Haft – so viele wie in keinem anderen Land der Welt.

Jede Reise erfordert daher akribische Vorbereitung, und eine der effektivsten Maßnahmen ist es, stets so früh wie möglich aufzubrechen. In China müssen Reisende nämlich bei jedem Hotelaufenthalt ihren Pass mit dem darin eingeklebten Visum vorzeigen. Die Rezeption leitet die Daten umgehend an die lokalen Behörden weiter. Bei Korrespondenten stehen auf dem Visumsaufkleber die Zeichen für »Jizhe« – Reporter; für die örtlichen Sicherheitsbehörden ein Alarmsignal. Deshalb ist es wichtig, bereits möglichst viel Zeit vor dem Einchecken im Hotel zum Recherchieren zu nutzen, um halbwegs ungestört arbeiten zu können.

Spätestens seit Beginn der Coronapandemie, die seit 2020 die Welt in Atem hält, gilt die Faustregel: Je kleiner die Stadt, in die man reist, desto höher ist die Wahrscheinlichkeit, dass man ein Observationsteam der Staatssicherheit an den Fersen hat. Diese Einheiten bestehen meistens aus Männern, die eine Vorliebe für weite Jogginghosen und Turnschuhe haben und mit einem Auto ohne Nummernschild die Verfolgung aufnehmen. Qiqihar ist zwar die zweitgrößte Stadt der Provinz Heilongjiang, aber für chinesische Verhältnisse ein Nest: 900.000 Einwohner leben in einem Einzugsgebiet, das fast fünfmal so groß ist wie Berlin.

Am Tag darauf sitzen wir wieder am Flugsteig. Mit dabei ist Mathias Bölinger, einer der erfahrensten und besten deutschen Krisenreporter. In China ist er für die Deutsche Welle im Einsatz.

Er hat seine Kamera und eine Drohne dabei, um für die Fernsehdokumentation, an der wir parallel zu diesem Buch arbeiten, Filmaufnahmen von Li Fangweis Heimat zu drehen. Außerdem wollen wir versuchen, eine der Schlüsselfiguren aus dem Umfeld des Geschäftsmannes aufzuspüren: Wang Guixia.

In den Panama Papers sind wir zum ersten Mal auf diesen Namen gestoßen. Wang gehörte die Gesellschaft Wealthy Ocean Enterprise Limited, eine Briefkastenfirma auf den Seychellen. Über dieses Unternehmen wickelte Li Fangwei etliche seiner Iran-Deals ab. Noch bevor die amerikanischen Ermittler Wealthy Ocean Enterprise auf die Spur kamen und die Firma auf die schwarze Liste setzen ließen, benannte Wang das Unternehmen in ABC Metallurgy um, und das Geschäft ging weiter.

In den Panama-Papers-Daten steht Wang Guixias Ausweisnummer: 230225197002045644. Dank der chinesischen Ausweisnummernsystematik wissen wir, dass es sich um eine Frau handelt, denn die vorletzte Ziffer ist gerade. Wir wissen außerdem: Wang Guixia wurde wie Li Fangwei während der Kulturrevolution im Kreis Gannan geboren. Das erschließt sich aus den ersten sechs Stellen der beiden Ausweisnummern, die identisch sind. Er kam 1972 zur Welt, sie zwei Jahre zuvor, und zwar am 4. Februar 1970. Vielleicht gingen die beiden zusammen zur Schule?

Angegeben ist in den Panama Papers auch eine Adresse: »Zha Ha Yang Farmland, Gannan«. Gemeint ist die Ortschaft Chahayang, ein von Arbeitsbrigaden in den Fünfzigerjahren erschlossenes Gebiet in Heilongjiang, zwei Autostunden nordwestlich von Qiqihar gelegen. Einst war es eine landwirtschaftliche Kooperative, eine Art chinesische Großkolchose, heute ist Chahayang eine richtige Stadt mit Wohnblocks und Hochhäusern im sozialistischen Baustil. Ein Ort, in dem der stürmische Fortschritt, der China erfasst hat, angekommen ist und dem man trotzdem anmerkt, dass er fernab von den Metropolen liegt. Mittelklassewagen wälzen sich breite Straßen entlang, die über und über mit roten Plakaten für den 100. Geburtstag der Kommunistischen Partei geschmückt sind, dazwischen knattern klapprige motorisierte Dreiräder. Feldarbeiter jäten Unkraut mit bloßen Händen.

Lange Zeit hatten wir keine Idee, wie wir diese Wang Guixia aufspüren sollten. Chahayang ist zwar deutlich kleiner als Dalian, aber laut letzter Volkszählung leben fast 60.000 Einwohner in der Stadt. Es ist völlig aussichtslos, als ausländischer Journalist von Tür zu Tür zu gehen und sich durchzufragen. Im Sommer 2021 stoßen wir dann aber auf einen Eintrag im chinesischen Handelsregister, der uns elektrisiert. Erst kurz zuvor wurde in Chahayang ein Restaurant eröffnet und eine der Teilhaberinnen heißt Wang Guixia. Eine Adresse ist zwar nicht angegeben, aber immerhin: eine Handynummer.

Pünktlich hebt die Maschine am nächsten Tag in Peking ab. Kurz vor der Landung kontrollieren die Flugbegleiter penibel, dass alle Fensterblenden geschlossen sind. Niemand soll hinausschauen. Der Flughafen in Qiqihar wird von der Volksbefreiungsarmee genutzt, offenbar starten von hier Kampfjets der chinesischen Luftwaffe zu geheimen Einsätzen.

Am Flughafen nehmen wir das erstbeste Taxi, noch eine Regel, die man in China als Reporter beherzigen sollte: Niemals ein Auto vorher reservieren und möglichst alles in bar bezahlen – was gar nicht so leicht ist in einem Staat, in dem inzwischen fast jede Rechnung mit dem Handy beglichen wird und kaum noch jemand Wechselgeld vorrätig hat. Wir fahren zuerst nach Gannan-Stadt, um ein paar Aufnahmen für den Film zu drehen. Auf der Straße ziehen Landschaften vorbei, wie wir sie auch aus Deutschland kennen, plattes Land, endlose Maisfelder und ein weiter Himmel: Niedersachsen oder Niederbayern, aber nicht Asien. So sieht es also in Li Fangweis Heimat aus.

Kaum hat Mathias in Gannan-Stadt seine Kamera auf das Stativ geschraubt, kommt schon eine Polizeistreife in einem Geländewagen mit blinkenden Warnlichtern angefahren. Ein Passant auf einem Rennrad hat sie gerufen: Er ist schwarz gekleidet, trägt einen Bürstenhaarschnitt und eine Sonnenbrille. Den beiden Polizisten zeigt er einen Ausweis. Offenbar arbeitet er für die Staatssicherheit. »Ihr dürft niemanden interviewen ohne eine Genehmigung der Provinz- oder Stadtverwaltung«, ruft der Mann in schnoddrigem Nordchinesisch. Die Beamten schauen noch etwas unschlüssig. »Ausländische Journalisten brauchen eine offizielle Genehmigung, um zu filmen«, behauptet er. Dann zeigt er auf uns: »Diese Typen haben keine.«

Das ist Unfug: Wir haben alle Papiere, die ausländische Journalisten brauchen, und eine Drehgenehmigung ist in China für Aufnahmen von Straßen und Landschaften – wie auch in Deutschland – nicht nötig. Doch all das hilft wenig in einer solchen Situation. Wir müssen unsere Pässe vorzeigen und unsere Presseausweise, sie werden fotografiert, und wir sitzen erst einmal fest. Immerhin dürfen wir in einem Grillrestaurant ein paar Meter weiter zu Mittag essen. Ein extra herbeitelefonierter Polizist schiebt Wache. Nach zwei Stunden kommt er schließlich zu uns herübergelaufen. Er habe gerade einen Anruf aus der Provinzhauptstadt Harbin erhalten und erfahren, dass Journalisten für Außenaufnahmen keine Genehmigung brauchten. »Ihr könnt gehen«, sagt er.

Wir steigen wieder in unser Taxi und fahren eine Stunde kreuz und quer durch die Gegend. Erst als wir uns sicher sind, dass uns niemand folgt, machen wir uns auf den Weg nach Chahayang.

Im Sommer 2019, also noch vor der Pandemie, sind wir das erste Mal dort gewesen, ohne Kamera, um uns ein wenig umzuschauen. Um ein Gefühl zu bekommen für den Ort, dessen Namen wir gerade erst in den Panama Papers entdeckt hatten. In Chahayang fragten wir damals herum, wo in der Stadt die Grabsteine aufgestellt sind.

Seit Jahrhunderten lassen die bekannten Familien in China die Namen aller männlichen Mitglieder in Steine meißeln und diese am Stammsitz der Familie aufstellen. Unsere Hoffnung ist, dass auch Li Fangwei einen solchen Stein anfertigen ließ, der zugleich Stammbaum und Statussymbol ist. Ein Schatz aus Granit für jeden, der die oft verwickelten Verhältnisse in chinesischen Clans nachvollziehen möchte – gerade dann, wenn die Familien Wert auf äußerste Diskretion legen.

Die erste Grabsteinrecherche unternahm 2012 die *New York Times*. Der Stein der Familie des damaligen Premierministers Wen Jiabao offenbarte, wer mit wem verwandt ist. So kam ans Licht, dass sich Familienmitglieder um Milliarden Dollar bereichert hatten. Bei unserem ersten Besuch in Chahayang wusste jedoch niemand von einer Grabstätte des Li-Clans. Ein älterer Mann sagte stattdessen: »Kommt, ich habe eine Idee, wer uns helfen kann.« Er stieg in unser Taxi und dirigierte den Fahrer ein paar Querstraßen weiter. Viel zu spät bemerkten wir, dass er eine Polizeistation ansteuerte. »Hier sind Ausländer, die die Familie von Li Fangwei suchen«, rief er einer Beamtin auf der Wache zu, die gelangweilt von ihrem Handy aufblickte. »Woher kommt ihr?«, fragte sie. »Wow, aus Deutschland, ich habe schon einmal mit jemandem aus eurem Land gechattet«, sagte sie freundlich. Vor der Pandemie war das die Realität in China: je kleiner der Ort, desto neugieriger und zugewandter die Menschen.

Es ist inzwischen später Nachmittag geworden, als Mathias seine Kamera auf dem zentralen Platz von Chahayang aufbaut. An allen umliegenden Laternenmasten hängen chinesische Fahnen, fünf goldene Sterne auf rotem Grund. Straßenhändler verkaufen gegrillte Fleischspieße, Rentner tanzen Walzer, die Musik schallt aus übersteuerten Boxen, die an einer Holzbude angebracht sind. Ein friedlicher Abend in einer chinesischen Kleinstadt. Bis sich einer der Rentner nähert.

Er trägt ein Polohemd und eine Maske. Seine Haare sind schwarz gefärbt. »Was macht ihr hier? Das ist nicht erlaubt«, schimpft er und nestelt einen Ausweis aus der Tasche. Darauf ist er zu sehen, als er noch deutlich jünger war. Herr Qiao, so lautet der Name auf dem Ausweis, muss wohl früher einmal Polizist gewesen sein. »Wer seid ihr? Woher kommt ihr? Pässe her!«, ruft er. Im Nu sind wir von fast 30 Leuten umringt. Festgesetzt zum zweiten Mal an diesem Tag.

Unser Taxifahrer kommt hinzu. »Du arbeitest für Spione, verschwinde«, ruft ihm Herr Qiao zu. Unsere Pässe werden etliche Male fotografiert und wir selbst die ganze Zeit gleich von mehreren Handys gefilmt. Nach einer halben Stunde lassen sie uns endlich ziehen. »Wir wollen euch nie wieder in Chahayang sehen«, sagt Herr Qiao zum Abschied.

Menschentrauben, die sich aus manchmal neugierigen, oft misstrauischen und bisweilen sehr aggressiven Menschen bilden, das ist leider immer häufiger Alltag in China. Seit Beginn der Coronakrise hat die Ausländerfeindlichkeit stark zugenommen. Großen Anteil daran hat die Führung in Peking, deren Propaganda den Chinesen jahrelang eingeimpft hat: Die Covidgefahr komme von außen – von unvorsichtigen Ausländern, die das Virus immer wieder aufs Neue ins Land einschleppen. Seitdem häufen sich die Berichte über Europäer und Amerikaner, die in Supermärkten, Hotels oder Friseursalons abgewiesen und auf der Straße angepöbelt werden.

Immerhin: Ein paar Aufnahmen haben wir im Kasten. Nur nach Wang Guixia, der Frau mit der Offshorefirma, konnten wir noch nicht suchen.

Erst einmal brauchen wir aber ein Hotel, und zwar nicht in Heilongjiang, sondern in der Inneren Mongolei, der Nachbarprovinz. Auch das ist eine oft angewandte Korrespondentenlist in China: In dem Moment, in dem wir die Provinzgrenze passieren, sind wir erst einmal vom Radar der Behörden in Heilongjiang verschwunden. Sobald wir unsere Pässe mit den Journalistenvisa an der Hotelrezeption in der Inneren Mongolei vorlegen, versetzen wir zwar den dortigen Apparat in Aufregung, doch das bedeutet nicht, dass die Beamten in Heilongjiang etwas davon mitbekommen. Wenn wir zurückfahren, werden die Sicherheitskräfte der Inneren Mongolei an der Provinzgrenze erleichtert abdrehen und wir können uns erst einmal frei in Heilongjiang bewegen.

Arun heißt die Stadt, in deren Neubauviertel wir schließlich eine Herberge finden. Am nächsten Morgen beschließen wir bei zuckersüßem Milchtee, wieder nach Chahayang zu fahren. Diesmal werden wir allerdings die Kamera im Taxi lassen, Herrn Qiao und seine Freunde wollen wir nicht unbedingt ein zweites Mal treffen. Aber vielleicht gelingt es uns, mit Wang Guixia zu sprechen, der Frau mit der Tarnfirma.

Bei der Handynummer, die im Handelsregister zum Restaurant in Chahayang angegeben ist, hebt niemand ab. Wir geben die Nummer beim Messengerdienst WeChat ein, den so gut wie jeder Chinese nutzt, der ein Smartphone hat. Und siehe da, wir haben Erfolg: Die Nummer ist mit einem Profil verknüpft. Auf der Profilseite ist eine weitere Handynummer angegeben, und diesmal meldet sich eine Frauenstimme. »Sie sind in Chahayang? Wo genau?«, fragt sie, als wir uns als europäische Journalisten vorstellen. »Sagen Sie mir, wo Sie sind«, bittet sie uns. Sie werde vorbeikommen. Wir haben vor dem Laden der chinesischen Handymarke Oppo geparkt. »Gegenüber von Oppo, okay«, sagt sie – und schwenkt von überraschender Freundlichkeit zu ebenso überraschender Skepsis: »Was wollen Sie von mir? Können Sie mir das wenigstens sagen? Ich kenne Sie doch gar nicht. Sie wollen mich treffen, aber sollte ich nicht wissen, was Sie wollen?« Es gehe um ABC Metallurgy, erzählen wir ihr. »Was ist das?«, fragt sie knapp und wiederholt dann: »Sie sind in der Fußgängerzone, ich komme vorbei.«

Wir warten eineinhalb Stunden – vergebens. Hat sie vielleicht Li Fangwei oder seine Familie kontaktiert und sich Rat geholt? Wir rufen sie erneut an. Diesmal reagiert sie unwirsch, ja regelrecht wütend: »Was ist Ihr Problem? Was zur Hölle habe ich getan?«, faucht sie. »Warum sollte ich Sie treffen wollen? Kenne ich Sie überhaupt?« Sie legt auf. Wir wundern uns über ihre Stimmungsänderung, versuchen es aber erneut. Diesmal ertönt zunächst Musik, dann folgt eine Warteschleife mit einer Bandansage: »Als Chinas führender Hochzeitsplaner sind wir bestrebt, Ihnen Ihre Traumhochzeit zu ermöglichen. Bitte warten Sie, wir verbinden.«

Niemand verbindet. Die Frau, die offenkundig mit der Liebe und dem Glück, vielleicht aber auch mit Komponenten für Raketen und Massenvernichtungswaffen ihr Geld verdient, hebt nicht mehr ab.

23. DER FERNGESTEUERTE TOD

Mohsen Fakhrizadeh weiß um die Gefahr. Wieder und wieder hat der iranische Geheimdienst den Vizeverteidigungsminister gewarnt: Israelische Agenten seien hinter ihm her, der Mossad wolle ihn ermorden. Es gab immer neue Gerüchte von Anschlagsplänen auf den Atomwissenschaftler, und nach Recherchen der *New York Times* soll 2009 ein Attentat auf ihn sogar erst in letzter Minute abgeblasen worden sein – weil die Angreifer einen Hinterhalt vermuteten.

Und dennoch ignoriert der Kernphysiker Fakhrizadeh die Warnungen, als es elf Jahre später wieder Hinweise auf einen Anschlag gibt – noch dazu mit konkretem Bezug auf einen Ort, nämlich auf die Strecke von seinem Wochenendhäuschen im 15.000-Einwohner-Städtchen Rostamkala am Kaspischen Meer nach Teheran. Dennoch entscheidet der damals 62-Jährige, sich nicht von seiner Fahrt abhalten zu lassen. Er soll am nächsten Tag an der Universität unterrichten, deswegen will er zurück in die Hauptstadt.

Natürlich mit der angemessenen Begleitung, Fakhrizadeh gilt als einer der bestbeschützten Männer des Iran. Rund um die Uhr bewacht ihn die Eliteeinheit »Amsar«: eine Truppe bestens ausgebildeter und bewaffneter Kämpfer. Fakhrizadeh selbst wechselt regelmäßig seine Fahrzeuge, um es möglichen Kundschaftern schwerer zu machen. Am Morgen des 27. November 2020 fällt die Wahl auf einen schwarzen Nissan Teana – einen Wagen, der allerdings nicht gepanzert ist.

Gegen Mittag bricht der Konvoi auf. Ein Fahrzeug mit Bodyguards fährt vor ihm, zwei Wagen folgen.

Mohsen Fakhrizadeh stammt aus einer konservativen Familie aus der Stadt Qom, die Schiiten als heilig gilt. Als der Schah von Persien 1979 gestürzt wird, ist Fakhrizadeh gerade mal 21 Jahre alt. Er tritt den Revolutionsgarden bei, studiert Nuklearphysik, und schon bald leitet er das Raketenprogramm der Garden.

Als Forschungsdirektor im Verteidigungsministerium reist er angeblich sogar nach Nordkorea, um sich über Raketenentwicklung auszutauschen. Als Vizeverteidigungsminister soll er später, so der Vorwurf der Israelis, ein führender Kopf hinter dem Atomprogramm sein – manche Fachleute sehen in ihm gar den »Vater« des Programms.

Fakhrizadeh gilt als jemand, der stets Wege findet, um Sanktionen zu umgehen. Einer dieser Wege verläuft über Karl Lee und seine Firmen – das trauen wir uns inzwischen zu sagen. Ein Informant mit Zugang zu Geheimdienstinformationen hat es uns bestätigt. Li Fangwei ist sicher nicht der Einzige, der Fakhrizadeh als Händler zur Seite steht, aber er zählt zu den wichtigsten.

Genau solch verschlungene Wege will Israel seinem Erzfeind versperren. Und so hat Israels Regierung ihrem Auslandsgeheimdienst bereits 2004 den Auftrag erteilt, den Iran am Bau einer Atomrakete zu hindern – koste es, was es wolle. Und damit beginnt die bereits erwähnte Serie mysteriöser Todesfälle und eindeutiger Anschläge auf hochrangige iranische Raketen- und Atomwaffenexperten.

Die Strecke, die Fakhrizadehs Kolonne an jenem Tag im November 2020 nimmt, ist er schon Dutzende Male gefahren. Fast alles muss auf die Männer und Frauen in der Wagenkarawane wirken wie sonst auch: bis auf ein mit einem Reifenheber aufgebocktes Auto, das an einer Abbiegung steht – angeblich mit einer Panne –, und ein blauer Nissan-Pick-up gleich in der Nähe. Hier wartet der Tod.

Wenige Sekunden nachdem Fakhrizadehs Wagen das Pannenfahrzeug passiert hat, fallen Schüsse, insgesamt 15, gefolgt von einer Explosion.

In ersten iranischen Medienberichten heißt es, eine Gruppe von Attentätern habe den Wissenschaftler abgepasst und ermordet, die Rede ist von fünf bis sechs Schützen. Auf einem Social-Media-Account, der den Revolutionsgarden nahestehen soll, wird gar von einer erbitterten Schießerei zwischen einem Dutzend Angreifern und Fakhrizadehs Bodyguards berichtet. Einige Tage später verbreiten die Revolutionsgarden dann plötzlich eine neue und erst einmal wild klingende Theorie: Ein Killer-Roboter habe Fakhrizadeh getötet.

Aber wenn man den Recherchen der *New York Times* glaubt, liegt diese letzte Version ziemlich nah an der Wahrheit. Anstatt einen oder mehrere Attentäter zu schicken wie bei früheren Anschlägen, habe der Mossad diesmal entschieden, aus sicherer Distanz zu töten – und zwar aus dem mehr als 2000 Kilometer entfernten Tel Aviv. Vor Ort, auf dem am Straßenrand geparkten blauen Pick-up, ist unter Planen und allerlei Werkzeug ein belgisches Scharfschützengewehr versteckt, das mit einer Art Roboter verbunden ist. Ein Computer soll automatisch die Flugbahn nachjustieren, sobald der erste Schuss abgefeuert ist und dadurch der Pick-up ins Wanken gerät.

In einem zweiten Auto – dem aufgebockten Pannenfahrzeug – ist demnach eine Kamera versteckt. Als Fakhrizadeh über diese zweifelsfrei identifiziert ist und der Atomwissenschaftler in die Nähe des Pick-ups kommt, drückt der vermutlich in Tel Aviv sitzende Schütze ab. Mehrere Schüsse durchschlagen die Windschutzscheibe, und mindestens vier Geschosse sollen Fakhrizadeh treffen. Seine Frau, die auf dem Beifahrersitz sitzt, bleibt unverletzt. Die erwähnte Explosion? Der Pick-up mit dem ferngesteuerten Scharfschützengewehr wird nach erfolgreicher Mission gesprengt.

Mohsen Fakhrizadeh ist tot – genau 942 Tage nachdem der israelische Ministerpräsident Benjamin Netanyahu auf jener in Kapitel 18 beschriebenen Pressekonferenz einen Satz gesagt hat, der einen im Nachhinein erschaudern lässt: »Vergessen Sie diesen Namen nicht.«

Die Ermordung Fakhrizadehs verbreitet ein weiteres Mal die

Botschaft, die bei jedem iranischen Wissenschaftler und Soldaten inzwischen angekommen sein muss: Israel wird mit allen Mitteln verhindern, dass die Islamische Republik an Atomraketen kommt. Und wer doch an diesem Ziel arbeitet, kann sich seines Lebens nicht sicher sein.

Längst aber nimmt Israel nicht nur die Köpfe des Raketenprogramms ins Visier, sondern auch die Nachschubwege. Seit Jahren vergeht kaum ein Monat ohne Angriff auf Lastwagenkonvois, Lager und Umschlagplätze des Iran oder seiner Verbündeten. 2020 kommt es innerhalb weniger Tage zu mehreren Explosionen in Militäranlagen im Iran. Wenige Monate später vereiteln iranische Behörden einen Drohnenangriff auf eine Zentrifugenfabrik nahe Teheran. Und Israels Geheimdienste nehmen auch Irans Zulieferer ins Fadenkreuz. Immer wieder gelingt es Agenten, Ortungsgeräte oder gar Bomben in Bauteilen zu verstecken, die aus dem Ausland in den Iran geliefert werden, wie ein hochrangiger US-Geheimdienstmann 2021 der *New York Times* berichtet. Einmal stoßen iranische Beamte in einer für eine Atomanlage bestimmten Gerätschaft auf 150 Kilogramm Sprengstoff – genug, um einen kompletten Militärstützpunkt in die Luft zu jagen.

Zuletzt geraten vermehrt auch Schiffe ins Visier der Israelis – und damit das Transportmittel, das Karl Lee für seine Lieferungen in den Iran gewählt hat. Seit 2019, so berichten amerikanische Medien, haben israelische Spezialeinheiten mindestens zehn Schiffe angegriffen, die aus dem Iran stammende oder für Teheran bestimmte Güter transportierten. Mal mit Minen, mal mit Sonderkommandos auf Schnellbooten, mal mit Explosionen, deren Ursache sich im Nachhinein nicht mehr feststellen lässt.

Wer all diese Begebenheiten aneinanderreiht, stellt unweigerlich fest: Iran und Israel sind – weitgehend unbemerkt von der Weltöffentlichkeit – längst im Krieg. Oder eben in einem andauernden Konflikt – manchmal besteht internationale Politik vor allem in der Ausdeutung von Begriffen.

Dieser Konflikt flackert inzwischen fast wöchentlich auf, seit die USA und Israel dem Iran vorwerfen, trotz aller Beteuerungen an einem geheimen Atomprogramm weiterzuarbeiten, und seit sich die US-Regierung unter Donald Trump von dem Atomabkommen »Joint Comprehensive Plan of Action« (JCPOA) zurückgezogen hat, das sein Vorgänger Barack Obama ausgehandelt hatte. Mal tötet Israel mit Drohnen einen iranischen Kommandeur in Syrien oder dem Libanon, mal greift der Iran israelische Schiffe im Indischen Ozean an. Israel tötet den nächsten Wissenschaftler, und der Iran plant Angriffe auf Israelis im Ausland, wo die Behörden immer wieder Anschläge vereiteln. So geht das hin und her, ohne dass groß jemand außerhalb der beiden Länder Notiz davon nimmt.

Mit der Ermordung von Qasem Soleimani im Januar 2020 durch eine Drohne am Bagdader Flughafen verschärfen sich auch die Spannungen zwischen dem Iran und den USA. Eine Reise in den Iran selbst ziehen wir nicht länger in Erwägung – investigative Recherchen, zumal zum geheimen Raketenprogramm, kommen einem Himmelfahrtskommando gleich. Alle Zeichen stehen in diesen Monaten auf Eskalation. Immer wieder werden Ausländer unter fadenscheinigen Gründen festgenommen. Die iranischen Revolutionsgarden schrecken angeblich nicht einmal vor einem Mordkomplott gegen Trumps Sicherheitsberater John Bolton zurück.

Dann aber kommt der 3. November 2020 – und Donald Trump verliert die US-Präsidentschaftswahl gegen seinen Herausforderer Joe Biden. Der Demokrat wiederum hatte schon im Wahlkampf angekündigt, eine Neuauflage des Atomdeals mit Teheran anzustreben. Tatsächlich zeigt sich auch der iranische Präsident Hassan Rohani zunächst zuversichtlich. Die Probleme mit den USA seien »sehr einfach« zu lösen, lässt sein Land verlauten, und man könne zu den »Bedingungen vor dem 20. Januar 2017« zurückkehren: dem Tag der Amtseinführung von Donald Trump.

Allen positiven Signalen zum Trotz beruhigt sich die Lage aber nicht. Zum Jahreswechsel 2020/21 tötet eine Explosion auf einem Flughafen im jemenitischen Aden Dutzende Menschen, und der Verdacht fällt auf den Iran und seine Verbündeten: die jemenitischen Huthi-Milizen. Wenige Tage vor Bidens Amtseinführung im Januar 2021 warnt ein ehemaliger Kommandeur der Revolutionsgarden, dass US-Flugzeugträger schon bald »sinkende U-Boote« sein könnten. Kurz darauf weihen die Revolutionsgarden eine unterirdische Raketenbasis am

Persischen Golf ein – und drohen: »Diese Raketen haben eine Reichweite von Hunderten von Kilometern, sind punktgenau, haben eine enorme Zerstörungskraft und können die gegnerische elektronische Kriegsführung überwinden.« Wohl nicht zufällig fliegen amerikanische B52-Bomber derweil Einsätze in der Region.

Eine Wiederauflage des JCPOA, worauf die Europäische Union und auch Joe Biden hoffen, scheint in weiter Ferne.

Ein Blick zurück: 2015 haben sich im JCPOA die fünf permanenten Mitglieder des UN-Sicherheitsrats, die Bundesrepublik Deutschland und der Iran nach einem 18-tägigen Verhandlungsmarathon darauf geeinigt, dass die Islamische Republik die Zahl ihrer Zentrifugen zur Urananreicherung von 19.000 auf 6104 reduziert, den Bestand von niedrig angereichertem Uran von 10.000 auf 300 Kilogramm verringert und für mindestens 15 Jahre Uran nicht über 3,67 Prozent anreichert. Die Einhaltung des Deals soll von den Vereinten Nationen überwacht werden. Damit, so die Hoffnung des Westens, soll die Gefahr einer iranischen Atombombe erst einmal gebannt sein. Im Gegenzug sollen Sanktionen aufgehoben werden, unter denen der Iran damals zunehmend leidet.

Israels Regierung spricht indes von einem »historischen Fehler« – und setzt ihre Sabotageaktionen und Attentate fort. Die Geheimdienste schicken so viele Agenten in den Iran und werben so viele Spitzel an, dass der Chef einer iranischen Parlamentskommission für Spionageabwehr von seinem Land als »Paradies für Spione« spricht.

So ziemlich jeder westliche Geheimdienst blickt nach dem Atomdeal von 2015 gen Iran: Wird sich die Islamische Republik an die Vorgaben halten? Tatsächlich gibt es offenbar mehrere Vertragsverletzungen, und diese sollen im Zusammenhang mit Karl Lee stehen. Denn in mehreren Fällen entdecken westliche Geheimdienste Lieferungen von Materialien, die für den Bau von Raketen genutzt werden können. In mindestens einem Fall, so erfahren wir von einem Experten, der anonym bleiben will, kann die Lieferung zu Karl Lee zurückverfolgt werden. Es sei nicht auszuschließen, dass sämtliche verdächtigen Lieferungen, die seit 2015 abgefangen werden, von dem geheimnisvollen Chinesen stammen. Der Fachmann erklärt uns, dass laut JCPOA die Iraner diese Materialien nicht heimlich importieren dürften, sondern dass sie sich dafür eine Erlaubnis holen müssten. Das sei in diesen Fällen nicht geschehen.

Da sich der Iran im Großen und Ganzen an die JCPOA-Vereinbarungen hält, machen die westlichen Regierungen keinen großen Wind um die Sache. Doch für das Vertrauen in den Vertrag seien die Vorgänge problematisch, sagt der Experte.

2018 ändert sich ohnehin erst mal alles. Trump zieht sich zum Entsetzen der Europäer aus dem Abkommen zurück und verhängt harte Sanktionen gegen den Iran. Damit ist der JCPOA erst einmal gescheitert – und plötzlich wieder alles denkbar. Sogar Krieg. Und das ändert sich zunächst auch mit dem neuen US-Präsidenten Joe Biden nicht. Fast parallel zu seiner Amtseinführung im Januar 2021 kündigt Teheran an, in einer unterirdischen Einrichtung nahe Qom die Anreicherung von Uran auf 20 Prozent wieder aufzunehmen. Schon nach wenigen Tagen erklärt der Chef der iranischen Atomenergiebehörde, Ali Akbar Salehi, dass sein Land pro Tag 500 Gramm Uran produziere, das auf 20 Prozent angereichert sei. Im April 2021 verkündet der Iran, 55 Kilogramm von 20-prozentig angereichertem Uran hergestellt zu haben – und innerhalb von acht Monaten werde man 120 Kilogramm beisammenhaben. Von auf 20 Prozent angereichertem Uran ist es nur noch ein kleiner technischer Schritt zur Anreicherung auf jene 90 Prozent, die Teheran für eine Atombombe benötigt. Irans Oberster Führer Ali Khamenei droht, in der Atomfrage nicht nachzugeben. Gleichzeitig wird bekannt, dass der Iran und Nordkorea verstärkt bei der Entwicklung von Langstreckenraketen zusammenarbeiten.

Entsprechend drängen die EU und auch die neue amerikanische Regierung auf eine Wiederaufnahme der Gespräche. Und tatsächlich ist es im April 2021 so weit: In Wien – und damit auf neutralem Boden – sollen sich Unterhändler treffen. Da die iranischen Verhandlungsführer nicht direkt mit den USA reden wollen, sind es Gespräche über Umwege: Die iranische Delegation sitzt auf der einen Seite des Kärntner Rings im Grand Hotel und verhandelt mit den Deutschen, Franzosen, Briten, Chinesen und Russen. Dann laufen die Europäer etwa 200 Schritte auf die andere Straßenseite ins Hotel Imperial, um die US-Gesandten über den Fortgang zu informieren und dann wieder Offerten an die Iraner zu übermitteln. Israel sitzt, wie beim ersten Deal, nicht mit am Tisch und ist doch tägliches Thema.

Denn wenige Tage vor der Wiederaufnahme der Gespräche kommt es im Iran gleich zweimal zu mysteriösen Explosionen in der Urananreicherungsanlage Natans. Eine erste Bombe, die laut Fereydoon Abbasi Davani, dem ehemaligen Chef der iranischen Atomenergieorganisation, in einem Schreibtisch versteckt gewesen ist, zerstört eine Produktionsanlage für Zentrifugen. Ein paar Tage später lässt eine weitere Detonation die Anlage beben. Diesmal werden Zentrifugen von Stromkreislauf und Notfallbatterien abgeschnitten. Tausende Geräte gehen kaputt. Kurz nach den Explosionen wird bekannt, dass General Mohammad Hossein-Zadeh Hejazi – der Vizekommandeur der Quds-Brigaden – an einer Herzkrankheit gestorben ist. Weil er schon lange im Visier des Mossad war, machen bald Gerüchte die Runde, die Israelis hätten bei seinem Ableben die Hände im Spiel gehabt.

Soweit sich das aus der Ferne diagnostizieren lässt, dürfte inzwischen jeder führende Mitarbeiter des iranischen Atomprogramms die Gefahr spüren, die von Israel ausgeht – für alle, die sich daran beteiligen.

Ob das auch für den chinesischen Lieferanten gilt, dem wir seit Jahren hinterherrecherchieren? Nach allem, was wir bislang verstanden haben, sollte China für Karl Lee alias Li Fangwei ein sicherer Ort sein.

Aber wer kann das schon sagen?

24. DIE OMERTÀ VON DALIAN

Die Baiyun-Straße 110 in Dalian. Wieder stehen wir im Treppenhaus des dritten Aufgangs, er ist eng, steil und dunkel, schwarz ummantelte Kabel liegen herum, aus den Wänden wachsen Drähte. Nur das Fu-Zeichen aus Papier, Gold auf rotem Grund, das Glück und Wohlstand verheißen soll und das bei unserem letzten Besuch im Sommer 2019 noch an der stahlbeschlagenen Wohnungstür von Apartment 3–3–1 hing, hat jemand entfernt.

Wir klopfen.

Mathias Bölinger, der Kollege von der Deutschen Welle, ist wieder mit seiner Kamera dabei. Wir wollen nun dokumentieren, wer in Dalian bei den Firmen aus dem Reich des Karl Lee die Türen öffnet. Und in welchen Bruchbuden angeblich Unternehmen residieren, die Grafit und Kohlefasern, Aluminiumteile und Elektroden im Wert von mehreren Millionen Dollar in den Iran oder dessen Nachbarländer geschickt haben, von denen aus es Schmuggelrouten nach Teheran gibt.

Im Sommer 2019, bei unserem letzten Besuch, hatte eine zierliche Frau Mitte 50 die wuchtige graue Tür geöffnet. Als wir sie fragten, ob Dalian Zenghua Trade Co. Ltd, eine der Schlüsselfirmen im Netzwerk von Karl Lee, hier ihren Sitz habe, huschte sie zum Telefon und ließ die Tür offen stehen. Wir hörten, wie sie im Nebenzimmer jemanden fragte, was sie nun machen solle, und wie sie eindeutig »Li Fangwei« sagte. Sie begann zu flüstern, legte auf, kam zurück und schloss schnell die Wohnungstür.

Diesmal sperrt eine andere Frau auf, tief gebeugt. Sie ist mindestens 25 Jahre älter. Ihre Haare sind gefärbt, am Scheitel wächst die Tönung heraus. Sie trägt ein schwarzes Polohemd und hält ein Küchenmesser in der Hand. Offenbar hat sie gerade Gemüse geschnitten.

Wir fragen nach Dalian Zenghua. Sie kenne das Unternehmen nicht, sagt sie, ohne dabei aufzublicken. Chen heiße sie mit Nachnamen, und sie wohne hier allein. Früher habe sie in der Provinz Heilongjiang gelebt. In der Gegend um Qiqihar? Nun hebt Frau Chen doch ein wenig den Kopf. »Hm, ja«, sagt sie. Vielleicht gar in Chahayang? Sie nickt.

Welch ein Zufall! Oder doch nicht? Mehr als tausend Kilometer liegt die ehemalige landwirtschaftliche Kooperative entfernt, der mutmaßliche Heimatort der Familie Li. Ob Frau Chen einen Li Fangwei kennt? »Ich bin über 80 Jahre alt. Ich weiß von nichts«, sagt sie und schließt die Tür wieder, hinter der laut Handelsregister Dalian Zenghua noch immer den Sitz hat.

Ein neues Rätsel: Was ist mit der Frau, die hier vor zwei Jahren im Sommer 2019 öffnete? Und wieder einmal Chahayang. Ein Ort mit 60.000 Menschen, in einem Land mit 1,4 Milliarden Einwohnern.

Ähnlich verwirrend verläuft unser zweiter Besuch am vermeintlichen Stammsitz von Dalian Terry Industry. Vor zwei Jahren klingelten wir im elften Stock eines Wohnhauses im Zentrum von Dalian. Als sich die Tür öffnete, roch es intensiv nach Knoblauch. Der Mann, der vor uns stand, stellte sich als Herr Liu vor. Er sah aus wie Mitte vierzig. Er war gesprächig und erzählte uns, dass er seit fünf Jahren in der Wohnung lebe. Kaum jedoch hatten wir Li Fangwei und Dalian Terry Industry erwähnt, beendete er das Gespräch. Kurz darauf wurde Dalian Terry Industry dem chinesischen Handelsregister zufolge aufgelöst.

Wer mag wohl diesmal öffnen in der Wohnung 11–02, Gebäude eins, in der Hongji-Straße 92? Noch immer derselbe Herr, der sich vor zwei Jahren Liu nannte?

Die Tür bleibt diesmal geschlossen. Dahinter gibt sich ein Mann als Bewohner zu erkennen. Seinen Namen und seine Telefonnummer will er nicht preisgeben.

»Kennen Sie Dalian Terry Industry?«, fragen wir.

»Noch nie davon gehört«, tönt es dumpf durch das Holz, er sei bloß Mieter.

»Wie lange schon?«

»Ungefähr fünf Jahre.«

»Und niemand hat Sie jemals nach dieser Firma gefragt?«

»Nein«, behauptet er.

»Können wir mit Ihrem Vermieter sprechen?«

»Ich habe die Nummer nicht. Der hat nur meine Nummer.«

Weitere Fragen beantwortet er nicht mehr.

Eine Wand des Schweigens, die Omertà von Dalian.

In ihrem letzten Report waren sich die Rechercheure vom Londoner King's College – immerhin die derzeit kenntnisreichsten Karl-Lee-Experten – recht sicher: Li Fangweis wahrscheinlichste Aufenthaltsorte seien eine Fabrikanlage nördlich von Dalian und der 25. Stock im Yuexiu-Gebäude, einem Büroturm in der Xinkai-Straße 82. »Viele der aktiven Unternehmen des Netzes haben Kontaktadressen, die mit den Zimmern 2504 bis 2508 verbunden sind. Bei diesem Standort in einem großen Bürokomplex im Zentrum von Dalian handelt es sich wahrscheinlich um die Verwaltungs- oder Geschäftsräume der mit dem Li-Netzwerk verbundenen Firmen« heißt es im King's-College-Bericht.

Von der Wohnanlage in der Hongji-Straße mit dem Mann, der seine Tür nicht mehr öffnen mag, sind es kaum zehn Minuten Fußweg zu den Büros in der Xinkai-Straße. Das Gebäude heißt jetzt Jiubang Mansion. 2018 wurde es umbenannt. Der alte Name, Yuexiu, steht aber noch immer auf einem Aufkleber an der Drehtür. Im 25. Stock hat niemand jemals von Li Fangwei oder seinen Firmen gehört. »Sagt mir nichts«, schüttelt ein Mann den Kopf, der Turnschuhe in seinem Apartment gehortet hat. Die Kisten stapeln sich bis zur Decke. Er ist ein Internethändler auf Taobao, dem chinesischen E-Bay. Seit zwei, drei Jahren verschickt er von hier täglich Dutzende Schachteln mit Schuhen in die Volksrepublik.

Ein paar Zimmer weiter ist ein Büro mit Empfangstresen, die Tür steht auf. Wir fragen, ob das Unternehmen Limmt (Dalian) Metallurgy and Minerals Co. Ltd. hier den Sitz gehabt habe. Der Name klingt fast genau wie jener der allerersten Firma, die Karl Lee von seinem Vater 1998 gründen ließ, lange bevor die Iran-Sanktionen überhaupt in Kraft traten. Limmt Dalian Metallurgy wurde 2004 ins chinesische Handelsregister eingetragen und war bis 2012 aktiv, angeblich hier im 25. Stock. »Nein, wir sind eine Werbeagentur«, sagt eine Frau im braunen Kleid und lacht.

»Kennen Sie Li Fangwei?«, fragen wir sie und zeigen ihr zur Sicherheit noch einmal die Schriftzeichen seines Namens und der Firma. »Noch nie gehört. Ich glaube nicht, dass er auf diesem Stockwerk ist. Wir sind seit über einem Jahrzehnt hier«, sagt sie. »Fragen Sie doch einmal bei der Hausverwaltung nach. Die sitzen in der fünften Etage.« Aber auch dort kennt niemand einen Li Fangwei.

Wieder eine Spur ins Nichts.

Wir halten ein Taxi an und fahren in die Ortschaft Songshu, die auf dem Gebiet der kreisfreien Stadt Wafangdian liegt, 140 Kilometer nach Norden, erst über eine gut geteerte Autobahn, dann Landstraße, vorbei an Kirschplantagen, immer tiefer aufs platte chinesische Land, dorthin, wo die Fabrik von Li Fangwei stehen soll, in der Grafitteile für die iranischen Raketen gefertigt worden sein könnten. Sinotech (Dalian) Carbon & Graphite Manufactoring Corporation heißt die Firma, im Juni 2006 gegründet. 24,32 Prozent des Unternehmens gehören auf dem Papier Karl Lee. Größter Anteilseigner ist sein jüngerer Bruder Li Fangdong. Eine genaue Adresse der Fabrik haben wir nicht. Im Handelsregister steht bloß: »Songshu, Wafangdian«. Doch wir haben Aufnahmen von Satellitenbildern. Zu sehen sind darauf ein hoher rot-weiß gemauerter Schornstein, ein Flusslauf in der Nähe und eine Eisenbahnlinie.

Wer in China eine Adresse anhand eines Satellitenbildes sucht, muss mit Diensten wie Google Maps vorsichtig sein. In der Volksrepublik stören die Behörden das GPS-Signal hin und wieder, sodass der eigene Standort dann um mehrere Hundert Meter verschoben angezeigt wird. Am besten nutzt man daher parallel noch eine chinesische Karten-App, die ihre Informationen von den Satelliten empfängt, die Chinas Führung in den vergangenen Jahren in die Erdumlaufbahn hat schießen lassen. In Wafangdian stellt sich Google Maps als nutzlos heraus. Mit dem Kartendienst der chinesischen Suchmaschine Baidu kommen wir allerdings ans Ziel. An einer Tankstelle biegen wir auf einen Sandweg, der gemauerte Fabrikschlot ist jetzt zu sehen.

Da es am Vortag stark geregnet hat und eine Unterführung am Bahndamm unterspült worden ist, muss das Taxi in einigem Abstand parken – uns ist das ganz recht. Wir ziehen unsere Schuhe und Socken aus, waten erst durch das Wasser und laufen dann den Rest des Weges zur Fabrik. Nun können wir auch lesen, was auf dem Schornstein steht: »Sinotech Carbon«. Dazu die Zeichen: »Huanying«.

Willkommen.

Einladend sieht es hier nicht aus. Eine hohe Mauer aus Natursteinen umgibt das Gelände. In einem Lagerhaus sind die Fensterscheiben eingeworfen. Eine Industrieruine? Oder wird hier wirklich noch gefertigt? Wir beschließen, die Fabrik zu umrunden. In einer Halle an der Südostseite brennt Licht. Gleich mehrere Kameras sind dort an der Mauer installiert worden. Von einem Maisfeld, das auf einer morastigen Anhöhe liegt, hat man einen guten Blick auf die Anlage. Überall Stacheldraht, aber auch ein geöffnetes Werkstor. Dabei ist es Samstag. Wir schlüpfen hindurch. Ob jemand da ist, den wir fragen können? Doch keine Menschenseele weit und breit. Wir biegen um die Ecke, Richtung Südosten. Und da sehen wir es: tonnenweise Grafit, mehrere Meter hoch aufgetürmt, anthrazit schimmernd, wie gewaltige Bleistiftminen. Das Grafit liegt im Innenhof, aber auch in den Werkshallen. Bereit zur Weiterverarbeitung? Bereit für den Export?

Wir stehen in der Firma eines der meistgesuchten Männer der Welt, vor uns jener Rohstoff, den dieser Mann nach Geheimdiensterkenntnissen tonnenweise an das iranische Regime geliefert hat. Uns wird mulmig. Die Nacht bricht langsam herein. Bald können wir das schwarze Grafit nur noch schemenhaft sehen, es ist zu dunkel.

Wir verlassen das Gelände wieder, durchqueren erneut den Fluss und fahren mit dem Taxi zurück nach Dalian. Was haben wir hier bloß gesehen? Wir sind Karl Lee sehr nahe gekommen.

So nah wie nie zuvor.

Am Abend stoßen wir an. Im Keller unseres Hotels in Dalian befindet sich ein Restaurant der Münchner Paulaner-Brauerei. Schlachtplatte, Leberkäse und Weißbier, auf der Bühne eine russische Coverband, die chinesische und internationale Hits im Programm hat.

Am Tag darauf ein Anruf aus Wafangdian. Die Behörden sind am Apparat. Hätten wir das Firmengelände etwa nicht betreten dürfen? Das Tor stand doch sperrangelweit offen, und wir haben bloß nach einem Verantwortlichen gesucht. Für solche Details interessiert sich die Beamtin am Telefon nicht. Sie macht einen Covid-Kontrollanruf. Den Gesundheitsbehörden in Wafangdian sei aufgefallen, sagt sie, dass sich gestern mehrere SIM-Karten, die in Peking registriert sind, in den örtlichen Sendemasten eingeloggt hätten. Wo wir denn jetzt seien, will sie voller Sorge wissen, schließlich habe es vor ein paar Tagen einige Coronafälle in der chinesischen Hauptstadt gegeben.

Auch das ist China: Jedes einzelne Handy, das ein Signal sendet, wird penibel überprüft, während die Pforte der Fabrik des meistgesuchten Waffenhändlers der Welt einfach offen steht und sich niemand darum zu kümmern scheint.

Eine letzte Adresse haben wir noch auf unserem Zettel: Dalian Trust International. 2012 gegründet, gehören laut chinesischem Handelsregister noch immer 60 Prozent des Unternehmens Li Fangwei persönlich. In den vergangenen Jahren verschiffte Dalian Trust International Grafit und Aluminiumlegierungen nach Europa, aber auch in den Iran und etliche seiner Nachbarländer.

Ihren Sitz hat die Firma im Gebäude 19 in der Jianshan-Straße. Es ist die mit Abstand schäbigste Adresse im Netzwerk des Karl Lee. Überall in der Wohnanlage steht Sperrmüll herum. Verdreckte Sofas, kaputte Tische, eine alte Waschmaschine. Nachbarn halten Hühner, die im Sand nach Körnern picken. Überall hängen Drähte und Strippen. Ob Strom drauf ist? Ausprobieren wollen wir es lieber nicht.

Wie schon beim Besuch 2019 ist es finster im Flur, und auch diesmal beginnt sofort ein Hund zu bellen. An der dünnen weißen Holztür im Erdgeschoss klebt noch immer dasselbe rote Fu-Zeichen wie vor zwei Jahren. Als wäre seitdem niemand hier gewesen. Wir klopfen. Die Tür der Nachbarwohnung öffnet sich. Eine Frau im Pyjama schaut heraus: »Es müsste eigentlich jemand da sein. Gehen Sie ums Haus, in den Gemüsegarten. Vielleicht kümmert er sich um ein paar Blumen oder so was.«

In der Tat, im Garten steht ein Mann. Er trägt eine blaue Jogginghose und einen braunen Pullover. Um den Hals hat er ein Handtuch gelegt, als käme er vom Kraftsport. In der Hand eine Tüte mit Zucchini, die er wohl gerade geerntet hat. »Liu«, sagt er, heiße er mit Familiennamen, wie der Mann am Sitz der Firma Dalian Terry Industry, bei dem es nach Knoblauch roch. Verwandt sind die beiden wahrscheinlich nicht. Millionen Chinesen tragen den Nachnamen Liu. Der Mann mit den Zucchinis sagt, er lebe schon seit Jahren hier. Was er uns danach erzählt, elektrisiert uns.

Wir fragen ihn zunächst, ob er die Firma Dalian Trust International kenne, die ihren Sitz gleich hier im Erdgeschoss habe. »Keine Ahnung, die Wohnung gehört mir nicht. Sie steht immer leer. Hier wohnt niemand«, sagt er und steckt ein paar Zucchini in die Tüte. »Vielleicht waren sie früher hier, aber jetzt nicht mehr. Vielleicht haben sie sich mit ihrem Firmennamen bei uns registriert.«

Sagt Ihnen der Name Li Fangwei etwas?

»Ich glaube nicht, dass die Firma auf diesen Namen eingetragen war«, sagt Herr Liu. »Ich habe vielleicht einmal von einem Li Fangwei gehört. Ich habe vielleicht im Internet gelesen, dass er in irgendwelche Schwierigkeiten geraten ist. Ist er nicht im Gefängnis?«

Wie bitte?

»Ja, er war im Knast wegen ein paar Sachen«, sagt Herr Liu.

Wann? Wo? Weshalb? Wie lange? All das kann Herr Liu nicht beantworten.

Wir sind ein wenig fassungslos und gucken einander an. Sind wir am Ziel unserer Recherchen? Wie kann es sein, dass keiner unserer Kontakte das weiß? Oder wissen es alle und sagen es nicht. Und wenn ja: Warum?

25. DUFTENDER FRÜHLING

Im Investigativjournalismus gibt es eine alte Regel: Man recherchiert von außen nach innen – außen sind die Randfiguren, innen ist die Hauptperson des Interesses. Das gilt besonders bei Recherchen wie dieser, die ein klares Zentrum hat, nämlich Li Fangwei.

Er ist der Punkt in der Mitte, und um ihn herum haben wir Kreise gezogen, erst ein paar äußere und dann sind wir immer näher an ihn herangerückt. Die Idee ist, dass wir erst dann im Zentrum anfragen, wenn wir außen alles eingesammelt haben, was zu finden ist. Erst dann sind wir bestmöglich gerüstet für eine Konfrontation, und erst dann kann Karl Lee nicht mehr aktiv verhindern, dass sein Umfeld mit uns spricht.

In den vergangenen Jahren haben wir alle erdenklichen Fachleute besucht, mit Beamten und Regierungsmitarbeitern gesprochen. Wir haben uns mit Wissenschaftlern und Expertinnen ausgetauscht. Und die Adressen von Li Fangweis Scheinfirmen aufgesucht, ohne uns bei den Menschen, die wir dort angetroffen haben, namentlich vorzustellen: Wir seien Journalisten aus Deutschland, haben wir nur gesagt, mehr nicht. Wir wollten vermeiden, dass sie Karl Lee informieren, wer ihn sucht. Und schließlich haben wir seine Fabrik ausfindig gemacht und dort große Mengen Grafit vorgefunden: einen Baustoff für Raketen.

Aber nun ist es an der Zeit, mit dem direkten Umfeld von Li Fangwei Kontakt aufzunehmen. Im Laufe der Recherchen haben wir ein halbes Dutzend Handynummern gesammelt, die ihm zuzuordnen sind. Sie standen in Signaturen abgefangener E-Mails, die wir einsehen konnten, oder waren im chinesischen Handelsregister verzeichnet.

In Dalian, im Nordosten Chinas, setzen wir uns kurz nach dem Fabrikbesuch im Sommer 2021 in unserem Hotel ans Telefon. Wir sind in der Stadt geblieben, für den Fall der Fälle, dass jemand spontan einwilligt, uns zu treffen. Wir haben die Nummern vorher – wie auch schon bei Wang Guixia, der Frau aus Chahayang, die eine Offshorefirma auf den Seychellen betrieb – mit dem populären chinesischen Messengerdienst WeChat abgeglichen, um zu sehen, ob es in den verknüpften Profilen irgendwelche Hinweise gibt. Namen etwa, Fotos oder weitere Kontaktmöglichkeiten. Leider Fehlanzeige. Zwei der Nummern sind zwar mit WeChat verbunden, aber mehr, als dass es sich um Männer handelt, können wir nicht in Erfahrung bringen.

Doch es gibt noch einen zweiten Dienst, der in China mindestens genauso verbreitet ist wie WeChat: die App Alipay. 2004 führte der Internetkonzern Alibaba dieses Onlinebezahlsystem ein, mit dem bei Taobao, dem chinesischen E-Bay, Transaktionen abgewickelt werden können. Die Idee: Das Geld wird erst weitergereicht, wenn die Ware tatsächlich beim Kunden angekommen ist. Eine Art Treuhandkonto also. Damals war das eine Neuheit. Alibaba-Gründer Jack Ma prophezeite: »Eines Tages« werde Alipay »die größte Bank Chinas werden«. Er sollte recht behalten. Alipay ist in China heute kaum noch wegzudenken. Überall in der Volksrepublik kann man mit dem Dienst bezahlen. Dazu scannt man mit dem Smartphone einen QR-Code ein, und das Geld wird transferiert, im Supermarkt genauso wie an der Garküche. Selbst Bettler haben oft einen Code auf laminiertem Papier dabei.

Wir gleichen die Nummern mit Alipay ab. Treffer. Eines der Profile gehört jemandem, der den Vornamen »Fangchun« trägt. Für einen Mann ein eher ungewöhnlicher Vorname. In der lateinischen Umschrift, aber auch ausgesprochen klingt die Silbe »Fang« exakt genauso wie das »Fang« in Li Fangwei. Doch es gibt einen kleinen, aber bedeutenden Unterschied: drei feine Striche mehr. Und so wird aus dem »Fang«, das Karl Lee in seinem Namen trägt und »Integrität« oder »Gerechtigkeit« heißt, das Adjektiv »duftend« oder »wohlriechend«. Fügt man nun die zweite Silbe »Chun« hinzu, lautet der Vorname »duftender Frühling«.

In neun von zehn Fällen dürfte das ein Frauenname sein. Aufgrund des Profilabgleichs wissen wir aber, dass es sich um einen Mann handeln muss. Sowohl bei WeChat als auch bei Alipay ist das Geschlecht mit »männlich« angegeben worden.

Aufgefallen ist uns diese seltene Kombination zum ersten Mal, als wir auf die drei Gerichtsurteile aus dem Karl-Lee-Netzwerk gestoßen sind. Während der Chinese bei allen drei Zivilverfahren nie selbst vor Gericht erschienen ist, war jedes Mal – egal ob in Peking, Schanghai oder Nanjing – jemand anwesend, der auf dem Papier mit den drei beteiligten Unternehmen nichts zu tun hat, keine Anteile hält, weder im Aufsichtsrat sitzt noch Geschäftsführer ist. Sein Name: Li Fangchun. Der duftende Frühling. Und laut Gerichtsakten: »Rechtsanwalt, geboren am 7. Februar 1969, männlich«. Hier haben wir also die Handynummer von Karl Lees Rechtsbeistand. Ihn werden wir als Letzten anrufen.

Die erste der gesammelten Nummern ist leider ein Reinfall: »Kein Anschluss unter dieser Nummer«. Zwei und drei sind ebenso Fehlschläge, längst außer Betrieb. Bei der vierten Nummer meldet sich ein Mann, der sagt, er habe noch nie etwas von einem Li Fangwei gehört.

Dann die fünfte Nummer: Panflötenmusik erklingt statt eines Freizeichens. In China völlig normal. Mal hört man den Donauwalzer, dann wieder Hip-Hop. Ganz selten, dass man ein klassisches Tuten vernimmt.

»Hallo«, schallt es freundlich aus dem Hörer. »Wer ist da?«

»Wir sind deutsche Journalisten. Dürfen wir Sie interviewen?«

»Wozu würden Sie mich gerne interviewen?«

»Zu Ihrem Grafitgeschäft.«

»Medienleute«, murmelt er.

»Wie heißen Sie?«

»Li.«

Wir fassen nach: »Li Fangwei?«

»Nein.«

»Sind Sie Li Fangdong?«

»Ja, der bin ich.«

»Und Sie sind der jüngere Bruder von Li Fangwei?«

»Ja«, antwortet er.

Wir können es kaum glauben, wir haben Karl Lees Bruder am Apparat. Geboren am 14. Juni 1975, ebenfalls im Kreis Gannan. Gemeinsam betreiben die beiden jene Grafitfabrik nördlich von Dalian. Und zumindest seit 2004 gehört Li Fangdong zum innersten Zirkel seines großen Bruders. Damals gründeten die beiden das Unternehmen Limmt (Dalian) Metallurgy and Minerals Co. Ltd., Li Fangwei hielt 60 Prozent der Anteile, sein Bruder die verbliebenen 40 Prozent. Erst 2012 wurde die Firma aufgelöst.

Dass Li Fangweis jüngerer Bruder zu seinen engsten Vertrauten gehört und er sich höchstwahrscheinlich noch mit anderen Verwandten und alten Freunden umgeben hat, ist nicht allzu überraschend. Geschäfte mit Familienmitgliedern und engen Wegbegleitern sind in China die Regel. Losen Bekanntschaften begegnen die meisten Chinesen mit Skepsis. Es hat weniger damit zu tun, dass das eine chinesische Sitte wäre, sondern ist eine Nachwirkung der Kulturrevolution – jener dunklen Epoche, in die Karl Lee hineingeboren wurde und die in China nie aufgearbeitet worden ist. Täter und Opfer leben bis heute manchmal noch Tür an Tür. Die Folge: Fremden traut man erst einmal nicht. Ein Misstrauen, das von Generation zu Generation weitergegeben wird. Junge Chinesen lernen von ihren Eltern, dass sie stets wachsam sein müssen.

»Wie viele Unternehmen haben Sie?«, fragen wir Karl Lees jüngeren Bruder.

»Wir haben viele«, sagt Li Fangdong.

»Handeln Sie mit dem Iran?«

»Früher haben wir das getan.«

»Welche Art von Geschäften haben Sie mit dem Iran getätigt? Welche Produkte haben Sie denen verkauft?«

»Zu viele, ich kann mich nicht erinnern«, sagt er und schiebt nach, dass viele chinesische Unternehmen Geschäfte mit dem Iran machten.

Vier Jahre sind wir Karl Lee nun schon auf der Spur. Das FBI hat ein Kopfgeld in Höhe von fünf Millionen Dollar auf ihn ausgesetzt, Mossad und CIA sind hinter ihm her, ja sogar mindestens ein ehemaliger US-Präsident hat sich persönlich eingeschaltet, und hier redet der engste Komplize des Gesuchten völlig offen.

Li Fangdong weiß offenbar sehr genau, in welcher Misere sein Bruder steckt. »Wir haben viele Handelsunternehmen. Einige von ihnen sind noch aktiv, andere nicht mehr, weil die Vereinigten Staaten Sanktionen verhängt haben«, sagt er.

Seit mehr als zwei Jahrzehnten exportiert Li Fangwei Grafit und allerlei Elektronik in den Iran – Material, das die Ingenieure des Regimes in Teheran für das Atomprogramm, vor allem aber für Raketen brauchen: Sie sollen immer weiter fliegen und – das ist entscheidend – treffsicherer werden. Egal, woran es den Konstrukteuren im Iran in den vergangenen Jahren gemangelt hat – ob an speziell gehärtetem Metall oder Grafit –, Karl Lee konnte liefern. Lange versuchte der Iran etwa an hoch entwickelte Gyroskope zu kommen – und prompt nahm eine Firma, die Karl Lee zugeschrieben wird, die Produktion auf. 2014 suchte Li Fangwei auf chinesischen Jobportalen gar Ingenieure speziell für diesen Bereich.

»Machen Sie noch immer Geschäfte mit dem Iran?«

»Ich kenne die Einzelheiten nicht«, sagt Li Fangdong. »Ich bin bloß für die Produktion zuständig.«

»Können Sie uns helfen, mit Li Fangwei in Kontakt zu kommen?«

»Das werden wir sehen«, sagt der Bruder, er selbst sei im Moment nicht in Dalian, sondern auf Geschäftsreise in der Provinz

Jiangsu. Er sagt, er müsse nun aufhören, verabschiedet sich und legt auf. Nach neun Minuten und 16 Sekunden.

Fast zehn Minuten haben wir mit dem wahrscheinlich engsten Vertrauten von Li Fangwei sprechen können, dreieinhalb Jahre nachdem wir den Namen Karl Lee zum ersten Mal in einer Bar auf dem Campus der Universität Harvard gehört haben. Unfassbar. Ungläubig schauen wir uns an. Hören das Band noch einmal ab. Wort für Wort. Warum hat er bloß so lange mit uns gesprochen?

Jetzt probieren wir es bei Li Fangchun, dem Mann mit dem Frauennamen, den wir uns als Letzten vorgenommen haben.

Rasch hebt er ab: Wir stellen uns als Journalisten aus Deutschland vor und fragen direkt, ob wir uns mit ihm treffen können. Zu unserem Erstaunen legt er nicht auf.

»Sagten Sie, Sie seien Journalisten aus Deutschland?«, erkundigt sich Li Fangchun stattdessen. »Darf ich fragen, was Sie gern wissen möchten?«

Wir nutzen den Moment und erzählen ihm, dass wir gern über die Gerichtsverfahren sprechen würden, an denen er teilgenommen hat. Etwa den Prozess, den Dalian Terry Industry geführt hat, um Computerprozessoren von einer Firma aus Peking geliefert zu bekommen. In dem Verfahren hatten die Kläger dem Gericht das FBI-Fahndungsplakat vorgelegt, um zu untermauern, was für ein fragwürdiger Charakter der Beklagte doch sei.

»Wie haben Sie von diesem Fall erfahren?«, fragt Li Fangchun.

Aus dem Internet, erklären wir ihm, es handle sich um eine öffentlich verfügbare Information.

»Sie meinen also, man kann Informationen über Dalian Terry online finden?«

Genau so ist es, wir erklären ihm, dass man Derartiges in einer Gerichtsdatenbank findet.

Das scheint ihn zu verwirren: »Sind Sie Chinesen?«, fragt er auf einmal.

»Nein, Deutsche.«

»Ihr Chinesisch ist wirklich gut«, lobt er und beendet dann erst einmal das Gespräch, allerdings nicht, ohne zu fragen: »Kann ich Sie zurückrufen?«

Wir warten eine halbe Stunde und versuchen es erneut: »Hallo, wir sind es wieder, die deutschen Journalisten.«

»Oh, hallo!«, ruft er und klingt fast erfreut. »Was möchten Sie wissen?«

»Wir wollen mehr über Ihren Handel mit dem Iran erfahren. Wir planen, über Handelsbeziehungen zwischen China und dem Iran zu schreiben.«

»Es ist lange her, dass wir mit den Iranern zusammengearbeitet haben«, sagt Li Fangchun.

»Und was machen Sie jetzt?«

»Inlandsgeschäft.«

»Keine internationalen Geschäfte mehr?«

»Nein, nicht mehr.«

»Wer sind jetzt Ihre Kunden?«

»Inländische Stahlhersteller. Shandong Taishan Steel zum Beispiel oder Hebei Tangshan Steel.«

»Aber Sie sind trotzdem in den Vereinigten Staaten sanktioniert …«

Im Gegensatz zum jüngeren Bruder Li Fangdong gibt sich Li Fangchun ahnungslos: »Ich weiß nicht genau, wovon Sie sprechen.«

»Was sagen Sie zu den US-Sanktionen?«, bohren wir weiter.

»Was? Ich verstehe Sie nicht.«

»Was ist Ihre Meinung zu dem, was die Amerikaner mit Ihnen gemacht haben?«

Li Fangchun lacht kurz und heiser: »Kein Kommentar«, sagt er. »Gibt es sonst noch etwas, das Sie wissen möchten? Wir exportieren eigentlich nicht mehr. Alle unsere Geschäfte sind inländisch.«

»Könnten Sie uns helfen, mit Li Fangwei in Kontakt zu treten?«

»Ich kann ihn nicht erreichen«, antwortet er. »Und jetzt habe ich ja Ihre Nummer. Wenn es noch etwas gibt, das wir Ihnen mitteilen möchten, werde ich mich mit Ihnen in Verbindung setzen«, sagt er und beendet das Gespräch.

Die beiden wahrscheinlich wichtigsten Gefolgsleute von Karl Lee haben mit uns telefoniert. Nach Jahren der Suche sind wir dem mysteriösen Waffenhändler vermutlich näher, als ihm die westlichen Geheimdienste jemals gekommen sind. Wir hoffen, dass wir nun bald die entscheidende Frage klären können: Ist dieser Li Fangwei wirklich ein abgefeimter Superkrimineller, der Millionen Dollar damit verdient, eines Tages die Auslöschung Israels und anderer Länder zu ermöglichen? Und: Agiert er auf eigene Rechnung – oder ist er Teil von etwas Größerem?

26. WIE IM KINO

Es ist 2022, in Washington regiert Joe Biden, und wir sind seit mittlerweile vier Jahren hinter Karl Lee her. 2018, als wir seine Fährte aufnahmen, erschien uns diese Recherche wie ein Selbstläufer. Der ehemalige FBI-Analyst Aaron Arnold war auf uns zugekommen und hatte uns auf den chinesischen Geschäftsmann aufmerksam gemacht, ehemalige hochrangige US-Regierungsmitarbeiter wie Vann Van Diepen oder Thomas Countryman waren sofort zu einem Treffen mit uns bereit, wir fanden Spuren von Karl Lees Firmen in den Panama Papers, auch die Verwicklung von Mossad, MI6 und Bundesnachrichtendienst in die Jagd auf den Chinesen war schnell klar. Ein amtierender Vizestaatssekretär aus dem US-Außenministerium sagte für ein Interview zu, und selbst ein Gespräch mit Mike Pompeo, dem damaligen Außenminister und früheren CIA-Chef, schien denkbar.

Dann lief es plötzlich wie bei einem Thriller im Kino: eine überraschende Wendung nach der anderen. Christopher Ford, der Vizestaatssekretär mit den vielen Karl-Lee-Tweets, machte einen Rückzieher, und Trumps Iran-Sonderbeauftragter Brian Hook wollte im Interview mit uns keine einzige Frage zu Karl Lee beantworten.

In den Wochen danach müssen wir immer wieder daran denken, was uns eine Quelle nach dem Interview mit Hook gesagt hat: nämlich, dass in Sachen Karl Lee »etwas im Gange« sei. Aber wir messen dem erst einmal wenig Bedeutung bei, ordnen es eher als wichtigtuerisches Hinterzimmergetuschel ein.

Wir fragen dennoch unsere Kontakte, die wir im Laufe der Recherche aufgebaut haben, ob etwas passiert sei. Überall hören wir uns um. Aber niemand will etwas mitbekommen haben.

Nicht die Amerikaner, nicht die Briten, nicht die Israelis und nicht die Deutschen – überall Fehlanzeige.

Also durchpflügen wir das Internet auf der Suche nach kürzlich ausgeschiedenen US-Regierungsmitarbeitern und erstellen lange Listen mit Ex-Beamten, die vielleicht etwas wissen könnten. Einen nach dem anderen kontaktieren wir, doch es ist, als würden wir gegen eine Wand rennen – wieder und wieder. Wenn überhaupt jemand auf unsere Anfragen antwortet, dann heißt es entweder »Kein Kommentar« oder »Keine Erinnerung«, sobald der Name Karl Lee fällt.

Nicht nur uns geht es so, immerhin. Auch Jeff Stein, der US-Journalist mit dem Spitznamen »Spytalker«, der »Spioneflüsterer«, der in Washington in der Geheimdienstszene vernetzt ist wie nur wenige andere Reporter, kommt nicht weiter. Einige Monate nachdem er 2019 seinen Artikel über die Wut der Trump-Regierung auf China wegen Karl Lee veröffentlicht hat, will er herausfinden, was aus der »gut durchdachten methodischen Kampagne« geworden ist, mit der die US-Regierung Karl Lees Auslieferung erreichen will.

Er kontaktiert die Beamten, die ihn wenige Monate zuvor in ein Nebengebäude des Weißen Hauses zu einem Briefing über Karl Lee eingeladen hatten. »Ich habe sie gefragt, wie es aussieht«, erzählt uns Jeff Stein bei einem Treffen in Washington. Doch entweder wollen die Beamten nicht mehr über den chinesischen Geschäftsmann sprechen, oder sie leiden an »plötzlichem Gedächtnisverlust« und erinnern sich nicht mehr an Karl Lee. Karl, welcher Karl?

Auch als Trump abgewählt ist, die Regierung des Demokraten Joe Biden ihre Arbeit aufnimmt und Jeff Stein erneut nachfragt, bekommt er keine Antworten. Wenn es um Karl Lee gehe, herrsche in Washington neuerdings eine »ohrenbetäubende Stille«.

Was zur Hölle ist da los? Was ist mit Karl Lee geschehen?

Jeff Stein hat da seine eigene Theorie, und sie klingt etwas wild: »Vielleicht haben wir Karl Lee umgedreht«, sagt er. Mit »wir« meint er: die USA. »Vielleicht ist er jetzt unser Mann.«

Karl Lee – ein Doppelagent, der neuerdings den Amerikanern Informationen aus China liefert?

»Ich habe dafür keine Beweise«, sagt Jeff Stein, »aber ich war selbst Geheimdienstmitarbeiter und habe jahrelang über die CIA und andere Nachrichtendienste berichtet.« Er kenne die Methoden und die Denkweise der Geheimdienste. »Ich habe keine andere logische Erklärung dafür, warum die USA plötzlich dazu schweigen sollten.« Eines sei allerdings auch sicher: Als Doppelagent hätte Karl Lee in China kein langes Leben. Dutzende Spione der Amerikaner sind in den vergangenen Jahren in der Volksrepublik aufgeflogen und wurden hingerichtet.

Während wir über unsere Kontakte in China herauszufinden versuchen, ob es irgendwo Nachrichten oder auch nur Gerüchte über das Schicksal von Karl Lee gibt, geht auch noch die ominöse Website whoislifangwei.com zeitweise vom Netz. So laut diese in den vergangenen Jahren auch getrommelt hat – plötzlich ist Stille.

Und wir erinnern uns an einen Satz, den uns Aaron Arnold bei einem unserer ersten Treffen gesagt hatte: »Wenn man in diesem Fall nach Antworten sucht, dann endet man meistens mit noch mehr Fragen.« Es ist: das Karl-Lee-Mysterium.

Dann aber stoßen wir auf eine neue Spur – in der chinesischen Version von Wikipedia. Dort gibt es einen Eintrag zu Karl Lee, der ausschließlich Informationen enthält, die wir längst kennen. Immer und immer wieder haben wir die Seite durchgelesen – auf der Suche nach neuen Hinweisen, die uns bei unseren Recherchen weiterhelfen könnten. Doch nun schauen wir uns die Versionsgeschichte des Artikels an. Darin kann jeder nachvollziehen, wer wann welche Informationen zu einem Artikel hinzugefügt oder gelöscht hat. In der Vergangenheit haben andere Journalisten mit dieser Methode zum Beispiel aufgedeckt, wie Unternehmen, Parteien und PR-Agenturen Einträge in der Online-Enzyklopädie manipulieren. Von einer IP-Adresse, die dem

Energieerzeuger RWE zuzuordnen ist, wurden demnach unter anderem Änderungen am Wikipedia-Eintrag zu einem Kernkraftwerk vorgenommen, und über eine firmeneigene Adresse der Daimler AG hat jemand Passagen zur NS-Vergangenheit des Automobilherstellers gelöscht.

Und nun finden wir ein höchst interessantes Detail in der Versionsgeschichte des chinesischen Li-Fangwei-Artikels. Am 8. Januar 2021 um 6.58 Uhr hat dort ein Nutzer folgende Information hinzugefügt: »Im April 2019 wurde Li Fangwei durch die Polizei in Dalian wegen des Verdachts festgenommen, Güter und Artikel geschmuggelt zu haben, deren Import und Export durch den Staat verboten wurde. Stand Ende 2020 sitzt Li in einem Untersuchungsgefängnis der Stadt Dalian.« Außerdem fragt der Nutzer die Wikipedia-Gemeinde, ob nun der Satz entfernt werden sollte, dass Karl Lee von der chinesischen Regierung geschützt werde. Schließlich entspreche das nicht mehr der Realität.

Karl Lee im Gefängnis? Das wäre eine dramatische Wende.

Aber es ist seltsam: Im chinesischen Internet ist zu diesem Zeitpunkt der Recherche ansonsten nichts über eine Verhaftung von Karl Lee zu finden. Kein Artikel, kein Satz, kein Wort.

Wer also hat den Wikipedia-Artikel geändert? Es ist ein anonymer Autor mit dem wenig aussagekräftigen Namen 2001:470:a:3b4::814, der ansonsten bislang hauptsächlich an Artikeln zu alten chinesischen Herrscherdynastien gearbeitet hat. Der Name des Nutzers ist seine IP-Adresse, die aber führt lediglich zu einem VPN-Anbieter, einem Dienst also, der die Herkunft des Nutzers verschleiert. Allerdings auch der einzige Weg, um die in China zensierte Wikipedia-Enzyklopädie anzusurfen. Eine Sackgasse.

Dennoch: Es ist bereits das zweite Mal, dass uns die Gefängnisthese begegnet. Hatte also der Mann mit den frisch geernteten Zucchini im Garten in Dalian recht – jener Herr Liu, der von sich aus erzählt hatte, dass Karl Lee eingesperrt wurde?

Noch erstaunlicher ist: Nur 31 Minuten nach ihrer Entstehung verschwindet die Ergänzung wieder. Um 7.29 Uhr löscht der Nutzer mit dem Pseudonym 2001:470:a:3b4::814 die Details über Karl Lees Festnahme mit der Begründung, dass es keine eindeutige Quelle dafür gebe und es daher besser sei, nicht darüber zu schreiben.

Die Information aus dem gelöschten Satz tragen wir an unsere Quellen bei Geheimdiensten und Forschungszentren heran. Offenbar ist die Sache jedoch noch keinem von ihnen untergekommen, und wir bekommen auch keine Erklärungsansätze. Dass Karl Lee inhaftiert worden wäre, können sie nicht bestätigen.

Wir beschließen also, noch einmal die beiden Handynummern in Dalian anzurufen, die von Li Fangdong, dem jüngeren Bruder, und die von Li Fangchun, dem Rechtsanwalt.

Wie zuvor erklingt auch dieses Mal bei Li Fangdong Panflötenmusik statt eines Freizeichens. Die Musik bricht nicht ab, niemand hebt ab.

Ein paar Stunden später wählen wir dieselbe Nummer erneut, diesmal mit einem anderen Handy, dessen Nummer Li Fangdong noch nicht kennt. Wieder Panflöte, wieder geht niemand ran.

Am nächsten Tag ein dritter Versuch, diesmal ist jedoch keine Musik mehr zu hören. Stattdessen eine Ansage auf Chinesisch und Englisch: »Die Nummer, die Sie gewählt haben, existiert nicht.« Li Fangdong ist nicht mehr zu erreichen, sein Handy abgeschaltet.

Immerhin: Li Fangchun, der Mann mit dem Frauennamen, hebt rasch ab. »Wer ist da?«, blafft er, und als wir uns vorstellen, folgt ein Stakkato von Fragen und Unfreundlichkeiten: »Warum rufen Sie mich schon wieder an?«, »Woher wissen Sie das?«, »Wie kommen Sie darauf, dass ich Ihnen helfen kann?« Im Unterschied zu unserem letzten Telefonat verrät er diesmal keine Details. Als wir ihn fragen, ob er wisse, wo sich Li Fangwei derzeit befinde, stellt er nur eine Gegenfrage: »Was wollen Sie?«

Wir führen noch einmal aus, dass wir mit Li Fangwei persönlich in Kontakt treten und mit ihm sprechen möchten. »Alles, was Sie von ihm wissen möchten, können Sie von mir erfahren«, entgegnet Li Fangchun. Also gut: »Wir möchten mit Ihnen und Li Fangwei gemeinsam einige Transaktionen mit Firmen im Iran ansehen«, sagen wir. Und wieder antwortet er mit Gegenfragen, diesmal gleich drei auf einmal: »Wer sind Sie? Sie sagen, Sie sind Journalisten? Ist das etwas, mit dem sich Journalisten beschäftigen sollten?«

Die letzte Frage würden wir mit einem klaren Ja beantworten, wir könnten sogar ausführen, dass wir das schon vier Jahre lang tun – und noch immer nicht die Antworten haben, die wir suchen. Stattdessen fragen wir ihn, ob wir ihn treffen können.

Er bleibt knapp. »Nicht jetzt, es ist nicht sehr passend.«

Wir bleiben hartnäckig: »Wo sind Sie gerade?«, fragen wir.

»Wenn ich Sie erreichen möchte, rufe ich Sie zurück. Unter dieser Nummer?«

Wir bejahen.

»Okay, falls ich den Drang verspüren sollte, melde ich mich.«

Wir versuchen nachzuhaken und fragen, wann das der Fall sein könnte.

»Nicht jetzt«, ruft Li Fangchun. Er ist inzwischen hörbar ungehalten.

Bevor er auflegt, versuchen wir es noch einmal: »Wissen Sie, wo Li Fangwei ist?«

»Das kann ich Ihnen nicht sagen. Wenn ich Sie brauche, melde ich mich bei Ihnen unter dieser Nummer.«

Unser letzter Joker: Wir testen die Gefängnistheorie.

»Wir haben gehört, dass Li Fangwei im Moment im Gefängnis sein soll, stimmt das?«

Er antwortet, wenn auch wieder mit einer Gegenfrage: »Wer hat Ihnen das gesagt?«

Wir hätten es hier und dort gehört, antworten wir vage. Aber wir seien uns nicht sicher, und wir wüssten nicht, welche Behörde Li Fangwei verhaftet haben könnte.

»Es ist nicht die richtige Zeit, um Ihnen das zu sagen«, sagt er. »Wenn ich mit Ihnen sprechen möchte, melde ich mich.« Und diesmal legt er auf.

Ein hartes Dementi klingt anders.

27. ANGRIFF AUF DIE UKRAINE

Am 24. Februar 2022, kurz vor Morgengrauen, spricht Russlands Präsident Wladimir Putin zu seinem Volk – und wenig später schlagen die ersten Raketen in der Ukraine ein. Zehntausende russische Soldaten überschreiten die Grenze ins Nachbarland, russische Panzer stehen zeitweise kurz vor Kiew – und es »regnet« Raketen, schreibt etwa die Nachrichtenagentur *Reuters*. Putin hat gerade den größten Angriff auf ein europäisches Land seit dem Zweiten Weltkrieg begonnen.

Raketen und Krieg sind plötzlich wieder Teil der europäischen Normalität. Jahrelang haben wir an Israel gedacht, wenn von Raketeneinschlägen die Rede war – jetzt trennen Deutschland gerade mal einige Hundert Kilometer von massivem Raketenbeschuss mit Tausenden Toten.

Wir ertappen uns dabei, wie wir nachrechnen, ob die Raketen, die Russland gegen die Ukraine einsetzt, auch Deutschland erreichen könnten. Und natürlich können sie – umstritten ist eher, ob sie fünf Minuten nach Berlin brauchen oder doch nur 106 Sekunden, wie ein Gast in einer russischen Talkshow mit drohendem Unterton behauptet. Die Bundesregierung erwägt deshalb sogar die Anschaffung eines eigenen Raketenabwehrsystems nach dem Vorbild Israels. Bis es einsatzbereit ist, werden allerdings noch Jahre vergehen.

Zehntausende Ukrainer fliehen über die Grenzen, um dem Terror zu entkommen. Millionen aber harren aus, fest entschlossen, sich zur Wehr zu setzen. »Das Schicksal des Landes entscheidet sich gerade jetzt«, sagt der ukrainische Präsident Wolodymyr Selenskij in den ersten Kriegsstunden in einer Ansprache an sein Volk – und es folgt seinem Aufruf zum Widerstand. Putin rechnet mit einem kurzen Krieg – und unterschätzt die Ukraine. In den ersten Kriegstagen greifen ukrainische Kämpfer aus dem Hinterhalt russische Versorgungskonvois an, jagen mit Panzerfäusten ein Militärfahrzeug nach dem anderen in die Luft. Findige Bastler bauen Hobbydrohnen so um, dass damit Granaten über den Stellungen der Russen abgeworfen werden können. Per Crowdfunding werden zudem Kampfdrohnen aus der Türkei angekauft. Und nach kurzem Zögern liefert auch der Westen Militärmaterial: Helme, Panzer und Flugabwehrgeschütze aus Deutschland, Panzerfäuste aus Schweden und Haubitzen aus den Niederlanden, Granaten aus Polen, aber vor allem gepanzerte Fahrzeuge und Raketenwerfer.

Jeden Tag sind nun Raketen, die Tod, Leid und Verheerung bringen, in den Hauptnachrichten zu sehen. Seit Beginn des Krieges hat Russland Tausende auf die Ukraine abgefeuert. Sie treffen Wohnhäuser, Einkaufszentren und töten Hunderte Zivilisten. Allein in Charkiw, Donezk und Mykolajiw schlagen Hunderte Raketen ein. Einige verfehlen offenbar nur knapp ukrainische Atomkraftwerke – auch diese albtraumhafte Bedrohung ist auf einmal allgegenwärtig.

Russische Truppen feuern Raketen von Schiffen, U-Booten, Flugzeugen und mobilen Abschussrampen ab, der Raketenkrieg kennt keine Grenzen mehr. Mehrmals setzt Russland sogar seine gefürchteten Überschallraketen vom Typ Kinjal ein. Im September 2022 droht Wladimir Putin unverhohlen mit dem Einsatz von Atomraketen. »Das ist kein Bluff«, erklärt er in einer Rede an die Nation – die in Wahrheit natürlich auch eine Rede an den Westen ist.

Während die Welt auf die Ukraine blickt, spitzt sich die Lage im Iran zu. Im Frühjahr 2022 mehren sich die Zeichen, dass die Führung in Teheran kurz davor ist, über genug hoch angereichertes Uran für den Bau einer Atombombe zu verfügen. Bei mehreren Besuchen im Iran stoßen Inspektoren der Internationalen Atomenergiebehörde auf verdächtige Uranspuren, für die das Regime »keine technisch glaubwürdigen Erklärungen« liefert, wie der Chef der Internationalen Atomenergiebehörde

IAEA, Rafael Mariano Grossi, berichtet. Er könne daher nicht ausschließen, dass der Iran wieder ein geheimes Atomwaffenprogramm betreibt.

Zwar verhandelt der Iran seit Monaten mit Vertretern der USA und der EU, von Deutschland, Großbritannien, Frankreich, Russland und China über eine Neuauflage des Atomabkommens. Doch die Zeichen stehen nicht gut. Der Chef der Revolutionsgarden, Hussein Salami, erklärt im April 2022, dass die westlichen Sanktionen den Iran stärker gemacht hätten, und er droht, Israel werde »den bitteren Geschmack von Raketen ertragen«, wenn das Land nicht vorsichtig sei. »Wir sind in eine neue Ära eingetreten«, sagt Salami, »die Sonne ist über den bösen Mächten untergegangen.« Das iranische Regime kündigt an, mehrere Kameras abzumontieren, mit denen die IAEA die Vorgänge in den iranischen Atomanlagen aus der Ferne beobachten kann. Längst hat das iranische Militär die Shahid Haj Qasem vorgestellt: eine weitere Rakete mit einer Reichweite bis Tel Aviv, die angeblich das israelische Raketenabwehrsystem überwinden kann.

Fachleute aus den USA und Israel vermuten, dass die Revolutionsgarden noch mehr Modelle entwickeln – unter dem Deckmantel des Raumfahrtprogramms. Im Juni 2022 zum Beispiel berichteten iranische Zeitungen unter Berufung auf das Verteidigungsministerium vom Test einer Rakete namens Soldschanah, die angeblich Forschungssatelliten ins All transportieren kann. Westliche Regierungen befürchten jedoch, dass bestimmte Komponenten davon eines Tages in Atomraketen Verwendung finden.

Die Atomverhandlungen in Wien schaffen keine Entspannung: Der Iran verlangt, dass die Vereinigten Staaten die Revolutionsgarden von ihrer Sanktionsliste streichen. Das aber schließen die USA aus – zu groß sei die Gefahr, die von den Gardisten ausgehe. Das Einzige, was sich Washington vorstellen kann: bestimmte Eliteeinheiten von der Liste zu nehmen. Die Bedingung: keine Angriffe des Iran und seiner Verbündeten mehr auf

US-Truppen im Nahen Osten. Das wiederum schließt Teheran aus.

Es geht nicht voran.

Gleichzeitig sterben weiterhin iranische Wissenschaftler und Revolutionsgardisten auf mysteriöse Art und Weise. Innerhalb weniger Wochen verlieren Ali Kamani, Mohammad Abdous und Vahab Faramarzian ihr Leben. Alle drei waren für das iranische Raketen-und-Drohnen-Programm tätig. Zunächst heißt es, sie seien bei Autounfällen umgekommen – allerdings mit dem seltsamen Zusatz »im Einsatz«. Der Revolutionsgardist Hassan Sayyad Khodaei wird im Mai 2022 von Attentätern vor seinem Haus in Teheran erschossen.

Die britische Marine hat indes ein Schiff mit Hunderten iranischen Raketen an Bord abgefangen, die wohl für Huthi-Kämpfer im Jemen gedacht waren. Wenige Monate später, im Juli 2022, wird der britische Gesandte im Iran kurzzeitig festgenommen. Der Vorwurf: Spionage.

Seine Festnahme fällt – wohl eher zufällig – zusammen mit einer denkwürdigen Pressekonferenz in London. Der Chef des britischen Inlandsgeheimdienstes MI5, Ken McCallum, und FBI-Direktor Chris Wray wenden sich gemeinsam an die Öffentlichkeit – mit einer Warnung vor China. »Die größte grundlegende Herausforderung, vor der wir stehen, kommt von der Kommunistischen Partei Chinas«, sagt McCallum. »Das mag abstrakt scheinen. Aber es ist real und akut. Wir müssen darüber sprechen. Wir müssen handeln.« Gerade zu diesem Zeitpunkt, als Russland die Ukraine angreife, argumentiert FBI-Direktor Wray, sei es wichtig, darauf hinzuweisen, dass langfristig betrachtet China viel gefährlicher sei: »Wir sehen durchgehend, dass die chinesische Regierung die größte Langzeitgefahr für unsere ökonomische und nationale Sicherheit darstellt.«

In diesem Sinne sind der Krieg in der Ukraine und die russische Aggression vielleicht auch ein Fenster in die Zukunft: Was passiert, wenn die Führung in Peking beschließen sollte, in Taiwan einzufallen? Stünde die westliche Welt wieder zusammen – oder würde sie China gewähren lassen?

Der Krieg in der Ukraine ist in dieser Hinsicht extrem wichtig, wie viele Experten argumentieren, weil Peking genau studieren kann, wie der Westen reagiert, welche Länder einig vorangehen, welche zögern, welche umschwenken.

Der Krieg beschleunigt eine neue Blockbildung. Seit Beginn der russischen Invasion rückt einerseits der fast schon tot geglaubte Westen zusammen – andererseits scheint sich eine neue Achse herauszubilden, mit Russland, China und dem Iran. Die drei Länder kooperieren immer enger – wirtschaftlich und auch militärisch.

Bei einem Treffen mit Kremlchef Wladimir Putin im Juli 2022 klingt der iranische Revolutionsführer Ali Khamenei fast schon wie ein Sprecher der russischen Regierung: Russland habe die Ukraine angreifen müssen, um dem Gegner zuvorzukommen, sagt die oberste Instanz der Islamischen Republik. Kurze Zeit später kursieren Berichte, wonach der Iran die unter Druck geratene russische Armee mit Waffen versorgt. Die *Washington Post* zitiert westliche Geheimdienstquellen, die bestätigen, dass am 19. August Transportflugzeuge mit Kampfdrohnen den Iran verlassen hätten. Wenige Wochen später wird nach ukrainischen Angaben zum ersten Mal ein Mensch von einer solchen Drohne getötet. Seitdem vergeht fast kein Tag mehr, ohne dass iranische Drohnen, vollgeladen mit Sprengstoff, auf ukrainische Städte niedergehen. Von regelrechten »Schwärmen« ist die Rede – sie überfordern die Flugabwehr.

Etwa zur selben Zeit meldet der ukrainische Geheimdienst, Russland habe seit Beginn des Kriegs im Februar, also in gerade mal sechs Monaten, bereits mehr als die Hälfte seiner konventionellen Raketen verschossen. Im Sommer 2022 kursieren Berichte, dass der Iran in Kürze auch Raketen an Russland liefern werde. Dann würde die Bedrohung durch Karl Lee, durch die Raketen, deren Bau er mit ermöglicht hat, mit einem Mal bis an die Europäische Union heranreichen. Und anders als beim Iran steht bei Russland längst nicht mehr infrage, dass das Land einsatzbereite Atomsprengköpfe hat. Laut dem Forschungsinstitut Sipri hält das russische Militär 5977 Sprengköpfe in seinen Lagern bereit.

Umso dringlicher erscheint uns die Frage, wo sich Karl Lee aufhält.

Ist er tatsächlich im Gefängnis?

In den chinesischen Gerichtsdatenbanken ist bislang kein

Strafrechtsurteil gegen ihn veröffentlicht worden. Und Chinas Gefängnisse abzutelefonieren, ist aussichtslos, es gibt Tausende im Land, und die Verwaltungen geben selbst auf deutlich banalere Fragen grundsätzlich keine Antworten. Gelegentlich gelingt es findigen Menschenrechtsanwälten, Informationen über inhaftierte Tibeter, Uiguren oder regimekritische Chinesen zu bekommen. Es sind jedoch Einzelfälle, und die Anwälte haben die Unterstützung sowie die nötigen Unterschriften der Angehörigen der Inhaftierten. Karl Lees Familie aber wird uns nicht helfen, mehr über seinen Verbleib herauszufinden – warum sollte sie?

Die Volksrepublik ist auch kein Rechtsstaat, die Paragrafen in den Gesetzen sind oft so unpräzise formuliert, dass sie zu jeder Zeit gegen jeden angewandt werden können. Wenn der Staat etwas geheim halten möchte, dann bleibt es geheim. Und eine Verhaftung oder gar eine Verurteilung von Karl Lee in China wegen illegaler Waffenexporte – das könnte genau so ein Fall sein.

2014 noch hat sich die chinesische Regierung für ihn eingesetzt, in Parteizeitungen wurden die Vorwürfe als haltlos zurückgewiesen. Es kann gut sein, dass die chinesische Regierung nun lieber dazu schweigt, als einen plötzlichen Kursschwenk öffentlich zu machen, der Fragen aufwirft.

Doch warum sollte das FBI seine Fahndung nach Karl Lee aufrechterhalten, wenn man in Washington doch vermutlich längst wüsste, dass er inhaftiert wurde?

28. ENDE MIT SCHRECKEN

Einen Monat nach dem Überfall auf die Ukraine reisen wir noch einmal in die USA. Drei Jahre ist es mittlerweile her, dass der damalige Vizestaatssekretär Christopher Ford kurzfristig ein Interview mit uns hat platzen lassen. Nun haben wir erneut Kontakt mit ihm aufgenommen, denn wir glauben: Er weiß, warum es in Washington plötzlich still um Karl Lee geworden ist.

Wir sind mit ihm in einem Hotel in Bethesda verabredet, einer kleinen Stadt im Speckgürtel von Washington. Ford trägt Fliege, wie auf allen Fotos, die wir von ihm kennen. In der Realität wirkt er noch schrulliger als auf Bildern und Videos. Er hat eine sanfte Stimme und drückt sich gewählt aus, man hört, dass er nicht nur an einer Spitzenuniversität studiert hat, sondern gleich an dreien; seinen Bachelor machte er in Harvard mit summa cum laude, in Oxford bekam er seinen Doktortitel in internationalen Beziehungen, und in Yale absolvierte er eine der renommiertesten Law Schools der Welt. Danach arbeitete er ab Mitte der Neunzigerjahre für verschiedene republikanische Senatsabgeordnete, bevor er 2003, als George W. Bush US-Präsident war, ins Außenministerium wechselte. Ford war dort für Rüstungskontrolle mitzuständig, und zwar in jener Zeit, in der die Vereinigten Staaten auf Karl Lee aufmerksam wurden.

Später diente Ford dem nächsten republikanischen Präsidenten, Donald Trump. Es ist erstaunlich, wie lange der über Parteigrenzen hinweg hoch angesehene Akademiker Trumps Kapriolen ertrug. Ford war anfangs sein »Special Assistant« im Nationalen Sicherheitsrat. Nach dem Rauswurf von Vizestaatssekretär Thomas Countryman nahm er dessen Position im Außenministerium ein. Erst am 8. Januar 2021, zwei Tage nachdem ein wütender, vom Wahlverlierer Donald Trump angestachelter Mob das Kapitol gestürmt hatte, reichte Ford seinen Rücktritt ein. »Ich kann nicht weiterhin in einer Regierung dienen«, schrieb er in seinem Abschiedsbrief, »wenn einige bereit sind, einen gewalttätigen Aufstand gegen das Land zu dulden oder sogar anzustiften, das mir am Herzen liegt und dessen Verfassung zu unterstützen und zu verteidigen ich einen heiligen Eid geleistet habe.« Fords Brief wurde damals von Beobachtern als wichtiger Beleg dafür gewertet, dass sich das republikanische Establishment von Trump distanziert.

Aber darum soll es in unserem Gespräch nicht gehen. Wir

wollen wissen, warum Christopher Ford im Sommer 2019 plötzlich damit aufhörte, über Karl Lee zu twittern.

»Wir haben entschieden, mit dem Twittern aufzuhören«, sagt Ford mit spitzem Lächeln. »Das ist alles, was ich sagen kann.« Wir versuchen es noch einmal, stellen die Frage etwas anders, formulieren sie neu. Seine Hoffnung sei gewesen, sagt Ford, dass die chinesische Regierung einen Teil von Karl Lees Netzwerk stoppt, wenn die USA den Scheinwerfer auf Karl Lee richten, oder dass sie ihn selbst aus dem Verkehr zieht – schon allein, um die Kritik der Amerikaner ins Leere laufen zu lassen. Ob sich seine Hoffnung erfüllt hat, will Ford nicht sagen. Er lacht nur: »Ich verstehe, das ist nicht besonders hilfreich.«

An dieser Stelle bleibt er hart. Über das große Ganze redet er dafür gern und ausführlich weiter. Denn für Ford, das wird schnell klar, ist Karl Lee nur ein Stellvertreter für etwas viel Größeres, viel Bedrohlicheres. Selbst »wenn morgen ein Meteorit auf Li Fangwei fallen würde«, wäre die Gefahr nicht gebannt, sagt er. Denn das eigentliche Problem sei dessen Netzwerk. Es handle sich um bestens etablierte Firmen und Verbindungen, die offenbar den Schutz oder zumindest die Erlaubnis der chinesischen Regierung genießen, zu tun, was sie tun.

Wir sind Karl Lee nun mittlerweile seit fast fünf Jahren auf der Spur. Alles begann mit dem Tipp des früheren FBI-Analysten Aaron Arnold und dem verschwommenen Bild auf einem FBI-Most-wanted-Poster. Wir sind der Spur von Karl Lees Geld gefolgt, haben sein Verwandtschaftsgeflecht entwirrt, als wahrscheinlich erste Journalisten überhaupt seine Firmen und Fabriken besucht und haben uns mit seinen Verfolgern in den USA, Großbritannien, Deutschland und Israel getroffen. Und mit jedem Gespräch schärfte sich das Bild eines ebenso gerissenen wie skrupellosen Geschäftemachers. Sein Unternehmen fing klein an und wurde schnell zu einem One-Stop-Shop für Raketen- und Bombenbauer aus Schurkenstaaten wie dem Iran. Egal, was sie brauchen: Karl Lee hat es im Angebot. Während andere Waffenhändler sich auf einzelne Produkte spezialisiert haben oder letztlich nur als Zwischenhändler dienen, kauft Karl Lee nicht nur an, um weiterzuverkaufen, er produziert auch selbst. Mit jedem Gyroskop und jeder Ladung Grafit sind die iranischen Raketen besser geworden. Sie fliegen heute höher und weiter – und vor allem treffen sie besser. Den Geschossen anderer Nationen stehen sie in nichts mehr nach.

Einiges deutet nun darauf hin, dass Karl Lee von den chinesischen Behörden aus dem Verkehr gezogen wurde. Womöglich geschah dies im Zuge eines Deals mit den Amerikanern. Denn zu der Zeit, in der die US-Regierung auf einmal zu Karl Lee verstummte, war der Handelskrieg zwischen den USA und China auf dem Höhepunkt angelangt. Staats- und Parteichef Xi Jinping ging damals auf Donald Trump zu: Die chinesische Führung machte den Amerikanern Zugeständnisse, um weitere Strafzölle zu verhindern. Zählt dazu Karl Lees Festnahme?

Und wenn es so wäre: Warum wurde dies nicht öffentlich? Die Antwort ist vermutlich relativ simpel: Die Chinesen dürften kein Interesse daran haben, dass die Sache bekannt wird, schließlich haben sie über Jahre wiederholt, dass sich das Ausland aus der Angelegenheit raushalten solle. Wenn jetzt bekannt würde, dass Karl Lee festgenommen wurde, könnte das so ausgelegt werden, dass China dem Druck des Westens nachgegeben habe.

Auch die Vereinigten Staaten hätten Grund zu schweigen: Solange Karl Lee nicht vor einem US-Gericht steht, ergibt es aus ihrer Sicht durchaus Sinn, die Fahndung aufrechtzuerhalten. Vielleicht ist beidseitiges Stillschweigen aber auch Teil des Abkommens – das würde es China erlauben, sein Gesicht zu wahren.

Abgesehen von allen taktischen Erwägungen, dient die US-Fahndung nach Li Fangwei auch einfach als Abschreckung: Jeder, der Ähnliches vorhat, sieht, was ihm blühen kann.

Das Geschäft, da sind wir uns sicher, geht weiter. Etliche von Karl Lees Firmen sind bis heute aktiv. Und auf dem Gelände sei-

ner Fabrik in Dalian haben wir unzählige Grafitstäbe gesehen – aufgeschichtet und offenbar vorbereitet für den Versand. Einige Quellen berichten uns von so vielen Lieferungen, dass sie längst nicht alle abgefangen werden können.

Der Iran, Karl Lees Großabnehmer, rüstet derweil auf und weitet sein Geschäft als Waffenexporteur aus. Im Oktober 2022 macht IAEA-Chef Rafael Grossi öffentlich, dass der Iran nun auch an einem zweiten Standort begonnen habe, Uran mit einem Reinheitsgrad von 60 Prozent herzustellen. Schon jetzt hatte die Islamische Republik in Natans genug davon produziert, um es mit geringem Aufwand in Material für einen Atomsprengkopf weiterzuverarbeiten. Nun soll die Produktion noch weiter hochgefahren werden. Eine »zivile Begründung« gebe es dafür nicht, kritisieren die Regierungen von Deutschland, Großbritannien und Frankreich in einer gemeinsamen Erklärung.

Iranische Drohnen werden indes weiter in Massen nach Russland verkauft, russische Soldaten von Iranern ausgebildet. Und damit nicht genug: Bereits im September 2022 reisen laut Recherchen der *Washington Post* mehrere hochrangige Iraner nach Moskau, um ein Abkommen über die Lieferung iranischer Raketen nach Russland zu unterschreiben. Nach der Rückkehr der Delegation erklärt ein nicht namentlich genannter iranischer Diplomat der Nachrichtenagentur *Reuters*: »Die Russen hatten um mehr Drohnen und um diese iranischen ballistischen Raketen mit verbesserter Zielgenauigkeit, insbesondere die Fateh- und

Zolfaghar-Raketen, gebeten.« Wenige Tage später telefoniert Russlands Präsident Putin mit seinem iranischen Amtskollegen Ebrahim Raisi. Es sei um »Zusammenarbeit in den Bereichen Politik, Handel und Wirtschaft« gegangen, lässt der Kreml verlauten. Das Signal ist klar: Russland und der Iran rücken noch weiter zusammen. Unbestätigten Berichten zufolge soll der Iran neben bewaffneten Drohnen sogar Militärberater geschickt haben, um Russland bei seinem Angriff auf die Ukraine zu unterstützen. Und während wir diese Zeilen schreiben, dürften die ersten Raketen aus dem Iran bereits in Russland angekommen sein. Womöglich sind es jene Geschosse, die in diesen Tagen in Kiew und anderen ukrainischen Städten einschlagen.

Für den Ukraine-Krieg wären iranische Raketen ein »Game Changer«, wie der Münchner Raketenexperte Markus Schiller sagt. Denn obwohl Russlands Streitkräfte als die zweitstärkste Armee der Welt gelten – Raketen, wie sie die Iraner haben, fehlen ihnen. Der Grund dafür ist, dass die Sowjetunion und die USA 1987 den sogenannten INF-Vertrag unterschrieben haben. Der »Intermediate Range Nuclear Forces Treaty« sah bis zum Ausstieg der Vereinigten Staaten 2019 vor, dass beide Länder sämtliche Raketen mit einer Reichweite zwischen 500 und 5500 Kilometern verschrotten und keine neuen entwickeln. Der Iran hingegen baute nach der Jahrtausendwende mit Karl Lees Hilfe sein riesiges Arsenal an Mittelstreckenraketen auf.

»Die Iraner haben in den vergangenen Jahren immer wieder gezeigt, dass ihre Raketen auch auf tausend Kilometer Entfernung sehr genau treffen«, sagt Schiller. Nach seiner Einschätzung wären sie für Russland im Ukraine-Krieg hilfreich: »Dann könnte Russland gemütlich vom eigenen Territorium aus in den Westen der Ukraine feuern.« Derzeit nämlich müsse das russische Militär viele Raketen wegen ihrer geringen Reichweite vor allem von den besetzten ukrainischen Gebieten und von Weißrussland aus abschießen – und der Westen der Ukraine sei außer Reichweite.

Wenn sich das ändere, sagt Schiller, dann bedeute das auch eine deutlich größere Gefahr für Raketenwerfer und andere Waffen, die Deutschland und andere Länder in die Ukraine geliefert haben. Diese nämlich würden aller Wahrscheinlichkeit nach im Westen der Ukraine gewartet und gerieten damit viel stärker ins Visier der Russen. Dazu komme, dass die Raketenabwehrsysteme aus Deutschland und anderen Ländern zwar sehr zuverlässig russische Marschflugkörper vom Himmel holen könnten, auf iranische Raketen seien sie aber nicht eingestellt. Nach Aussage eines ukrainischen Militärsprechers gebe es derzeit »keine effektive Verteidigung« dagegen.

»Eine Lieferung iranischer Raketen an Russland wäre eine weitere Eskalationsstufe, die auch Auswirkungen auf den Nahen Osten und das Verhältnis zwischen dem Iran und den USA hätte«, sagt Schiller.

Die Vereinigten Staaten, die Europäische Union und Kanada haben bereits wegen der Lieferung von Drohnen weitere Sanktionen gegen den Iran verhängt. Plötzlich rücken damit neben den iranischen Dauerfeinden USA und Israel andere Länder ins Visier des Mullah-Staats. Sämtliche Gegner – oder wie es Hussein Salami, der Kommandeur der iranischen Revolutionsgarden, ausdrückt: »alle Satane der Welt« – hätten sich versammelt: »Amerika, England, die Saudis und weitere.« Unterdessen gehen im Iran Tausende Männer und Frauen Tag für Tag auf die Straßen, um gegen die autoritäre Regierung in Teheran zu demonstrieren. Hunderte Menschen sollen im Lauf der Proteste bereits von iranischen Sicherheitskräften getötet worden sein. Der Druck auf das Regime wächst – und damit auch die Gefahr einer weiteren Eskalation.

Und auch das Verhältnis zwischen den USA und China hat sich noch einmal zugespitzt. Als im Sommer 2022 Nancy Pelosi, die damalige Sprecherin des US-Repräsentantenhauses, ankündigt, nach Taiwan zu reisen, eskaliert der Ton der chinesischen Propaganda. Der ehemalige Chefredakteur des Parteiblatts *Glo-*

bal Times stellt auf Twitter gar die Möglichkeit in den Raum, die Volksbefreiungsarmee könnte Pelosis Flugzeug einfach abschießen. Zur Sicherheit fliegt Pelosi nicht auf direktem Weg von Kuala Lumpur über das Südchinesische Meer nach Taipeh, sondern eine große Schleife über den indonesischen Regenwald und dann entlang der philippinischen Küste, um möglichst weit weg von China zu sein. Kaum ist Pelosi aus Taiwan abgereist, hält die chinesische Armee eine Militärübung ab, deren Dimension ohne Vergleich ist. Zum ersten Mal fliegen dabei chinesische Raketen direkt über die Insel.

Zwei Monate später die nächste Eskalation: Auf dem 20. Parteitag der Kommunistischen Partei im Herbst 2022 lässt Xi Jinping seine Macht zementieren. Um ihn herum nur noch Jasager, niemand ist in Sicht, der Xi und seinen ultranationalistischen Tönen widersprechen oder sie zumindest abmildern könnte. China werde seinen »internationalen Einfluss, seine Strahlkraft und Gestaltungsmacht« weiter ausdehnen, kündigt Xi an. Ihn einzuhegen, erscheint kaum noch möglich. Nicht mit internationalen Verträgen und Abkommen. Und auch nicht mit Resolutionen oder Untersuchungen der Vereinten Nationen.

Besonders eindrücklich demonstriert Peking dies, als das UN-Hochkommissariat für Menschenrechte Ende August 2022 einen Bericht veröffentlicht, der nahelegt, dass der Apparat in der nordwestchinesischen Region Xinjiang systematisch Hunderttausende Uiguren drangsaliert und wegsperrt. Und was macht Peking? Kurzerhand organisieren chinesische Diplomaten eine Stimmenmehrheit im UNO-Menschenrechtsrat. Mit 19 zu 17 Stimmen wird eine Diskussion über den Bericht einfach abgelehnt. Fast niemand wagt es mehr, sich China in den Weg zu stellen, das Land an Recht und Gesetz zu erinnern – oder auch gefährliche Geschäftsmänner wie Karl Lee zu stoppen.

Die Nachfrage nach Raketen wird indes wohl nicht nachlassen, nicht in Russland, nicht im Iran, nicht in anderen Ländern. Solange China dem Handel keinen Riegel vorschiebt, wird er weitergehen. Und davon ist längst auszugehen. Sitzt Karl Lee im Gefängnis, werden andere weitermachen. Seine Firmen werden weiter produzieren und weiter liefern.

Immerhin kennt die Welt jetzt Karl Lee alias Fangwei, seinen Namen und sein Gesicht. Und nun, hiermit, auch seine Geschichte.

DANK

Es hat viele Jahre gedauert, bis die letzte Zeile dieses Buches geschrieben war. Auf diesem langen Weg haben uns viele Experten und Expertinnen, Journalistinnen und Journalisten, Freunde und Freundinnen sowie vor allem unsere Familien zur Seite gestanden. Ohne sie wäre dieses Buch nie erschienen.

Wir möchten Aaron Arnold und James Byrne vom Royal United Services Institute beziehungsweise dem Belfer Center for Science and International Affairs der Universität Harvard danken, ebenso wie Daniel Salisbury, Felix Rüchardt und Daniel Liu vom Londoner King's College, Ian Stewart vom James Martin Center for Nonproliferation Studies, Shaan Shaikh vom Center for Strategic and International Studies in Washington, D.C., Anthony Ruggiero von der Foundation for Defense of Democracies, Mycal Ford von der Datenanalysefirma Sayari Labs, Angela Stanzel von der Stiftung Wissenschaft und Politik sowie Valerie Lincy vom Wisconsin Project on Nuclear Arms Control. Außerdem gilt unser Dank Thomas Countryman, Vann Van Diepen, Christopher Ford, Brian Hook und Adam Kaufmann, die uns Einblicke in die Jagd der amerikanischen Behörden auf Karl Lee gewährt haben.

Emily Landauer, Uzi Rubin, Tal Inbar, Arye Sharuz Shalicar, Jonathan Conricus, Amos Gilead und Yaakov Amidror danken wir, dass sie uns so freundlich empfangen und Israels Sicht auf Karl Lee geschildert haben. Dem ehemaligen israelischen Botschafter in Berlin, Jeremy Issacharoff, und seiner Pressesprecherin, Shir Gideon, dass sie unsere Reisen nach Israel vereinfacht und Kontakte zu Ministerien und Sicherheitsbehörden hergestellt haben.

Zu tiefem Dank sind wir unseren chinesischen Gesprächspartnern, Quellen und Helfern verpflichtet. Sie wissen, dass sie gemeint sind, auch wenn wir ihre Namen aus Gründen der Sicherheit hier nicht erwähnen können.

An dieser Stelle möchten wir auch allen Geheimdienstmitarbeitern und -mitarbeiterinnen sowie Soldatinnen und Soldaten danken, die Informationen mit uns geteilt haben, jedoch nicht namentlich genannt werden wollen.

Johannes Schmid danken wir, dass er uns umfassenden Zugang zur Münchner Sicherheitskonferenz gewährt hat und an vielerlei Stellen mit seinen Kontakten weitergeholfen hat.

Markus Schiller, auch bekannt als »Rocket-Schiller«, hat uns in die technischen Details von ballistischen Raketen eingeweiht. Wir danken ihm für seine Geduld, etwa bei der Beschreibung der Unterschiede von Feststoff- und Flüssigkeitsraketen.

Bei der Recherche haben uns das Organized Crime and Corruption Reporting Project (OCCRP), das Center for Advanced Defense Studies (C4ADS), Panjiva, die Stiftung Wissenschaft und Politik (SWP) und Kolleginnen vom International Consortium of Investigative Journalists (ICIJ) unterstützt. Danke dafür!

Dieses Buch baut auf der Vorarbeit von Journalistinnen und Journalisten auf der ganzen Welt auf. Dank geht an dieser Stelle stellvertretend für sie alle an den »Spytalker« Jeff Stein, den fantastischen und mutigen Reporter Mathias Bölinger von der Deutschen Welle, den *Reuters*-Journalisten Ben Blanchard und an die israelischen Kollegen Ronen Bergman und Yossi Melman, die uns ihre Notiz- und Adressbücher geöffnet haben. Wir haben großen Respekt vor ihrer Arbeit in einem Land, in dem Zensur bei der Berichterstattung über Militär- und Geheimdienstthemen leider Alltag ist.

Danken möchten wir unseren Kolleginnen und Kollegen bei *paper trail media* – Sophia Baumann, Christo Buschek, Corinna Cerruti, Maria Christoph, Anja Hübner, Carina Huppertz, Dajana Kollig, Hannes Munzinger, Ruben Schaar und Hakan Tanriverdi –, beim ZDF Ilka Brecht und Christian Rohde, sowie beim

Spiegel, dort insbesondere Melanie Amann, Susanne Amann, Nik Antoniadis, Jörg Diehl, Thorsten Dörting, Georg Fahrion, Roman Höfner, Clemens Höges, Steffen Klusmann, Britta Kollenbroich, Kathrin Kuntz, Roman Lehberger, Maximilian Popp, Julia Prosinger, Mathieu von Rohr, Christoph Scheuermann, Claudia Stodte, Özlem Topçu und Bernhard Zand.

Beim Bayerischen Rundfunk gilt unser besonderer Dank Astrid Harms-Limmer, Stephan Keicher, Sonja Scheider, Stefan Meining sowie Michael Auer, Ralph Zipperlen und Stefanie Barnes, die mit uns über Jahre an unserer ARTE-Dokumentation über Karl Lee gearbeitet haben. Der Film mit dem Titel »Wanted – Der gefährlichste Waffenhändler der Welt« erscheint parallel zu diesem Buch. Besonderer Dank außerdem an die ARTE-Redaktion in Straßburg, an Natalie Amiri, die ehemalige Iran-Korrespondentin der ARD, und den BR-Kollegen Ulrich Hagmann für seine Hartnäckigkeit gegenüber Chinas Außenminister.

Auch der *Süddeutschen Zeitung*, bei der drei von uns viele Jahre gearbeitet haben, verdanken wir viel – insbesondere den vielen großartigen Kolleginnen und Kollegen dort.

Marc Bauder, Daniel Sager und Börres Weiffenbach möchten wir für ihr Verständnis danken – und dafür, dass sie viele Jahre Stillschweigen bewahrt haben.

Wir danken Kiepenheuer & Witsch, der wie kaum ein anderer Verlag auch vor schwierigen investigativen Stoffen nicht zurückschreckt, und unserem Lektor Martin Breitfeld. Von Anfang an hat er an dieses Buch geglaubt, uns durch Höhen und Tiefen des Schreibens begleitet und den Weg zum Ziel aufgezeigt. Danke dafür, für Schokolade, Blumen und Kaffee, das Erinnern und das Ermutigen und manchmal auch … das Ermahnen. Alles war bitter nötig.

Unseren Familien danken wir – immer – für die Geduld, die Unterstützung und für ihr Verständnis.

ANMERKUNGEN DER AUTOREN

Für dieses Buch haben wir unzählige Expertinnen und Experten gesprochen, wir sind um die Welt geflogen und durch China gereist. Gerne hätten wir auch vor Ort im Iran recherchiert. Davon wurde uns jedoch abgeraten – zu groß sei die Gefahr, dass wir beispielsweise unter vorgeschobenen Spionagevorwürfen festgehalten werden könnten. Bereits unsere letzte Einreise vor vielen Jahren war nur mit Touristenvisum möglich und endete mit einer nervenaufreibenden Befragung am Flughafen in Teheran.

Gerne hätten wir offiziell mit dem Mossad, der CIA, dem FBI, dem Bundesnachrichtendienst und dem MI6 gesprochen – auf Anfrage wollten die Behörden aber keine Angaben zu Karl Lee machen. Das US-Außenministerium, das chinesische Außenministerium und das iranische Außenministerium ließen unsere Anfragen unbeantwortet.

Wir haben auf verschiedensten Wegen versucht, mit Karl Lee Kontakt aufzunehmen. Unter anderem haben wir eine Interviewanfrage und einen Katalog mit insgesamt 49 Fragen an die Adressen seiner Firmen, an seinen Bruder Li Fangdong und seinen Rechtsanwalt Li Fangchun geschickt. Uns hätte brennend interessiert, was Karl Lee zu all den Vorwürfen sagt, zu den Anklagen der Amerikaner, zu den fünf Millionen Dollar Kopfgeld. Auch zu seiner Person haben wir ihm diverse Fragen geschickt – etwa, ob er wirklich für den Staat gearbeitet hat, und wenn ja, in welcher Position. Wir hätten außerdem gerne von Karl Lee selbst erfahren, ob er tatsächlich im April 2019 festgenommen wurde und ob er mittlerweile wieder frei ist.

Eine Rückmeldung haben wir nie erhalten.

LITERATURVERZEICHNIS

In dieses Buch sind Informationen aus Hunderten Artikeln aus Zeitschriften und Zeitungen in aller Welt eingeflossen. Direkte Zitate sind entsprechend gekennzeichnet. Der Übersichtlichkeit halber beschränken wir uns in diesem Literaturverzeichnis auf Bücher und wissenschaftliche Aufsätze sowie jene Artikel, die sich direkt auf Karl Lee und seine Aktivitäten beziehen.

Albright, David (2013): Peddling Peril: How the Secret Nuclear Trade Arms America's Enemies, Free Press, New York.

Allison, Graham (2017): Destined for War: Can America and China escape Thucydides's Trap?, Houghton Mifflin Harcourt, Boston.

Arnold, Aaron/Salisbury, Daniel B. (2019): The Long Arm. How U. S. Law Enforcement Expanded its Extraterritorial Reach to Counter WMD Proliferation Networks, Belfer Center for Science and International Affairs, Cambridge, Massachusetts.

Arrouas, Michelle (2014): Wanted: Li Fangwei, Alias Karl Lee. Reward: $5 Million, Time, https://time.com/82221/karl-lee-li-fangwei-wanted-reward/.

Bandurski, David/Hala, Martin (2010): Investigative Journalism in China: Eight Cases in Chinese Watchdog Journalism, Hong Kong University Press, Hongkong.

Becker, Jasper (2007): Dragon Rising: An Inside Look at China Today, Washington, D. C.

Bergman, Ronen (2019): Rise and Kill. The Secret History of Israel's Targeted Assassinations, Random House, New York City.

Bolton, John (2020): Der Raum, in dem alles geschah: Aufzeichnungen des ehemaligen Sicherheitsberaters im Weißen Haus, Das Neue Berlin, Berlin.

Brown, Kerry (2018): Die Welt des Xi Jinping: Alles, was man über das neue China wissen muss, S. Fischer, Frankfurt.

Brunnstrom, David/Lange, Jason (2014): U.S. offers $5 Million for Chinese businessman accused of Iran Dealings, Reuters, https://www.reuters.com/article/us-usa-sanctions-iran-idUSBREA3S0KI20140429.

Chang, Jung/Halliday, Jon (2005): Mao. Das Leben eines Mannes. Das Schicksal eines Volkes, Karl Blessing Verlag, München.

Chin, Josh/Lin, Liza (2022): Surveillance State: Inside China's Quest to Launch a New Era of Social Control, St. Martin's Press, New York.

Clover, Charles (2014): Alibaba takes down weaponry listings, Financial Times, https://www.ft.com/content/03b0ec2e-6b67-11e4-9337-00144feabdc0.

Dikötter, Frank (2017): Mao und seine verlorenen Kinder: Chinas Kulturrevolution, Theiss Verlag, Darmstadt.

Dikötter, Frank (2022): China After Mao: The Rise of a Superpower, Bloomsbury Publishing, London.

Feinstein, Andrew (2012): Waffenhandel. Das globale Geschäft mit dem Tod, Hoffmann und Campe, Hamburg.

Fewsmith, Joseph (2021): Rethinking Chinese Politics, Cambridge University Press, Cambridge, Großbritannien.

Follath, Erich/Mascolo, Georg/Stark, Holger (2019): »Wenn einer aufsteht, um dich zu töten, töte ihn zuerst«, Die Zeit, https://www.zeit.de/2019/37/atomabkommen-iran-usa-donald-trump-vertrag-konflikt/komplettansicht.

Gillard, Nick (2015): Catch Me if you can: The illicit trade network of Daniel Frosch, Proliferation Case Study Series, Project Alpha, London.

Gillard, Nick/Salisbury, Daniel (2015): The Obscure Chinese Businessman Accused of Selling Ballistic Missile Parts to Iran, Vice, https://www.vice.com/en/article/avyeae/the-boring-chinese-businessman-accused-of-selling-ballistic-missile-parts-to-iran-722.

Godsey, Matthew/Lincy, Valerie (2019): Gradual Signs of Change: Proliferation to and from China over Four Decades. In: Strategic Trade Review, Winter/Spring 2019, S. 3–21.

Golden, Daniel (2017): Spy Schools. How the CIA, FBI and Foreign Intelligence Secretly Exploit America's Universities, Henry Holt & Co, New York.

Hamilton, Clive/Ohlberg, Mareike (2020): Die lautlose Eroberung. Wie China westliche Demokratien unterwandert und die Welt neu ordnet, Deutsche Verlags-Anstalt, München.

Jaschek, Stephan (1978): Der Grenzzwischenfall am Ussuri vom 9. Mai 1978. Osteuropa, Vol. 28, No. 11.

Kissinger, Henry (2011): On China, Penguin Books, London.

Kittrie, Orde F. (2016): Lawfare. Law as a Weapon of War, Oxford University Press, Oxford.

Li, Zhisui (1996): Private Life Of Chairman Mao: The Memoirs of Mao's Personal Physician, Arrow, London.

Lim, Louisa (2014): The People's Republic of Amnesia: Tiananmen Revisited, Oxford University Press, New York.

Liu, Daniel (2018): Karl Lee, where is he now?, Project Alpha, London.

Maclean, William/Blanchard, Ben (2013): Chinese trader accused of busting Iran missile embargo, Reuters, https://www.reuters.com/article/us-china-iran-trader-idUSBRE9200BI20130301.

Martin, Peter (2021): China's Civilian Army: The Making of Wolf Warrior Diplomacy, Oxford University Press, New York.

Mattis, Peter/Brazil, Matthew (2019): Chinese Communist Espionage. An Intelligence Primer, Naval Institute Press, Annapolis.

Mazzetti, Mark/Goldman, Adam/Schmidt, Michael S./Apuzzo, Matt (2017): Killing C.I.A. Informants, China Crippled U.S. Spying Operations, New York Times, https://www.nytimes.com/2017/05/20/world/asia/china-cia-spies-espionage.html.

McGregor, Richard (2012): Der rote Apparat: Chinas Kommunisten, Matthes & Seitz, Berlin.

Mehnert, Klaus (1969): Die Schüsse am Ussuri und ihr Echo, Osteuropa, Vol. 19, No. 8.

Morley, Jefferson (2017): Tehran's Chinese Missile Man, The Daily Beast, https://www.thedailybeast.com/tehrans-chinese-missile-man.

Narang, Vipin (2022): Seeking the Bomb: Strategies of Nuclear Proliferation, Princeton University Press, Princeton.

Pei, Minxin (2016): China's Crony Capitalism: The Dynamics of Regime Decay, Harvard University Press, Cambridge, Massachusetts.

Perez, Evan (2014): U.S. targets Chinese businessman, says he supplied parts for Iranian missiles, CNN, https://edition.cnn.com/2014/04/29/politics/china-sanctions-iran/index.html.

Polli, Gert R. (2013): Geheimdienstarbeit in Österreich. Im Spannungsfeld zwischen Politik und Spionageabwehr. In: Österreichisches Jahrbuch für Politik, S. 343–359.

Obermayer, Bastian/Obermaier, Frederik (2016): Panama Papers. Die Geschichte einer weltweiten Enthüllung, Kiepenheuer & Witsch, Köln.

Riegler, Thomas (2018): Österreichs Nachrichtendienste und der »Spionageplatz« Wien: Erkenntnisse aus dem Archiv der DDR-Staatssicherheit, JIPSS 1/2018, S. 41–66.

Ritter, Scott (2018): Dealbreaker: Donald Trump and the Unmaking of the Iran Nuclear Deal, Clarity Press, Atlanta.

Roberts, Sean R. (2020): The War on the Uyghurs: China's campaign against Xinjiang's Muslims, Manchester University Press, Manchester.

Rogaski, Ruth (2002): Nature, Annihilation, and Modernity: China's Korean War Germ-Warfare Experience Reconsidered, The Journal of Asian Studies, Vol. 61, No. 2.

Rogin, Josh (2021): Chaos Under Heaven: Trump, Xi, and the Battle for the Twenty-First Century, Mariner Books, New York.

Rosett, Claudia (2015): China's Nuclear Comprador For Iran, Forbes, https://www.forbes.com/sites/claudiarosett/2015/07/10/chinas-nuclear-compradore-for-iran/?sh=5c33e256be5e.

Schmucker, Robert/Schiller, Markus (2015): Raketenbedrohung 2.0: Technische und politische Grundlagen, Mittler Verlag, Hamburg.

Schuman, Michael (2021): Die ewige Supermacht. Eine chinesische Weltgeschichte, Propyläen, Berlin.

Shaikh, Shaan (2019): Iranian Missiles in Iraq, Center for Strategic and International Studies, Washington, D. C.

Shaikh, Shaan/Williams, Ian (2018): Hezbollah's Missiles and Rockets, Center for Strategic and International Studies, Washington, D. C.

Shambaugh, David (2021): China's Leaders: From Mao to Now, Polity, Cambridge, Großbritannien.

Shiffman, John (2014): Operation Shakespeare. The True Story of an Elite International Sting, Simon & Schuster Paperbacks, New York.

Shum, Desmond (2022): Chinesisches Roulette: Ein Ex-Mitglied der roten Milliardärskaste packt aus. Der brisante Insiderbericht aus Chinas Elite, Droemer Verlag, München.

Spence, Jonathan D. (2012): The Search for Modern China (Third Edition), Norton & Company, New York.

Stanzel, Angela (2021): Chinas Weg zur Geopolitik. Fallstudie zur chinesischen Iran-Politik an der Schnittstelle zwischen regionalen Interessen und globaler Machtrivalität, Stiftung Wissenschaft und Politik, Berlin.

Stein, Jeff (2015): How China Helped Iran go Nuclear, Newsweek, https://www.newsweek.com/2015/07/31/iran-nuclear-deal-china-karl-lee-353591.html.

Stein, Jeff (2019): New Donald Trump Sanctions Target the Shadowy Chinese Weapons Dealer in China-Iran Ballistic Missile Deals, Newsweek, https://www.newsweek.com/donald-trump-sanctions-weapons-dealer-ballistic-china-iran-missile-1433084.

Stewart, Ian J./Salisbury, Daniel B. (2014): Li Fang Wei (Karl Lee), Proliferation Case Study Series, Project Alpha, London.

Stewart, Ian J./Salisbury, Daniel B. (2014): Wanted: Karl Lee, The Diplomat, https://thediplomat.com/2014/05/wanted-karl-lee/.

Strittmatter, Kai (2018): Die Neuerfindung der Diktatur. Wie China den digitalen Überwachungsstaat aufbaut und uns damit herausfordert, Piper, München.

Torigian, Joseph (2022): Prestige, Manipulation, and Coercion:

Elite Power Struggles in the Soviet Union and China After Stalin and Mao, Yale University Press, New Haven.

Tucker, Eric (2014): Chinese man charged with avoiding US sanctions, AP, https://apnews.com/article/029d27b29a8445dc8b1d3dd276c246e8.

Vogel, Ezra F. (2011): Deng Xiaoping and the Transformation of China, Harvard University Press, Cambridge, Massachusetts.

Weathersby, Kathryn (1998): Deceiving the Deceivers: Moscow, Beijing, Pyongyang, and the Allegations of Bacteriological Weapons Use in Korea, Bulletin of the Cold War International History Project 11.

Williams, Ian/Shaikh, Shaan (2020): The Missile War in Yemen, Center for Strategic and International Studies, Washington, D. C.

Zetter, Kim (2015): Countdown to Zero Day: Stuxnet and the Launch of the World's First Digital Weapon, Crown, New York City.

Zhensheng, Li/Bauer, Martina (2003): Roter Nachrichtensoldat. Ein chinesischer Fotograf in den Wirren der Kulturrevolution. Fotografien und Texte von Li Zhensheng, Phaidon, Berlin.

Weitere Titel bei Kiepenheuer & Witsch

»Ein Lehrstück für modernen Journalismus. […] Ein glänzend geschriebenes Buch.« *Frankfurter Rundschau über Panama Papers*

Kiepenheuer & Witsch

Leseproben und mehr unter www.kiwi-verlag.de